社会政策过程
新农合中的央地互动

SOCIAL POLICY PROCESS IN CHINA
Interaction between Central and Local Governments

徐晓新　著

中国社会科学出版社

图书在版编目（CIP）数据

社会政策过程：新农合中的央地互动/徐晓新著．—北京：中国社会科学出版社，2018.2

ISBN 978 - 7 - 5203 - 1286 - 8

Ⅰ.①社…　Ⅱ.①徐…　Ⅲ.①公共政策—社会政策—政策过程—卫生政策—中国　Ⅳ.①D601

中国版本图书馆 CIP 数据核字（2017）第 260531 号

出 版 人	赵剑英
责任编辑	耿晓明
责任校对	张依婧
责任印制	李寡寡

出　　版	中国社会科学出版社
社　　址	北京鼓楼西大街甲 158 号
邮　　编	100720
网　　址	http://www.csspw.cn
发 行 部	010 - 84083685
门 市 部	010 - 84029450
经　　销	新华书店及其他书店

印刷装订	北京明恒达印务有限公司
版　　次	2018 年 2 月第 1 版
印　　次	2018 年 2 月第 1 次印刷

开　　本	710 × 1000　1/16
印　　张	17
字　　数	255 千字
定　　价	69.00 元

目　录

前　言

一　新农合：一个创制性政策的诞生及其启示

进入 21 世纪以来，王思斌和王绍光等学者相继做出了中国正在跨入"社会政策时代"的睿智判断。[①] 的确，经过 30 多年来经济的高速发展，如今中国对社会政策的需求空前高涨，社会政策实践也空前丰富；与此相适应，社会政策领域的研究正在蓬勃兴起。其中，社会政策过程研究作为对社会政策制定和执行等过程的理论抽象，是社会政策研究的重要基石。本书即聚焦社会政策过程，核心问题是在中国特定的场域下社会政策是如何提上议程的，又是如何制定和执行的。

本书以新型农村合作医疗制度（以下简称新农合）的政策过程为案例，试图据以揭示中国社会政策过程的内部逻辑。新农合是由政府组织、引导、支持，农民自愿参加，个人、集体和政府多方筹资，以大病统筹为主的农民医疗互助共济制度。自 21 世纪初以来，这一制度经历了 10 多年的探索而逐步完善。

笔者力图进入新农合这一政策过程内部，识别出多元行动主体的作用、他们的行动逻辑和互动机制，从而为理解中国社会政策过程并进而建构基于中国实践的社会政策过程框架和理论做出绵薄贡献。

---

① 王思斌：《社会政策时代与政府社会政策能力建设》，《中国社会科学》2004 年第 6 期；王绍光：《从经济政策到社会政策的历史性转变》，北京论坛（2006）"文明的和谐与共同繁荣——对人类文明方式的思考"。

这里，新农合政策的创制性政策属性提供了观察中国社会政策过程的绝好机会。因为创制性政策往往具有"出台难"的特点，要想使其得以出台，政策倡导者就需要在决策体系内左突右冲，穷尽一切可能，并汇聚尽量多的政治思想资源方可。故此，考察这一政策出台的过程，可以充分触摸到中国公共政策决策体系内部的机理，乃至由曲径而达至通衢的奥妙。

因此，本书着意于考察新农合政策从议程设置到政策基本定型的过程，并进而对中国社会政策决策体制的特点进行思考。

二 新农合作为创制性政策的特点

新农合政策是创制性政策。从发生学来看，政策可以分为创制性政策和一般性政策之分。创制性政策的要义在于"创制"二字，即它不是在原有政策的基础上简单地加以修改完善，而是打造一个全新的政策框架。换言之，创制性政策或是为了填补政策空白，或是从总体上改变现有政策而出台的新政策。[1] 新农合政策是创制性政策。这是因为，它是国家首次在农民医疗保障上承担起主要的筹资责任，因而从根本上区别于传统农村合作医疗制度。众所周知，传统农村合作医疗制度是植根于农村合作化体制，其基金来源于农民个人缴费和集体经济的公益金，是一种集体互助型医疗保障制度，国家并不参与筹资。

创制性政策最为重要的特点是"出台难"。这里的出台难，包括议程设置难和政策制定难两个方面。

关于议程设置难，不难想象，对已列入政策名册上的某一政策加以改进易，为名册加入新成员难。为了列入，创制性政策的倡导者首先需要回答下面的问题：为什么要出台这一政策？如若有必要出台，它的成本与风险又是什么？也即，某一政策议题要想得到决策体系中各方的认

---

① 杨宏山：《创制性政策的执行机制研究——基于政策学习的视角》，《中国人民大学学报》2015 年第 3 期。

同，需要对其出台的必要性、可能性做艰苦的阐释和游说，以使他们对此有认识、且有意愿采取支持态度。这在政策过程上就表现为议程设置难。

关于政策制定难，是指即便议程得以设置，政策制定的难度也很大。因为政策的制定需要实践智慧，不是单靠逻辑推理就可以完成的。这里，社会实践的丰富面相与人类认识能力局限的反差，决定了创制性政策的制定是一个从实践中反复学习和纠错的过程。在创制性政策出台难方面，最为著名的例子是改革开放初期围绕构建社会主义商品经济体系的讨论——当时还有顾虑，没有直接名之为市场经济，而是商品经济。毋庸讳言，在当时的背景下，在我国构建社会主义市场经济体系诚然是最大的创制性政策，为了改变计划经济的模式，推出市场经济，大家围绕推出这一政策的必要性合理性做出了艰苦的论证和曲折的努力，这一政策议程最终得以设置，而政策的内容，它的认识系统，至今还需要我们摸索、创新。

三　新农合作为创制性政策的研究价值

从研究的角度看，创制性政策出台难这一特质恰恰又决定了它是研究的富矿。这是因为，透过为其出台而克服困难的过程，我们最能窥视决策体系内部的机理：在这一努力中，凡是遇到障碍的地方，多是获得出台的必要条件缺失之处。由此可以更清楚地认识必要条件的构成。在本案例中，曾经缺失的必要条件有：负责"钱袋子"的财政部的支持，以及分管副总理的职权边界等。还可以看出，谋求共识中哪里是通衢大道、哪里是激流险滩；在事情触礁后，人们又是经过怎样的努力得以达致柳暗花明又一村的，由此又可以看到主干道之外辅道的存在。在本书中，就是上书途径使议程设置进程得以"复活"。这就最能显示决策体系内部的结构和机制情况：某一部门为什么持反对意见？后来态度又是怎样改变的？是因为说服，还是基于权力的运作？议程的主张者哪些举措是无效的，哪些是有效的？再有，在政策的制定阶段，又是通过什么样的体系，整合了哪些智力资源，怎样汇聚各方智慧，使得政策内容趋于完善？如能再现其运作过程，则是观察决策体系内部结构机制特点的绝好机会。

考察新农合政策就给予笔者一个这样的机会。新农合由于国家参与筹资、覆盖面是 8 亿农民这一庞大的群体，因而面临着全新的需求和巨大的风险。正因为如此，新农合政策的政策过程具有议程设置难、决策过程长的特点，而揭示这一过程，对于认识我国决策体系的内在结构与机理，具有明显的认识意义。

议程设置难是因为该项制度蕴含的财政风险巨大。在酝酿这一政策的 2000 年，中国经济总量有限，中央财政还相当困难；而另一方面，农村人口有 8 亿，规模巨大。两相比较，这严重影响了一些部门，尤其是财政部门对建构这一制度的意愿。新农合的议程在国家层面得以设置，就经历了"努力—触礁—再启动—再努力—设置成功"的曲折过程。如后文的分析，这一政策是通过科层途径、上书途径和协商途径三条路径才最终得以实现议程设置。

创制性政策的决策过程长，实质是建构崭新的政策知识体系难。因为，相对于复杂现实，人的认识能力总是不足的，因此不可能一蹴而就，而是要经过一个复杂的学习过程。这一点对于幅员辽阔、地区差别巨大的我国尤其明显。这就要求在制度建构上有一系列细密合理的政策设计，例如，应当覆盖哪些疾病、经费如何分担、财务如何管理——是即收即付，还是完全积累，抑或是部分积累，以及如何监督，等等。而这些都没有现成的模式可以照搬，需要谨慎摸索构建，不可有大的闪失。新农合政策从第一个文件出台到基本成型历时 8 年之久，可谓长矣。而这恰恰是创制性政策决策难度大的重要体现。

四 新农合议程设置的路径分析

政策议程设置（agenda setting，或 agenda building）是政策议题进入决策者的正式议事日程。它是连接政策议题（issue）和政策制定

（decision-making）的关键环节。在议程设置方面，本书关注的是，建立新农合制度的动议在我国的正式决策体制内是如何化解各种障碍、形成共识，从而使该议程得以设置成功的。

从认知的角度来看，议程的设置，就是政府对各种政策议题（issues）依其重要性进行排序。[①] 而为了使某政策议题得以在众多的政策议题重要性排序中前置，该政策议题的推动者就需要在相关政治精英中谋求共识。这里，谋求共识是实现政策议题重要性排序靠前的重要手段。

共识到底是如何形成的呢？张康之和张乾友在哈贝马斯开创性研究的基础上提出，共识的达成，至少需要经过相互承认、反复沟通与理性取舍三个环节，如某个环节出现缺失，将导致共识无法达成，或形成"伪共识"。[②] 有学者进言之，共识形成过程按照强制程度的不同，构成了一个从威胁、说服、沟通到妥协的谱系，主体间地位或力量悬殊，则更可能以强制方式实现，反之更多会通过民主方式来达成。[③] 不难看出，这些是较为抽象的逻辑层面的推演。在政策实践层面中，有学者在总结实践和已有研究的基础上提出，中国较为成熟的形成政策共识的方式主要有领导人批示和圈阅、会议、协调、动员、听证等。[④]

那么，新农合政策的共识是如何建构的呢？

（一）背景：农村医疗卫生的困境

农村卫生的严重问题表现为农民"因病致贫"和"因病返贫"问题日渐凸显。20 世纪 90 年代末，一些研究者在贫困地区开展的调查表

---

① Kingdon, John W., *Agendas, Alternatives and Public Policies*, New York: Harper Collins, 1995；王绍光：《中国公共政策议程设置的模式》，《中国社会科学》2006 年第 5 期。

② 张康之、张乾友：《论共同行动的基础》，《南京农业大学学报》（社会科学版）2011 年第 2 期。

③ 颜学勇、周美多：《基于共识的治理：后现代情境下政策共识的可能性及其限度》，《电子科技大学学报》（社会科学版）2011 年第 4 期。

④ 陈玲、赵静、薛澜：《择优还是折衷？——转型期中国政策过程的一个解释框架和共识决策模型》，《管理世界》2010 年第 8 期。

明，疾病已成为家庭致贫的首要原因。①

造成这种情况的直接原因有二。其一，传统农村合作医疗制度（以下简称传统农合）经历了计划经济时代的活跃和改革开放初期衰退的过程。到 20 世纪 80 年代中后期，覆盖率已降至 10% 以下②，农民看病基本靠自掏腰包。其二，个人医疗支出负担快速增长。从 20 世纪 80 年代初开始，中国卫生体系市场化改革启动，中国医疗卫生费用迅速增长③，个人医疗支出负担也快速增长，2002 年个人卫生支出规模是 1978 年的 147.3 倍，而 2002 年农民人均纯收入则仅为 1978 年的 18.5 倍，远远落后于个人卫生费用增长。④

（二）新农合议程设置的三条途径

1. 科层途径：部门议程—跨部门协商—触礁（2000 年初至 2001 年 5 月）

新农合议程设置的努力是由国家卫生部启动的。

（1）卫生部内的共识形成（1999 年暑期）

1998 年，卫生部成立了基层卫生与妇幼保健司（以下简称基妇司）。这对于凸显和解决农村卫生具有非常重要的意义。1999 年，即基妇司成立的第二年，在卫生部暑期工作会上，基妇司负责人以基层卫生调研报告为基础做了专题发言。会议用半天时间以农村卫生为专题进行了认真的讨论，使加强农村卫生工作问题在卫生部内部初步达成

---

① 刘远立、饶克勤、胡善联：《因病致贫与农村健康保障》，《中国卫生经济》2002 年第 5 期。

② 李长明、汪早立、王敬媛：《建国 60 年我国农村卫生的回顾与展望》，《中国卫生政策研究》2009 年第 10 期。

③ Blumenthal, David and William Hsiao, "Privatization and Its Discontents—the Evolving Chinese Health Care System," *New England Journal of Medicine*, Vol. 353, No. 11, 2005, pp. 1165 – 1170.

④ 相关数据参见国家统计局《中国统计年鉴 2003》，中国统计出版社 2003 年版；卫生部《中国卫生统计年鉴 2004》，中国协和医科大学出版社 2004 年版。

共识。①

（2）上交报告与副总理的共识形成（2000年初）

2000年初，经过半年的酝酿，卫生部基于基妇司的基层卫生调研报告拟定了一份政策报告，报告的中心内容是揭示农民求医治病的困境和对农村卫生发展改革的建议。卫生部将政策报告报送给分管副总理。分管副总理对卫生部的政策报告做出了批示。他在批示中要求，由国务院经济体制改革办公室（以下简称国务院体改办）会同卫生部、农业部等部门组成联合调研组，就农村卫生发展和改革问题进行调研。② 至此，在加强农村卫生工作问题上，卫生部完成了营造机构内部和分管副总理的共识。

（3）联合调研化解卫生部和农业部的分歧（2000年上半年）

2000年上半年，联合调研组在全国多个省就农村卫生问题开展专题调研，这次调研取得了非常好的效果：此前，农业部参与此项具体工作的同志担心发展农村合作医疗会增加农民负担，和卫生部意见不一；通过深入农村联合调研，农业部对农村卫生的挑战和农民的痛苦都感同身受，改变了态度，三部门就加强农村卫生工作初步达成了共识。③

（4）共识触礁与文件的模糊化处理（2001年5月）

2000年9月，分管副总理听取了联合调研组的汇报，并指示国务院体改办会同卫生部、农业部、国家计委、财政部等有关部门，起草关于农村卫生体制改革与发展的指导意见；文件起草过程中就合作医疗问题的争论非常激烈，焦点是农村合作医疗的政府责任，财政部门是否要明确地承担起农民健康保障的筹资责任。经过多轮讨论，多数部门初步达成共识；但财政部门参与此项工作的同志表示担忧，由中央财政出钱支持农村合作医疗，为数亿农民的健康保障投入，对于国家来说可能是

---

① 卫生部基妇司前主要领导访谈，2013年1月17日。（笔者注：本书所引用的访谈记录均获得受访者许可授权，并遵照社会科学研究的规范和伦理匿名使用。以下略。）

② 卫生部基妇司前主要领导访谈，2013年1月17日。

③ 同上。

一个"无底洞"。①

　　鉴于财政部的意见，2001 年 5 月由国务院办公厅以国办发〔2001〕39 号文件转发的《关于农村卫生改革与发展的指导意见》在对农民健康保障的筹资问题上进行了模糊化处理，采用了"实行多种形式的农民健康保障办法"这一提法。这意味着，旨在推动中央筹资建立农村健康保障制度的政策议程设置的努力事实上触礁了。

　　这一触礁折射出跨部门政策的共识困境。一个复杂的社会政策往往涉及多个政府部门；而在中国以业务主管部门为基础的决策机制下，不同业务主管部门处于同等地位，如果某部门持反对意见，协商就会陷入困境。也即，这里遵循的是简单共识规则，相当于每一个参与的部门对共同决策的事项都具有否决权。这种简单共识规则，加大了应对复杂社会问题的跨部门政策出台的挑战。

　　2. 上书途径（2001 年下半年）②

　　跨部门协商的共识触礁并没有使相关职能部门放弃努力，另一个称为上书的路径开始启动。

　　（1）ADB 项目报告：上书的知识基础

　　2001 年 1 月，哈佛大学公共卫生学院专家在亚洲开发银行和国家计委支持下开展了中国农村卫生保障研究（简称 ADB 项目）。项目最终形成了 70 页的研究报告，提出了针对东中西部的"三个世界，三种模式"的政策建议。

　　ADB 项目报告完成后，国家计委于 2001 年 7 月在北京举行了国际研讨会，以传播知识和营造政策共识。研讨会邀请了业界最优秀的专家和能影响到最高决策层的智囊们。他们包括来自世界卫生组织、哈佛大学等机构的国际专家、国内顶尖的经济学家和相关领域的专家，以及国务院研究室、国务院体改办、卫生部、财政部、农业部、

---

　　① 卫生部基妇司前主要领导访谈，2013 年 1 月 17 日。

　　② 这部分内容主要基于 2006 年刘远立和饶克勤合作发表的英文论文，见 Liu, Yuanli and Keqin Rao, "Providing Health Insurance in Rural China: From Research to Policy," *Journal of Health Politics, Policy and Law*, Vol. 31, No. 1, 2006, pp. 71 – 92。

国家计委等部门的司局级领导和来自省级政府的官员。后来事情的发展表明，ADB 项目报告为决策者的议程设置努力提供了重要的认识基础。

（2）卫生部长上书最高领导人：议程设置动议的再次启动

研讨会后，卫生部长约见了 ADB 项目报告的作者之一，让他将 70 页的报告压缩至 5 页，进而修改为卫生部长致时任中国最高领导人的私人信件。信件由专人送至最高领导人办公室。这启动了使新农合政策议题进入国家议程的第二次努力。

上书的第二天，最高领导人即打电话给卫生部长。电话中，最高领导人坦言，信中所言的农村卫生状况，特别是因病致贫占到农村贫困的 1/3 这一点，让他感到非常震惊；几天后，中共中央政策研究室的人员拜访了 ADB 项目研究人员，并询问了项目的细节以及数据来源等。显然，最高决策层已在思考如何构建农村健康保障体系。

至此，卫生部长上书已经将推进共识的努力拓展到最高领导人。

3. 高层协商会议途径（2001 年底）

2001 年 12 月，基于为次年 1 月即将召开的中央农村工作会议做准备的需要，由最高领导人亲自主持召开了关于农村发展问题的小型座谈会。在这个座谈会上，时任国务院体改办副主任的学者型官员李剑阁做了一个精彩的发言。李剑阁曾参与多部门联合调研组的农村卫生调研，发言中，他依据卫生部提供的翔实数据和赴各省调研的感受，对农村卫生问题提出了警示。

按照预先安排，李剑阁的发言主题是农民就业和农村金融问题。但他认为，农村卫生问题很重要，而且可能没人讲，于是决定将农村卫生问题作为发言重点，并事先向卫生部要了翔实的资料。[①]

发言中，李剑阁首先列述了农村卫生的突出问题，其次，分析了农村卫生问题的成因，再次，他提出了四条政策建议。核心是明确和强化政府对农村卫生的责任，加大农村卫生投入，积极探索建立农民健康保

---

① 卫生部基妇司前主要领导访谈，2013 年 1 月 17 日。

障办法。①

在发言的最后，李剑阁从维护稳定和体现党的宗旨的角度对农村卫生问题的严重性和紧迫性提出了警示，"农民健康问题已经成为非常尖锐的社会问题。我们有些同志长期蹲在城市，对待农民的疾苦常常采取一种麻木的甚至傲慢的态度。农民对现状感到无助和无奈，于是勾起他们的怀旧情结。农民的不满情绪在贫困地区正在日积月累，搞不好甚至会激起民变"；他进一步提出，"关心广大农民的健康问题，是一个体现党的宗旨、树立党的威望、深得群众拥护的大事情"，"应引起全社会和各级政府的足够重视，切实负起责任，痛下最大的决心，努力使农民获得基本的医疗保健服务"。②

李剑阁极富激情的发言不仅具有政治伦理的高度，而且有理有据，具有极强的说服力和感染力。他的发言引起了最高领导人的高度重视。会后，最高领导人亲自打电话给卫生部长核实李剑阁言及的问题，卫生部长如实做了汇报，说明这些情况都有扎实的调研做依据。之后，最高领导人向分管卫生工作的副总理表示，卫生工作要把农村卫生放在首位，要以中央名义出一个文件，开一个会。③

至此，关于新农合的政策共识拓展到党和国家最高领导人。他的表态表明，新农合议程设置终于得以实现。

（三）对议程设置三条路径的进一步讨论

1. 政策议题进入国家议程的三条路径

从前文的回顾可以看出，政策议题进入国家议程有三条路径：科层路径、上书路径和协商路径。这里所谓的科层路径，是经由政府部门正式的制度流程和公文体系，以逐级报告方式，推动政策议题进入国家议

---

① 李剑阁：《关于农民就业、农村金融和医疗卫生事业问题的几点意见（2001 年 12 月 18 日）》，见李剑阁《李剑阁改革论集》，中国发展出版社 2008 年版，第 115—120 页。

② 李剑阁：《关于农民就业、农村金融和医疗卫生事业问题的几点意见（2001 年 12 月 18 日）》，第 118 页。

③ 卫生部基妇司前主要领导访谈，2013 年 1 月 17 日。

程；所谓上书路径，是通过致信最高领导人/领导层，申说有关政策议题，从而引起其对政策议题的重视；而协商路径则是以最高领导人/领导层组织召开的多部门参加的座谈会为平台，阐释有关政策议题，引发其对该议题的重视。

科层路径是最为常规的路径，它具有充足的合法性，但在取得相关部门必需的支持上又有明显的局限性。由于这些相关部门彼此是平行关系，而又各持立场，谋求共识若遇障碍，某部门明确地持否定意见，常见的出路是期待上面分管的次高级领导人的权力运作。而若持否定意见的部门处于该领导人权力边界之外，政策议程的设置努力往往触礁。

上书路径在时间上是发生在科层路径触礁之后，是议程设置的努力在科层路径触礁后的再次启动。由于触礁的礁石处于分管副总理的权力边界之外，要突破僵局，上书的对象就是最高领导人。不难看出，上书在谋求最高领导人共识上虽然往往很有效，但是在决策的程序合法性上有缺陷。上书只能起到议程设置的推进作用，却难以完成议程设置。因此，上书之后还要经过高层协商会议的环节。

高层协商会议是科层途径以外的一种决策制度安排。它是针对重要事项和重大问题召开的座谈会，其参与者根据需要来确定，往往既包含相关部门的主要官员，又包括部分相关领域的专家。高层协商会议为最高领导层开辟了一条官僚体系以外的了解重大政策问题及政策建议的路径，也是就某一领域政策问题进行跨部门讨论、信息整合和共识形成的平台。这一形式是对科层制的必要补充。

2. 三条路径的接力模式

这里的路线图是科层路径→上书路径→协商路径。三步骤呈明显的接力关系，它们在营造政策共识的脉络上是步步推进的：在前一步骤未能满足实现政策共识的充要条件，也即关键的部门没有共识时，才会启动后一步骤；而每一步的推进都实现了共识的推进。

那么，三条路径与推进共识是什么关系呢？它们都是对议程设置过程的阐释，不同的是，三条路径是对这一过程体制层面的描述，推进共识则是对其认识层面的剖析，一个是面，一个是里子，它们共同构成了议程设置的立体图景。

3. 三条路径与多源流理论

关于议程设置，美国政策理论家金登（John W. Kingdon）提出了著名的多源流理论（multiple-streams framework）。他认为，一个项目被提上议程是由于在特定时刻汇合在一起的多种因素共同作用的结果，这种共同作用也就是多源流理论所讲的问题源流、政策源流和政治源流三者的连接与交汇。[①] 就新农合而言，从大的轮廓来看，农村卫生问题日渐凸显、应对这一问题的政策方案渐趋清晰以及最高领导层的关注，这三个源流交汇打开了政策窗口，使农民健康保障问题得以提上国家议程。这显示了多源流框架在宏观上对中国政策议程设置的解释力。

但多源流框架关注的是议程设置过程的投入和产出两端，即在投入端三个源流的演进的和产出端的问题是否进入了政策议程；而对于打开政策窗口的路径和机制，如问题引起决策者关注的渠道、政策方案探寻者与决策者的关系、官僚机构与决策者的关系等，则关注不多。应该说，其框架关注的侧重点是与多元、开放的美国政治体制相适应的。

本书则试图在中国场域下，打开政策议程设置的内部过程，观察不同参与主体的互动关系。在多源流框架基础上，本书提出了国家议程设置的科层路径、协商路径和上书路径三条路径。这一发现的理论意义在于，进一步阐释了多源流框架尚未回答的"政策机会窗口的开启路径和机制"问题；而现实意义则在于，本书可为更有效的政策倡导提供知识基础。

五　政策制定：试点体系的构建

（一）政策框架初成

新农合政策于 2001—2002 年岁末年初成功实现议程设置后，紧

----

① Kingdon, John W. , *Agendas, Alternatives and Public Policies*, New York: Harper Collins, 1995.

接着就是进行政策框架的构建。这一工作在国务院分管副总理的推动下，由国务院体改办牵头，卫生部、农业部、财政部和国家计委等部门负责着手起草中央关于加强农村卫生工作的决定。经过多部门的反复协商，2002 年 10 月，中共中央、国务院出台了《关于进一步加强农村卫生工作的决定》，接着，2003 年 1 月，国务院办公厅转发了卫生部等部门专门就新农合拟定的文件《关于建立新型农村合作医疗制度的意见》。这两个文件，构成了新农合制度中央政策的基本框架。

不过，这两个文件只是一个粗略的框架，它提出了政策目标和基本原则，至于管理体制、筹资机制和运行机制等还都没有具体的、可操作的规定。这些都有待在试点中逐步摸索、形成系统性认识。因此，新农合政策框架的出台并不意味着政策制定的完成。它的具体政策内容的充实完善是在政策框架的执行中逐渐完成的，也即最初的政策执行负有进行政策制定的任务，需要边执行，边探索，边丰富政策内容。

（二）试点：执行中政策制定的主要方式

试点是中国独特的政策制定途径，它是一种将学习机制融入政策制定的有效模式。试点的实践可以追溯到 1928 年，毛泽东同志在井冈山、邓子恢同志在闽西分别尝试用不同的方法进行土地改革的初步试验。① 试点的做法一直沿袭至今，证明了它的生命力。值得注意的是，改革开放后，在构建大量创制性政策的挑战下，试点模式甚至一度体制化。例如，成立于 1982 年的国家经济体制改革委员会，"组织试点"是其四项任务之一（其余三个是理论创新、设计总体方案、协调各方利益）；该机构于 1988 年还单独设置了综合规划和试点司。2003 年建立的国家发展和改革委员会经济体制综合改革司，也下设立了改革试点指导处。

---

① Heilmann, S., "From Local Experiments to National Policy: The Origins of China's Distinctive Policy Process," *The China Journal*, No. 59, 2008, pp. 1 – 30；周望：《"政策试验"的历史脉络与逻辑审视》，《党政干部学刊》2012 年第 6 期。

试点的方式不止一种①。其中一种常见的模式就是新农合这种中央出台一个政策框架，框架的细化和操作化是在试点中完成的。因此，试点的过程是学习的过程，其中不乏纠错的实践，也是政策制定的过程，或者说，政策制定是在试点过程中得以完成的。

新农合政策是创制性政策。创制性政策的开创性特点决定了其制定的难度，因而更加需要通过试点来完成政策的制定。我们看到，新农合的试点实践具有两个突出的特点，即试点时间长和构建了一个富有活力的试点工作体系。

1. 试点时间长（2003—2010 年）

新农合的试点工作是 2003 年至 2010 年，前后近 8 年。2003 年，国务院要求每个省至少选 2—3 个县开展新农合试点②，新农合的试点工作自此开始；试点工作结束的标志性事件是到 2010 年卫生部上报《新型农村合作医疗管理条例（送审稿）》③。当时，卫生部认为，新农合制度已基本成熟，可以通过立法对其进行规范，于是组织专家起草了新农合管理条例。该条例在征求了新农合部际联席会议成员单位意见基础上，于 2010 年 7 月上报国务院审议。一个政策的制定经历了 8 年之久，这在中国的社会政策史上可谓罕见。

（1）试点工作的重点

试点工作的重点是探索新农合的管理体制、筹资机制和运行机制。据初步统计，这 8 年间中央政府有关部门共出台新农合相关政策 80 个，包括宏观政策、综合管理、补偿政策、基金管理、组织管理、信息管理、检查通报、医疗救助和医药管理 8 类。其中，基金管理和组织管理类数量最多，共有 28 个，占到出台文件总数的 35%。毋庸赘言，这期

---

① 对于试点类型的解析，参见周望《"政策试验"解析：基本类型、理论框架与研究展望》，《中国特色社会主义研究》2011 年第 2 期。

② 国务院办公厅：《国务院办公厅转发卫生部等部门关于建立新型农村合作医疗制度意见的通知（国办发〔2003〕3 号）》，《中华人民共和国国务院公报》2003 年第 6 期。

③ 有专家认为，新农合试点工作时间是 2003—2007 年。试点结束后的标志是 2007 年召开了全国第四次新农合工作会，部署全面推进新农合，标志着新农合制度由试点阶段转入全面推进阶段。

间的试点工作为这些文件提供了重要的认识基础。

（2）试点工作的两个阶段

试点工作分为小范围试点和全面推进两个阶段。

第一，小范围试点阶段（2003—2005 年）。

这一阶段，中央政府政策的侧重点在于建立起从中央到地方的推动新农合试点的组织架构。如中央级的部际联席会议与省级的协调领导小组。国务院新农合部际联席会议制度在这一阶段正式建立，成员单位包括卫生部、财政部、农业部等 14 个部门，时任国务院副总理吴仪担任部际联席会议组长，日常工作由卫生部负责。① 与此同时，中央还要求，各省、自治区、直辖市及试点地（市）人民政府要尽快成立由卫生、财政、农业、民政、发展改革、审计、扶贫等部门组成的新农合协调领导小组，小组在同级卫生行政部门设办公室，负责有关具体工作。

中央还要求，卫生部和各省分别成立专家技术指导组。技术指导组接受国务院新型农村合作医疗部际联席会议办公室和卫生部农村卫生管理司的领导和管理。② 最初技术指导组由 12 名专家组成，而后不断调整充实专家力量，在卫生经济专家基础上，增加了财政、社会保障、农业经济、信息技术等领域的专家。

2003 年底，全国有 304 个县进行试点，至 2005 年底，试点县增加到 678 个。③

第二，全面推进阶段（2006—2008 年）。

这一阶段，重点在于细化政策工具和组织体系建设。细化政策工具方面，规范补偿方案、基金管理、信息统计等文件相继出台。

组织体系建设方面的主要举措是建立评估工作组、优化技术指导组

---

① 国务院：《国务院关于同意建立新型农村合作医疗部际联席会议制度的批复（国函〔2003〕95 号）》，《中华人民共和国国务院公报》2003 年第 29 期。

② 卫生部办公厅：《关于成立卫生部新型农村合作医疗技术指导组的通知（2004 年 4 月 1 日卫办农卫发〔2004〕46 号）》，《新型农村合作医疗文件汇编（2002—2011）》，卫生部农村卫生管理司、卫生部新型农村合作医疗研究中心 2011 年版。

③ 新型农村合作医疗试点工作评估组：《发展中的中国新型农村合作医疗：新型农村合作医疗试点工作评估报告》，人民卫生出版社 2006 年版。

和加强政策执行体系建设。2006 年 3 月，成立了试点工作评估组。国务院新农合部际联席会议办公室为评估的领导方和委托方。评估组成员由北京大学、中国社会科学院、农业部农村经济研究中心和卫生部统计信息中心组成，卫生部新农合研究中心负责评估工作的具体组织和协调。评估对于工作既有规范和监督作用，也有导向和激励作用，是把反思机制引入政府工作的举措。① 优化技术指导组的专家结构，充实多学科专家，吸纳了社会学、财政学和经济学的专家。提升政策执行体系的能力。要求落实经办机构人员的编制和工作经费，并加强对经办人员的培训；加强信息化建设，建立监测网络，落实内部审计和外部监督。

经过 2006—2008 年三年的全面推进，至 2008 年底，全国农村 2729 个县初步建立起新农合制度，新农合基本实现了全覆盖。②

2. 一个富有活力的试点工作体系

压力往往是激发创造性的积极因子。在回应创制性政策的挑战中，新农合构建了一个富有活力的试点体系。

从某种意义上说，试点过程就是向实践学习的过程。这里，试点的成功与否决定于学习的质量，而学习的质量，又在于是否有一个良好的体系来支撑并激励参与政策制定人们的学习行为。我们看到，新农合的试点过程显示，这里有一个极为有效的体系在支撑并激励人们积极向实践学习。

这一体系的基本要素有五个：明确的授权、组织建设、机制建设和监管体系建设和精神驱动力。

（1）明确的授权

政策制定是一种基于公权力的行为，以政策制定为目的的试点，需要有一定的授权。2003 年 1 月 16 日，国务院办公厅转发了卫生部、财政部和农业部的《关于建立新型农村合作医疗制度的意见》，要求从

---

① "评估"一词正式出现在政府文件中，是 2005 年温家宝总理所做的政府工作报告。该报告提出，"抓紧研究建立科学的政府绩效评估体系"，而在这一要求提出的第二年，新农合就建立了评估小组，体现了严谨求实的政风。

② 卫生部统计信息中心：《2008 年我国卫生事业发展统计公报》。

2003 年起，各省、自治区、直辖市至少要选择 2—3 个县（市）先行试点，取得经验后逐步推开。试点地区基于授权，就具有了在中央政策框架下进行制度创新的合法性。

（2）组织建设

组织建设包括组织管理类组织与知识生产类组织两类组织的建设。

第一，组织管理类组织建设。

组织管理类组织主要包括作为跨部门协调机构的建新型农村合作医疗部际联席会议和作为职能部门的农村卫生管理司。

新型农村合作医疗部际联席会议制度是由时任国务院副总理兼卫生部长吴仪推动建立的，目的是协调国务院有关部门来推进新农合制度建设，是一个围绕新农合这一跨部门事务的议事协调机构。而由副总理担任组长，可以在各部门提出不同意见时居中协调，最终通常以副总理拍板的意见为准。①

这种协调组织形式是一竿子插到底的。中央要求各省、直辖市及试点地（市）人民政府也成立由分管领导担任组长、相关部门主要负责人为成员的新型农村合作医疗协调领导小组，小组在同级卫生行政部门设办公室，负责有关具体工作。

2004 年 3 月，卫生部将基层卫生与妇幼保健司中的农村卫生管理的职能独立出来，成立农村卫生管理司（以下简称农卫司）。农卫司负责承担国务院新农合部际联席会议办公室的日常工作，强化卫生部对新农合政策的制定和宏观管理。专司农村卫生管理工作的农卫司的成立，夯实了新农合中央层面政策制定的组织基础。卫生部成立农卫司后，省级地方政府的卫生主管部门相继成立了农卫处以加强农村卫生工作，而后一些省市还成立了专司新农合的合作医疗处。

第二，知识生产类组织建设。

试点的根本任务是生产新农合的政策知识系统。而且，试点不但要生产知识，还要及时将这些知识传递出去，与政策制定者群体共享，以

---

① 卫生部基妇司前主要领导访谈，2013 年 1 月 17 日。

便形成面向全国的政策。为了把知识生产和传递的任务落到实处，试点中成立了相关组织。

2004 年 4 月 1 日，卫生部新型农村合作医疗技术指导组（以下简称技术指导组）正式成立。技术指导组的职责主要包括四个方面：一是试点工作的技术指导，促进重大政策和措施落实；二是专人定期对浙江、湖北、吉林和云南四省试点进行调研、指导和评估，与地方政府一起总结经验，完善方案；三是及时报告试点工作的重大问题，提出政策建议；四是参与培训和研究工作。[①] 这四种职责中，总结经验就是知识生产，而报告试点工作的重大问题和提出政策建议，就是知识的传递。可以说，在新农合政策建立和完善过程中，技术指导组是连接中央政府、地方政府和学术界的重要知识产出和传递的设置。

为进一步加强对新农合政策试点中的知识生产和传递，卫生部于 2005 年 6 月设立新型农村合作医疗研究中心（以下简称研究中心）。研究中心设于卫生部卫生经济研究所，业务上接受卫生部农卫司和规划司业务指导，由所长兼任中心主任。研究中心也是新农合试点的知识产生和传递机构，与技术指导组不同的是，它是建制性的。研究中心的成立加强了卫生部对新农合进行事务性管理和业务指导的力度。

（3）机制建设：建构富有活力的政治动员机制、知识产出传递机制

这里的机制是指，在既有结构中建立一种连接各要素的工作方式，为的是很好地发挥它们的功能。在新农合试点工作中，非常值得称道的是，建构了一种激发各要素积极性创造性的机制。

第一，以高规格的全国性会议进行政治动员和知识传递。

高规格的全国会议是中央政府推动新农合的重要动员机制。2002 年 10 月 29—30 日，即在 2002 年 10 月 19 日《中共中央国务院关于进一步加强农村卫生工作的决定（中发〔2002〕13 号）》出台的同时，

---

① 卫生部办公厅：《关于成立卫生部新型农村合作医疗技术指导组的通知（2004 年 4 月 1 日卫办农卫发〔2004〕46 号）》，《新型农村合作医疗文件汇编（2002—2011）》，卫生部农村卫生管理司、卫生部新型农村合作医疗研究中心 2011 年版。

全国农村卫生工作会议在京召开，这是新中国成立以来第一次以国务院
名义召开的农村卫生工作会议。

　　实践证明，连续多年召开的国务院全国新农合试点工作会议对地方
试点具有重要的激励作用。吴仪副总理担任部际联席会议组长期间，几
乎每年都以国务院名义召开一次全国新农合试点工作会议。① 每次试点
工作会议召开前，都要召开预备会性质的部际协调会议，研究部署相关
工作安排，并向国务院汇报。试点工作会议由分管试点的副省长携新农
合试点工作相关部门参加会议并汇报工作，吴仪亲自参加会议并讲话。
这一会议形式，一是规格高，二是制度性，三是讨论性，即与会者都参
与试点工作知识的总结和讨论。这一讨论性的会议形式对于试点工作有
两个明显的作用：第一，向地方政府传递了中央政府高度重视新农合试
点工作的明确信号，有利于各省级政府的领导协调省内相关部门，形成
新农合发展的合力；第二，建立了激励参与试点工作的部门和人员积极
工作、及时发现问题、总结工作经验的机制。因为，会议有对参与者就
自己试点工作经验发言的要求，这就实际上具有对与会者的工作进行考
核的意味，因而会促使试点工作者随时对工作进行反思，并及时总结
经验。

　　第二，技术指导组的工作模式激励知识产出。

　　中央规定，技术指导组实行专家包省机制。② 以技术指导组专家为
组长，组成 4 人固定联系组；每个省推荐 2 个试点县作为重点调研指导
的联系县③；固定联系组每季度至少下去调研一次，每次不低于两周，
并形成书面报告提交技术指导组会议讨论。技术指导组每季度最后一个
月定期召开会议，这类会议是促进知识传递，进而优化政策设计的重要
平台，而每季度一次的会议周期，实际上规定了知识产出的节奏。值得

---

　　① 2006 年没有召开全国新型农村合作医疗试点工作会议，卫生部召开了农村卫生工作
会议。

　　② 卫生部基妇司前主要领导访谈，2013 年 1 月 17 日。

　　③ 首批确定的技术指导组重点联系试点县名单：浙江省嘉兴市秀洲区和开化县，湖北
省公安县和长阳县，吉林省蛟河市和镇赉县，云南省弥渡县和禄丰县。

注意的是，技术指导组的这一定期会议不是关门会议，而是开门会议，与会者不仅是技术指导组的专家，部际联席会议办公室成员、四个试点省（首批试点省是浙江省、湖北省、吉林省和云南省）的卫生厅局的基妇处长以及重点联系的试点县的卫生局长均要参加会议，听取试点工作汇报，研讨工作进展和主要问题，并提出相应的建议。① 总之，不论是经验还是问题，都会拿到技术指导组专家讨论。这为中央政府形成新农合具体政策打下了基础。②

技术指导组还开展新农合专业培训和课题研究，这也是创造和传递知识的重要机制。技术指导组专家受部际联席会议办公室委托开展了大量调研和课题研究，并组织全国性的培训，根据实践编写教材，推广经验。③

（4）监管体系建设：通报、检查、评估和管理信息系统建设

新农合是为农民提供卫生保障的社会保险制度。保险制度的头等大事是风险控制，因此它无疑需要监管。我们看到，新农合的监管形式经历了通报—检查—正式评估的逐渐成熟的过程。第一阶段：通报。试点工作初期采取通报的形式，将偏离政策原则的现象通报大家，实施对试点的监管。第二阶段：检查。鉴于违反中央政策和原则的问题比较多，2004 年 5 月，卫生部和财政部下发紧急通知，对全国新农合试点工作进行检查。④ 第三阶段：成立评估组。2004 年下半年，中央决定对2003 年启动的新农合试点县（市、区）展开检查评估；2006 年 3 月，

---

① 卫生部办公厅：《关于成立卫生部新型农村合作医疗技术指导组的通知（2004 年 4 月1 日卫办农卫发〔2004〕46 号）》，《新型农村合作医疗文件汇编（2002—2011 年）》，卫生部农村卫生管理司、卫生部新型农村合作医疗研究中心 2011 年版。

② 卫生部基妇司前主要领导访谈，2013 年 1 月 17 日。

③ 同上。

④ 检查重点包括：（1）是否存在农民不知情的情况下为其垫资参合；（2）各级政府资金到位情况；（3）试点基金收支、结存情况；（4）管理机构经费落实情况，是否挤占挪用了新农合试点基金；（5）农民受益情况；在操作方式上，由各省组织自查自纠并上报；进而，由卫生部和财政部对各地自查自纠情况进行抽查。参见卫生部、财政部《关于开展新型农村合作医疗试点有关工作检查的紧急通知（2004 年 5 月 24 日卫发电〔2004〕37 号）》，《新型农村合作医疗文件汇编（2002—2011 年）》，卫生部农村卫生管理司、卫生部新型农村合作医疗研究中心 2011 年版。

决定成立新农合评估工作组。评估工作不仅对试点有监管和规范化的作用，更是对试点工作的激励，而评估小组的建立，则是使监管常规化的一种举措。

在重视以检查、通报和评估来发现和纠偏试点中出现的问题的同时，新农合政策试点过程中，非常重视信息系统建设，推动系统规范建设和数据共享①，将其作为监管体系建设的重中之重。

（5）精神驱动力

在新农合的整个试点过程中，从上到下的政策制定参与者都怀有特殊的热情和认真探索的精神，显示出巨大的精神驱动力。质言之，创新活动实际上是一场智力攻坚战，如果没有强大的精神驱动力而产生的激情是不会成功的。分析起来，这一精神驱动力由三个因素构成：

第一，新农合具有浓厚的政治伦理内涵。新农合事关 8 亿农民的福祉。农民缺乏基本医疗保障、因病致贫的尖锐现实，与中共执政理念严重背离，这使得建构新农合制度具有浓厚的政治伦理含义。可以说，许多参与者是以还历史欠账的心情，怀着对农民命运的关切进行工作的，这一点在当时总其事的副总理吴仪身上的体现最具代表性。吴仪副总理在她离任前的最后五年主抓了新农合建设，"既没有升官问题，也没有发财问题"，她是"抱着高度的事业心来做这个（新农合）的"，并认为如果失败了没法向农民交代。② 在她的担任组长期间，几乎每次都亲自主持召开部际联席会议，就部门间存在分歧的问题进行协调和拍板。这使得新农合部际联席会议切实做到统筹全局，以防止各部门自说自话和"政策打架"。③ 吴仪副总理连续五年以国务院名义召开新农合试点工作

---

① 卫生部办公厅：《关于印发〈新型农村合作医疗管理信息系统基本规范（2008 年修订版）〉的通知（2008 年 6 月 24 日卫办农卫发〔2008〕127 号）》，卫生部办公厅：《关于印发〈新型农村合作医疗信息系统基本规范（试行）〉的通知（2005 年 5 月 31 日卫办农卫发〔2005〕108 号）》，卫生部：《关于新型农村合作医疗信息系统建设的指导意见（2006 年 11 月 22 日卫农卫发〔2005〕453 号）》，《新型农村合作医疗文件汇编（2002—2011 年）》，卫生部农村卫生管理司、卫生部新型农村合作医疗研究中心 2011 年版。

② 卫生部基妇司前主要领导访谈，2013 年 1 月 17 日。

③ 李长明：《发展与启迪：新农合十年回顾》，青岛：新农合制度实施十周年"政策与实践"管理研讨会，2012 年。

会议以保持地方政府对新农合的热情，还曾就新农合的试点问题专门致信总书记和总理。① 凡参与其事者都可感到她的工作激情和使命感。

第二，新农合巨大的经济政治风险使试点参与者不敢掉以轻心。新农合因覆盖群体巨大，加之创制性政策的未知因素太多，因此风险很大，这里的风险不仅包括财政风险，因其上述的政治内涵，还包括政治风险。对此，试点参与者都有清醒的认识，他们怀着只许成功不许失败的信念，积极谨慎地进行探索。

第三，追求政绩的动机。当时，省市县级官员追求政绩的动机很强。这一动机与试点模式的激励机制相遇，互相激扬，使得参与的官员多怀有强烈的动机和饱满的精神进行试点工作。

总体来看，授权、建立组织、构建知识生产和传递的激励机制、强化监管体系和精神驱动力，构成了新农合试点系统的五大要素。其中，构建知识生产和传递的激励机制是最为核心的要素，其他要素都是为它服务的。而在激励机制中，技术指导组的工作模式很值得称道。它的每季度一次的工作会议，规定了知识产出的节奏，也是对专家工作的一种软性考核，而会议的多方参与，又使会议成为脑力激荡的磁场，使知识得以提炼和共享。

六　启示：中国决策体系的开放性和弹性

本书主要对新农合这一社会政策过程的议程设置和执行中的政策制定等阶段进行了论述。基于经验材料，在议程设置方面，笔者概括出社会政策议程设置的科层、上书、协商三条路径，并初步揭示了这三条路径的接力模式；在执行中的政策制定方面，本书总结出富有活力的试点工作体系的五个要素：明确的授权、组织建设、机制建设、监管体系和精神驱动力。

那么，从中可以概括出中国社会政策体系的什么特点呢？

---

① 卫生部基妇司前主要领导访谈，2013 年 1 月 17 日。

（一）中国决策体系的开放性

关于中国决策体系的开放性，王绍光先生有不少精彩的论述，这些论述涉及议程设置的开放性和学习机制。[①] 笔者基于新农合的案例，拟将开放性归纳为对政策议题的开放性和对知识的开放性两方面。

第一，议程设置的三条路径：面向政策议题的开放性。我们知道，唯一性即是排他性，是不容他人参与其间的；但唯一性，往往也意味着脆弱性。试想，如果科层路径是议程设置的唯一通道，那么这种议程设置的特征无疑是封闭型的，新农合政策的议程设置努力也就在此止步了。而上书路径使政策议程重启，这个过程生动地表明，议程设置的三条路径使中国的政策议程设置具有开放性的特点。

第二，试点工作：面向知识的开放性。试点工作的根本目的是生产知识，生产为实现新农合政策目标所需要的实践知识。我们看到，在 8 年的试点过程中，围绕基金管理、补偿方案、支付方法、风险防范这几个重要问题，经过上上下下的高密度讨论总结，形成了有效的知识系统。其间，凸显的是面向实践的谦恭和认真学习的态度，体现着对知识的开放性。

（二）中国决策体系富有弹性：决策体系的副结构

纵观新农合政策出台的过程可以发现，中国社会政策决策体系中存在一个主结构之外的"副结构"。这一副结构是一个阶段性的工作单元，是非建制性的。它因某一特定任务的需要而生，任务完成即散。新农合政策制定阶段的国务院部际联席会议以及技术指导组就是这种副结构。具体来说，这一工作单元有如下特点：第一，工作单元的构成：工作单元由决策涉及部门的负责人和专家构成。第二，工作单元的工作时间：视需要而定，具有很强的灵活性，同时又引入了工作规范和激励机

[①]　参见王绍光《学习机制与适应能力：中国农村合作医疗体制变迁的启示》，《中国社会科学》2008 年第 6 期；王绍光《学习机制、适应能力与中国模式》，《开放时代》2009 年第 7 期。

制。第三，工作单元的存续时间：某特定任务确定即组成，任务完成即回原单位。决策副结构的这一特点，在周望等人对"小组政治"的研究中亦多有论及。①

决策副结构的存在表明，中国社会政策的决策体系中存在着主结构与副结构两个部分。中国决策体系内的主体结构为人们所熟悉，它是可见的、稳定的，而副结构的存在则容易被人们所忽略。这一副结构的功能值得注意。它是对主结构的必要补充。有它的存在，使得这一体系不封闭僵化，具有了灵活、富有弹性的一面，从而使我们的决策体系富有弹性，大大增强了决策体系回应决策需求的能力。试想，如果单靠卫生部，或者再加上社会保障部，而没有部际联席会议和技术指导组等工作单元，新农合政策的完善是断难实现的。

事实上，为了避免结构唯一性带来的局限和风险，生活中设置副结构的例子比比皆是。例如，在有电梯的楼房还要有一个安全出口，客机上在正常机舱门之外设有紧急出口，都是这方面的例子。

很明显，决策体系的弹性在我国十分重要。当今我国处于社会转型期，经济社会问题迭出，决策需求压力很大。决策副结构的存在大大增强了决策体系对政策需求的回应能力，因而是一种极为有效的制度安排，值得重视。

七　几点说明

本书是在笔者的博士论文的基础上充实修改而成。

（一）本书的研究方法

本书主要采用案例研究方法。笔者选取的案例是 20 世纪 90 年代中后期到 2013 年这十多年间中国建立和完善新型农村合作医疗制度（以下简称新农合）这一起伏跌宕的过程。本书的主要分析单位（main unit

---

① 周望：《中国"小组机制"研究》，天津人民出版社 2010 年版。

of analysis）不是某一个具体的新农合政策，而是新农合建立过程中的一系列政策，或者称为政策束（cluster of policies）。在研究过程中，笔者又把陕西省和下辖的 A 县将作为嵌入的分析单位（embedded unit）进行分析。

之所以选择新农合作为研究案例，首先是基于该案例的认识价值。前已述及，新农合政策是创制性的，其约束条件严峻：涉及部门、层级多、风险大，而且决策历时长，决策者的决策意愿和共识形成均面临极大困难，具有历时性、跨部门和多层级的特点，信息富集全面，资料非常丰富。

以此为案例，我们可以观察到专家学者和政府官员等不同群体、中央和地方不同层级政府以及同一层级政府内不同部门这些多元行动主体在历时十余年的政策过程中的互动，洞悉各主体行动背后的逻辑及其对政策制定和执行的影响，有助于探寻我国政策过程内部的机理。其次，从可行性的角度上讲，笔者具有接近这一政策过程关键行动者所需的社会关系网络；而顺利"进场"对于研究不足为外人道的政策过程无疑是极为重要的。

本书运用的文字资料主要包括：其一，中央和地方政府出台的政策文件，共计约 200 个，这是政策过程最重要的产出，也是本书重要的基础数据。其二，执政党和国家领导人的讲话、回忆录和批示，这些资料反映了特定时期党和国家工作的重点，从而将新农合政策过程置于更为广阔的历史背景之中，以有利于解读其发生发展的深层密码。其三，学术论文和研究报告等二手资料。除了 Proquest 和 CNKI 等数据库检索的文献外，还充分利用了访谈中获得的线索，通过多种途径获取了不同机构和专家对农村卫生体系发展的研究报告和内部研讨会讲话稿等。

（二）本书的写作过程

本书从酝酿到写作定稿，经历了整整 6 年时间。本书的写作，可以追溯到 2010 年，最初笔者的着眼点是探寻新中国成立 60 年（1949—2009 年）来跨部门政策制定的部门间协调机制的演进。农村合作医疗制度演进贯穿了这 60 年，无疑为研究这一问题提供了绝佳的案例。

已有文献表明，中国以"合作"方式来应对农村卫生问题的实践，最早甚至可以追溯到 20 世纪 30 年代著名的"定县实验"中陈志潜博士领导创立的农村三级保健制度①；陕甘宁边区和东北各省在抗日战争时期和解放初都曾开展过医药合作社等实践②，不过彼时的探索都还未曾引入具有保险性质的筹资制度③；20 世纪 50 年代，具有保险性质的农村合作医疗制度开始先后在各地出现，到 1959 年这一制度开始正式写入中央文件，并于次年被初步确立为中国农村卫生体系的一项基本制度④。此后，从大规模合作化运动、到十年"文化大革命"、再到改革开放，尽管农村合作医疗随着宏观环境的剧烈变化经历了一轮又一轮的兴衰起伏，但作为一种实践她一直生生不息，并在 21 世纪初从星星之火，发展为燎原之势。

在围绕跨部门社会政策协调机制这一主题开始海量阅读各种历史文献并开展访谈的过程中，笔者被农村合作医疗体系演进的起伏跌宕所深深吸引，更为那些为推动新型农村合作医疗制度建立和发展的精英们的情怀和智慧所感染和鼓舞。在研究中，笔者越发感到，最初所关注的跨部门政策制定的协调机制这一研究主题，尽管也非常有意义，并没有准确切中农村合作医疗政策演进的内核和她最能告诉我们的精彩故事。再三权衡之后，笔者决定将视界放宽到新农合从议程设置到政策执行的完整过程，通过再现这一过程中多元主体的互动来揭示中国社会政策过程的特征。为此，笔者不得不忍痛割爱，将最初已基本写好的阐释 20 世纪 60—70 年代、80—90 年代和 21 世纪初迄今这三个不同阶段农村合作医疗政策制定中跨部门协调机制的书稿压缩成为目前的第三章"中

---

① 张增国：《重建中国农民的基本医疗保障体系——对中国农村合作医疗制度的回顾与展望》，《中国集体经济》2010 年第 15 期。

② 欧阳竞：《回忆陕甘宁边区的卫生工作（下）》，《医院管理》1984 年第 2 期。

③ 张自宽、朱子会、王书城、张朝阳：《关于我国农村合作医疗保健制度的回顾性研究》，《中国农村卫生事业管理》1994 年第 6 期。

④ 张自宽、朱子会、王书城、张朝阳：《关于我国农村合作医疗保健制度的回顾性研究》，第 4 页。

国农村合作医疗体系演进概览"。

　　本书的呈现形式总体上遵循了教科书式的政策过程阶段论写法，但笔者是根植于中国实践，构建了中国式政策过程的阶段框架。笔者将中国政策过程划分为三个阶段，即政策议程设置（policy agenda setting）、政策框架构建（construction of policy framework）和执行中的政策制定（policy-making in implementation）。

　　具体而言，政策议程设置是社会问题争夺政府资源，纳入政府议事日程的过程；这个过程往往和政府官员话语体系中的"排上队""摆上台面"等词汇相关联。政策框架构建是初步勾勒出政策目标的基本方向和政策方案基本原则的过程；这个过程往往和官方词汇中的大政方针相联系，其表现形式通常是中共中央和/或国务院针对某一工作或问题做出的重要决定。与欧美国家议会通过的方案相比，这些决定通常是原则性的、粗线条的。而执行中的政策制定，则是将初步构建起来的政策框架付诸实施，并在政策执行中不断细化和优化政策方案设计的过程；这个过程包含了最初的政策试点以及在试点基础上的政策扩散过程。这往往与官方词汇中"贯彻落实中央政策"相联系；在此过程中中央政府有关部门和地方政府会在中央最初勾勒的粗线条的政策框架的基础上陆续出台一系列的决定、意见和通知等政策文件，不断细化、优化、修正，乃至在一些细节上否定最初的政策框架。这是一个政策制定和执行相互交织的过程。

　　这三个阶段的划分，是为了更好地贴合中国社会政策制定过程不同于欧美国家的特点，体现了中国政策过程在时间上的弥散性以及中央和地方政府的互动性。本书第四章集中讨论了政策议程设置，第五章聚焦中央政府层面的政策框架构建和执行中的政策制定，而第六章则论述了地方政府层面的政策框架构建和执行中的政策制定。而第七章则从政策本文分析的角度，呈现了中央和地方政府的互动。

　　最后，我要深深地感谢那些为新农合政策出台而竭诚努力的政策倡导者群体。他们有官员、政策研究者、专家学者、媒体工作者。是他们的情操感染着我，使我在6年的工作中始终热情不退。我也要感谢那些接受我采访的参与其事的政策倡导者。他们真诚的述说，包括一些颇具戏剧性的细节的描述，以及不时冒出的睿见，不但为我提供了宝贵的第一手资料，而且其间透出的使命感和涌动着的激情，有力地撞击着我的心灵。我对自己说，我一定要把这些记录下来，努力让我的文字不负他们的努力，更让历史铭记。

第一章

值得关注的中国社会政策过程

进入 21 世纪以后，中国正在经历"从经济政策向社会政策的历史性转变"①，即将跨入"社会政策时代"②。发展重心从追求经济增长，到追求人民福祉，这是一个可喜的巨大变化。但长期以来"以经济建设为中心"的发展模式，已经型塑了中国"重经济政策、轻社会政策"的惯性，不仅政府制定和执行社会政策的能力未得到充分发育③，学术界对中国政策过程的探讨也多集中于经济政策，对社会政策过程则涉足甚少。

在中国的现实世界中，影响到亿万国民福祉的社会政策是如何提上日程的？又是如何制定和执行的？要探寻这个问题的答案，既要从半个多世纪以来西方学者提出的框架和模型中汲取营养，更要在中国特定场域中，对典型社会政策过程进行深入的个案研究。进而，在解剖麻雀的基础上，尝试构建中国社会政策过程的框架和模型。

---

① 王绍光：《从经济政策到社会政策的历史性转变》，北京论坛：文明的和谐与共同繁荣——对人类文明方式的思考，2006 年，第 52 页。

② 参见王思斌《社会政策时代与政府社会政策能力建设》，《中国社会科学》2004 年第 6 期；王思斌《社会政策时代：中国社会发展的选择》，《中国社会科学报》2010 年 3 月 23 日第 1 版。

③ 王思斌教授认为，中国政府在社会政策实践中习惯于倚重政治动员和社会运动，具有很强的行政工序化和应急性，制度建设和可持续性不足。这都是中国政府社会政策能力不高的表现。参见王思斌《改革中弱势群体的政策支持》，《北京大学学报》（哲学社会科学版）2003 年第 6 期。

一　研究问题的提出

（一）研究主题：中国场域下的社会政策过程

一般认为，公共政策过程（public policy process），是由议程设置（agenda setting）、政策规划（policy formulation，又译作政策形成）、决策（decision-making）、政策执行（policy implementation，又译作政策实施）和政策评估（policy evaluation）等阶段构成的政策循环（policy cycles）。[①] 通过这个循环，政策问题进入决策者视野，形成方案，并进一步转化为政府行动。不同国家迥异的政治社会结构，以及政策类型的差异等因素，型塑了不同政治体丰富多彩的公共政策过程[②]，推动了政策过程研究的兴起和繁荣。

社会政策，简言之，就是那些"影响公共福利的国家行为"[③]；在中国语境下，一般将社会政策视为是国家为解决社会问题、提升国民福利而采取的原则、方针和行动。[④] 究其具体构成，一般认为，社会政策主要包括社会保障政策、医疗卫生政策、教育培训政策、住房政策、就

---

① Howlett, Michael and M. Ramesh, *Studying Public Policy：Policy Cycles and Policy Subsystems*, Oxford：Oxford University Press, 2003.

② 盖伊·彼得斯等较早地通过比较研究分析政治体制对公共政策过程的影响（参见 Peters, B. Guy, John C. Doughtie and M. Kathleen McCulloch, "Types of Democratic Systems and Types of Public Policy：An Empirical Examination", *Comparative Politics*, Vol. 9, No. 3, 1977, pp. 327 - 355）。德国学者韩博天揭示了中国以"分级式政策试验"（policy experimentation under hierarchy）为特征的政策过程，这与民主法治国家以立法为中心的政策过程存在根本性差别（参见 Heilmann, S., "Policy Experimentation in China's Economic Rise", *Studies in Comparative International Development*, Vol. 43, No. 1, 2008, pp. 1 - 26）。洛伊则较早地提出"政策可能决定政治"的观点，认为不同的政策问题会决定他们会如何被处理，因此具有不同的政策过程（参见 Lowi, Theodore J., "Four Systems of Policy, Politics, and Choice", *Public Administration Review*, Vol. 32, No. 4, 1972, pp. 298 - 310）。

③ ［英］希尔：《理解社会政策》，刘升华译，商务印书馆2003年版，第13页。

④ 典型的界定如："社会政策是国家或机构为解决社会问题，增进成员福利，实现社会进步所采取的基本原则或方针"。参见王思斌《社会工作概论》，高等教育出版社2001年版，第133页。

业政策等。①

　　近年来，随着科学发展观和建设社会主义和谐社会理念的提出，社会政策日渐成为中国决策层关注的中心议题。不断凸显的社会需求，推动了中国社会政策研究的繁荣。但以整体观之，目前的研究仍集中于从各自学科/领域出发对社会保障、医疗卫生等具体社会政策的探讨，其目的是提升政策设计的质量，核心关注点是社会政策过程**中**的知识（knowledge **in** social policy process）；而探寻**关于**社会政策过程的知识（knowledge **of** social policy process）② 的相关研究，则少得多。海内外学者对中国政策过程的研究，也多集中于经济政策方面。这种状况，暗合了中国改革开放 30 年来"重经济政策、轻社会政策"的实践。同时，已有研究表明，中国场域下，社会政策与经济政策在政策过程上有显著差别。③ 这凸显了社会政策过程研究的意义。

　　从行动主义的视角来看，政策就是"某一或一组行动主体为解决某一问题或相关事务采取的、有意识的行动过程"④。在制度环境的约束下，这些行动主体在特定情境中相互作用，制定并执行公共政策。

　　本书的核心问题就是：在中国特定的场域下，社会政策是如何提上议程，是如何制定和执行的？具体而言，这涉及：第一，社会政策议程设置的机制，即一个社会问题是通过怎样的过程和路径提上议事日程的？第二，政府内外的行动主体，在政策制定和执行过程中是如何参与、互动的？第三，在社会政策过程中，中央和地方政府扮演的角色有何不同，他们是如何互动的？他们行动背后的逻辑，即动力机制是什么？

---

　　① 这种分类，基本上对应了《贝弗里奇报告》关注的五大社会问题：贫困、疾病、无知、住房短缺和失业。参见［英］贝弗里奇《贝弗里奇报告——社会保险和相关服务》，劳动社会保障出版社 2008 年版。

　　② 对政策过程中两种知识的区分，参见［英］米切尔·黑尧《现代国家的政策过程》，赵成根译，中国青年出版社 2004 年版，第 3 页。

　　③ Heilmann, S., "Policy Experimentation in China's Economic Rise", *Studies in Comparative International Development*, Vol. 43, No. 1, 2008, pp. 1 – 26.

　　④ 转引自 Howlett, Michael and M. Ramesh, *Studying Public Policy: Policy Cycles and Policy Subsystems*, Oxford: Oxford University Press, 2003。

（二）观察视角：中央与地方互动

为什么紧扣中央政府与地方政府的互动（以下简称"中央—地方互动"）来观察中国社会政策过程呢？根本原因在于，中央—地方互动是中国政策过程的基本形态。无论是对中国改革史[①]和中国式政策试验等相关领域文献的回顾（具体参见下一节的文献回顾），还是作者近年来就新型农村合作医疗政策过程展开的实地调研，所有经验事实都表明，政府作为政策过程中最重要的行动主体，并不是同质化的单一主体，而是存在分殊和互动。在中国现实世界的公共政策实践中，充满了中央政府和地方政府之间，以及同级政府内不同部门间的持续互动。如果忽视了这种政府内部的分殊和互动，会因遗漏关键变量而影响对中国"实际"政策过程的准确理解。

1. 中央—地方互动的空间：从法律文本到政策实践

中国是一个具有长期中央集权传统的单一制国家，按照"下级服从上级""地方服从中央"的原则，地方必须服从中央的政策法规。但由于中国幅员辽阔，很多省份的国土面积都大致相当于一个中等规模的国家；不同地区间巨大的发展差异，凸显了中央向地方分权的重要性和必要性。

早在 1938 年 5 月，毛泽东在谈及抗日战争中的指挥关系时就曾指出"一般的方针集中于上级；具体的行动按照具体情况实施之，下级有独立自主之权。……越是地区广大，情况复杂，上下级距离很远，这种具体行动就越应加大其独立自主的权限，越应使之多带地方性，多切合地方情况的要求"[②]。我国现行《宪法》明确规定"国家机构实行民主集中制的原则"，"中央和地方的国家机构职权的划分，遵循在中央

---

① 例如家庭联产承包责任制就是一个中央—地方互动推动政策变迁的范例。1978 年安徽凤阳小岗村农民率先自发开展"包产到户"；这一做法首先得到万里等安徽省主要领导支持，并在省内得以推广；而后逐步得到中央肯定，成为中国农村经营的基本制度。参见汤应武、缪晓敏《党和国家重大决策历程》，载张永谦《拉开中国第二次革命的序幕》，红旗出版社 1997 年版，第 218—246 页。

② 毛泽东：《抗日游击战争的战略问题（一九三八年五月）》，《毛泽东选集》（第二卷），人民出版社 1991 年版，第 436 页。

的统一领导下，充分发挥地方的主动性、积极性的原则"。1979年五届全国人大二次会议通过的《中华人民共和国地方各级人民代表大会和地方各级人民政府组织法》（简称《地方政府组织法》）规定，"省、自治区、直辖市的人民代表大会根据本行政区域的具体情况和实际需要，在和国家宪法、法律、政策、法令、政令不抵触的前提下，可以制定和颁布地方性法规，并报全国人民代表大会常务委员会和国务院备案"。该法赋予了地方权力机关以立法职权，而后又得到了1982年《宪法》的正式确认。1986年修订的《地方政府组织法》进一步赋予了省会和较大城市拟定本市地方性法规草案的权力。这些规定在法律上赋予了地方政府参与政策制定的空间。

在政策实践中，中央政府在制定政策过程中，通常会征求地方政府的意见。这为其表达利益诉求、参与政策制定提供了平台；而中央政府出台某一政策后，地方各级政府一般会根据本地实际制定相应的地方政策，以在本区域内贯彻落实中央政策；而中央政府则会通过检查等方式，敦促地方政府执行中央政策情况，并对违背中央意志的行为提出整改措施。可见，在中国实际运行的政策实践中，广泛存在中央和地方政府互动的空间。

2. 中央—地方互动的动力：分权与差异化的利益诉求

中国1978年以来的行政分权改革，逐步塑造了地方政府相对独立的利益主体地位。特别是财政分权改革，使地方政府成为日渐独立的财政主体。[①] 在不断硬化的预算约束下，地方政府有着与中央政府不同的利益诉求。政策执行中凸显的"变通"行为[②]，以及近年来在房地产调控、保障性住房建设等领域中央和地方政府的博弈，都凸显了地方不同于中央的政策优先级安排。为实现其利益诉求，地方政府有动力积极参

[①] 关于中国分权改革的回顾，参见姚洋《作为制度创新过程的经济改革》，格致出版社、上海人民出版社2008年版，第16—38页。

[②] 对政策"变通"行为的关注和研究，可以追溯到20世纪80年代，参见张怀玉《论执行政策中的"灵活变通"》，《领导科学》1988年第7期；孙立平、王汉生等组成的制度与结构变迁研究课题组较早地对"变通"做了深入研究，参见制度与结构变迁研究课题组《作为制度运作和制度变迁方式的变通》，《中国社会科学季刊》（香港）1997年冬季号。

与政策过程，形塑对自身有利的政策。

事实上，这种差异化的利益诉求，不仅存在于不同层级政府间，也存在于同级政府内的核心决策层与组成部门间，以及不同组成部门间。这种差异化的利益诉求，对政策过程和结果产生了重大影响。对此，哈佛大学肖庆伦教授以医疗卫生体制改革为例进行了政治经济学分析。他认为，中央决策层关注的焦点，是以经济发展和社会稳定来改善人民福祉，这是中国共产党追求的重要目标和执政合法性的重要来源之一；当看病难、看病贵影响到社会稳定时，通过改革医疗卫生筹资和递送体系来改善医疗服务的可及性和公平性，成为最高领导层要优先解决的重大问题；其目标是减少因病致贫，促进社会和政治稳定；但对于官僚机构来说，其目标在很大程度上是通过更多预算、更多人员和更大的监管权力来提高部门的权力；追求公共利益则是第二位的；对于卫生部来说，从历史的观点来看，他们更多的是代表了公立医院、医生等医护人员的利益，而对大众健康和福利的关注则往往是退居其次的；医疗改革涉及的人力资源和社会保障部也同样有着自身的部门利益考量。① 这种政府内部多元化的利益，激励其积极参与政策过程中。

基于上述分析不难看出，中央—地方互动构成了中国政策过程的一个基本形态。因此，要研究中国政策过程，不能仅聚焦中央政府或地方政府一方而忽视另一方，更不能忽视他们的互动和影响。

3. 中央—地方互动：接近真实的中国政策过程的观察视角

事实上，观察中央和地方互动关系，已成为理解中国政治和中国发展的重要路径。从西方 20 世纪 80 年代问世的 "碎片化的威权主义"（fragmented authoritarianism），到 20 世纪 90 年代提出的 "中国式联邦主义"（Federalism, China Style）② 和 "事实上的联邦主义/行为联邦主

---

① Hsiao, William C., "The Political Economy of Chinese Health Reform", *Health Economics, Policy and Law*, Vol. 2, No. 3, 2007, pp. 241 – 249.

② Jin, Hehui, Yingyi Qian and Barry R. Weingast, "Regional Decentralization and Fiscal Incentives: Federalism, Chinese Style", *Journal of Public Economics*, Vol. 89, No. 9, 2005, pp. 1719 – 1742; Montinola, Gabriella, Yingyi Qian and Barry R. Weingast, "Federalism, Chinese Style: The Political Basis for Economic Success in China", *World Politics*, Vol. 48, No. 1, 1995, pp. 50 – 81.

义"（de facto federalism）①，再到近年来周雪光等对中国政府治理模式的研究，都将中央政府和地方政府的互动关系作为观察的核心要素。

而公共政策作为现代政府治理公共事务的重要工具，是中央—地方互动的重要舞台。因此，紧扣中央—地方互动来观察政策过程，可更好地理解中央—地方政府互动关系，更接近中国"真实"的政策过程。

（三）研究案例：新型农村合作医疗制度

案例研究是政策过程研究的基本方法②。基于典型案例，研究者能够观察政策过程的内部过程，从而识别不同行动主体的作用、互动机制和逻辑。为研究中国社会政策过程，本书以新型农村合作医疗制度（新农合制度）作为案例。选择这一案例是基于科学性和可行性的双重考量。

1. 科学性：新农合制度是典型的社会政策，并具有信息富集、全面的特点

建立新农合制度，是中国非常典型的社会政策。这一政策覆盖全国范围，不仅关涉几亿农民的健康和福利，而且对整个中国医疗卫生体系产生了重大影响，具有信息富集和全面的特点。

（1）历时性

著名政策过程专家萨巴蒂尔认为，要了解政策变迁过程，需对政策至少有十年以上的观察；如此长的时间跨度，才可望完成至少一个"制定—执行—重新制定"的政策循环；研究者方可获得关于政策过程中行动者的关键信息，从而更准确地描述政策过程。③ 新农合制度根植

---

① Zheng, Yongnian, *Institutionalizing De Facto Federalism in Post-Deng China*? East Asian Institute, National University of Singapore, 1998.

② ［英］米切尔·黑尧：《现代国家的政策过程》，赵成根译，中国青年出版社2004年版，第22页。

③ Sabatier, Paul A. and Hank C. Jenkins-Smith, "The Advocacy Coalition Framework: An Assessment", in Paul A. Sabatier and Hank C. Jenkins-Smith, eds. , *Theories of the Policy Process*, Boulder, Colorado: Westview Press, 1999, pp. 117 – 166；［美］萨巴蒂尔：《十年乃至数十年间的政策变迁》，萨巴蒂尔、詹金斯－斯密斯《政策变迁与学习：一种倡议联盟途径》，邓征译，北京大学出版社2011年版，第119页。

于传统农村合作医疗制度（以下简称传统农合）数十年的制度遗产，21世纪初至今已经历10多年的历史演进。这期间，走过了中央政策议程设置与政策框架构建、在少数地区试点、再到全国范围推广等阶段。这种历时性演进的特点，为研究政策过程创造了条件。

（2）多层级

建立新农合制度，涉及了中央、省、市、县和乡镇所有中国政府层级，甚至还包括作为基层群众自治组织的村民委员会。在每一个政府层级，包括本级政府的主要领导和卫生、财政等相关部门。因此，研究建立新农合政策过程，可观察到从中央到地方每一个层级政府以及同级政府内部不同行动者在政策过程中的角色和互动，以及背后的逻辑。

（3）跨部门

建立新农合制度，是一个涉及卫生、农业、财政等十余个政府部门的复杂社会政策。2003年国务院批准成立的国务院新型农村合作医疗部际联席会议（以下简称新农合部际联席会议），成员单位包括卫生、财政、农业和民政等11个部门①；2005年成员单位又增加了保监会等三个机构②。这凸显了建立新农合制度的跨部门性。以此为研究案例，可更好地观察关涉多个部门的复杂社会政策过程。

综上，新农合制度为观察中国社会政策过程提供了极佳的研究案例。

2. 可行性：具有观察政策内部过程的条件

政策过程研究最大的挑战在于，实证资料的获取极为困难。政策过程的关键环节，通常都是不透明的，其关键信息往往仅掌握在少数以决策者为核心的"小圈子"中。要获取这些"不足为外人道"的关键信息，须接近政策过程的"局内人"。北京师范大学社会发展与公共政策学院和中国医疗卫生政策研究院近年来与中央和地方卫生主管部门建立

---

① 国务院：《国务院关于同意建立新型农村合作医疗部际联席会议制度的批复（国函〔2003〕95号）》，《中华人民共和国国务院公报》2003年第29期。

② 国务院办公厅：《国务院办公厅关于增补和调整国务院新型农村合作医疗部际联席会议成员的复函（国办函〔2005〕81号）》，《中华人民共和国国务院公报》2005年第31期。

了良好的战略伙伴关系。这为本书创造了条件。

依托上述资源优势，笔者先后对卫生部、地方卫生厅局等不同层级政府内直接参与了新农合政策制定和执行的关键人物进行了深度访谈，得以进入政策过程内部。通过深度访谈这些关键人物，厘清了政策演进的脉络、关键节点和关键行动者，辅以政策文件和二手资料进一步丰满这一过程并进行了信息的交叉验证。以此为基础，作者得以厘清不同行为主体在政策过程中扮演的角色及交互关系。

二　核心概念界定

（一）政府

政府是政治学和行政学研究的核心概念。但不同学科、不同文化场域下的政府有着不同的内涵和外延。《牛津法律大辞典》对"政府"的释义就包含了三个维度，即政府"指统治和领导国家各种事务或部分事务的程序或实践机制"；其次，"指享有这种统治或领导职能的人所组成的机构"；再次，"指议会中选举产生内阁以及其他部长的那个党，与反对党相对应"；该词条进一步指出，政府具有立法、执法和司法三大职能。① 可见，狭义的政府通常指行政机关或内阁；而广义的政府则是包括立法、行政、司法在内的"大政府"。具体到中国，作为执政党的中国共产党，"按照总揽全局、协调各方的原则，在同级各种组织中发挥领导核心作用"②，与政府有着密不可分的关系。在实际运行中，中国的大政方针和重大事项决策一般都要由中共中央首先做出决策，进而通过法定程序成为国家行动；地方的重大事项一般也是由地方各级党委进行决策，再提交同级人民代表大会或政府讨论。因此，本书中的中央和地方政府，都是包含执政的中国共产党以及同级人大和人民政府等

---

① ［英］沃克：《Government 政体、政府、政治》，［英］沃克：《牛津法律大辞典》，李双元译，法律出版社 2003 年版，第 480—481 页。

② 《中国共产党章程》（中国共产党第十八次全国代表大会部分修改，2012 年 11 月 14 日通过），人民出版社 2012 年版，第 19 页。

在内的"大政府"概念。这与国内政府过程研究中对"大政府"① 的界定是一致的。

（二）公共政策

对于何为公共政策，论者从不同维度做了界定，据称给出的定义上百种之多。中国台湾中兴大学张世贤教授认为，对公共政策的界定大致分为目标取向（Goal Oriented）、问题取向（Problem Oriented）和过程取向（Process-Oriented）三个维度，并提出"公共政策乃政府为解决公共问题，达成公共目标，经由政治过程，所产出的策略"②。厦门大学陈振明教授认为，政策是"国家机关、政党及其他政治团体在特定时期为实现或服务于一定社会政治、经济、文化目标所采取的政治行为或规定的行为准则，它是一系列谋略、法令、措施、办法、条例的总称"；并进一步指出，在我国国情下，"政策"与"路线""方针"等概念含义相近。③ 本书即采用这一界定。

（三）社会政策

1. 何为社会政策

"社会政策"，简而言之，是指"影响公共福利的国家行为"④。这一概念发端于1873年德国新历史学派经济学家创建的"德国社会政策学会"；该学会旨在应对劳资冲突问题（这是德国当时最尖锐的社会问题）。⑤ 1891年，该学派重要人物瓦格纳（Adelph Wagner）提出，社会政策是"运用立法和行政的手段，以争取公平为目的，消除分配过程中各种弊害的国家政策"⑥。可见，社会政策最初是为解决分配不公、

---

① 胡伟：《政府过程》，浙江人民出版社1998年版，第16—17页；朱光磊：《当代中国政府过程》，天津人民出版社2002年版，第13—15页。

② 张世贤：《公共政策析论》，五南图书出版公司1986年版，第181—182页。

③ 陈振明：《政策科学》，中国人民大学出版社1998年版，第59—61页。

④ ［英］希尔：《理解社会政策》，刘升华译，商务印书馆2003年版，第13页。

⑤ 李迎生：《当代中国社会政策》，《导论》，复旦大学出版社2012年版。

⑥ 转引自林闽钢《中国社会政策》，武汉大学出版社2011年版，第1—2页。

缓和劳资冲突而采取的国家行动。

第二次世界大战以后，以英国为代表，社会政策开始突破传统劳资关系领域，泛指那些向公民提供服务或收入，进而影响公民福利的政策。前述的迈克尔·希尔（Michael Hill）即用社会政策来"界定与公民福利有关的国家所起的作用"①。英国社会政策大师马歇尔（T. H. Marshall）基本上也持这一观点②。可见，随着第二次世界大战后福利国家的兴起，社会政策被扩展为国家影响公民福利的行动。③ 20世纪 80 年代以后，"社会排斥"引起了国际学术界普遍关注。1995 年联合国召开的"社会发展及进一步行动"世界峰会将反对社会排斥、促进社会融合作为社会政策的目标④，这为社会政策注入了新的内涵。

中国语境下，学者一般将社会政策视为国家为解决社会问题而采取的原则和行动。典型的界定如："社会政策是国家或机构为解决社会问题，增进成员福利，实现社会进步所采取的基本原则或方针"⑤，其核心是强调社会问题导向的政府行动。杨团则认为，社会转型期的社会政策，应超越解决具体社会问题的视野，提升到关涉社会变迁大局的"元政策"层面；强调社会政策的核心是政府通过立法等制度化手段分配和再分配社会资源，形成制衡市场的力量，达至对社会公平价值和社会和谐目标的追求。⑥

2. 社会政策与经济政策：联系与区别

近年来发展型社会政策的兴起，使社会政策和经济政策的界限渐趋

---

① ［英］希尔：《理解社会政策》，刘升华译，商务印书馆 2003 年版，第 1 页。

② Marshall, T. H., *Social Policy*, London: Hutchinson, 1965, p.7.

③ 英国社会政策研究领域的另一位大师蒂特姆斯从社会需求角度来观察社会福利制度和社会政策，认为社会福利制度是资源稀缺条件下，在市场机制之外满足社会需求的人类组织；而社会政策则包含社会福利、财政福利和职业福利等。这一界定，意味着社会政策的行动主体不仅包括政府，还包括其他组织。具体讨论，参见李迎生《当代中国社会政策》，《导论》，复旦大学出版社 2012 年版。

④ 社会政策概念及研究范式演化，参见杨团《社会政策研究范式的演化及其启示》，《中国社会科学》2002 年第 4 期。

⑤ 王思斌：《社会工作概论》，高等教育出版社 2001 年版，第 133 页。

⑥ 杨团：《中国社会政策演进、焦点与建构》，《学习与实践》2006 年第 11 期。

模糊①；例如，积极的劳动力市场政策，既属于经济政策范畴，又兼具社会政策内涵。② 但对于走过 30 余年 "以经济建设为中心" 的发展主义，正在经历 "公共政策范式转移"③ 的中国来说，要对经济政策和社会政策的区分，仍具有理论和现实意义。

王绍光从中国社会矛盾凸显的时代背景、财政汲取能力的增强以及政策过程的转变出发，做出了 "中国公共政策格局" 正在经历 "从经济政策到社会政策" 的 "历史性转变"（范式转移）的睿智判断，但他并未明确经济政策和社会政策的分界线；从他提出从 1978 年到 20 世纪 90 年代中期中国只有经济政策但没有社会政策这一观点来看，经济政策泛指以效率为导向，以经济增长为目标的政策，而社会政策则泛指以公平为导向，以促进社会公平和共享改革成果为目标的政策。④ 岳经纶则认为，经济政策和社会政策是依政府部门职能和公共问题性质划分的；从政策内容来看，经济政策关注 "区域发展和协作、基础设施建设以及创造就业"，而社会政策则关注 "公民需要和期望的满足"⑤；从政府角度来看，经济政策能促进一国或地区经济增长，以及相应的财政收入增长；而社会政策则需投入财政资金，但对经济增长难以产生立竿见影的效果。

---

① 关于发展型社会政策，参见张秀兰、徐月宾、梅志里《中国发展型社会政策论纲》，中国劳动社会保障出版社 2007 年版。

② 杨团：《社会政策研究范式的演化及其启示》，《中国社会科学》2002 年第 4 期。

③ "政策范式"（policy paradigms）是彼得·霍尔（Peter Hall）借鉴托马斯·库恩（Thomas Kuhn）的科学范式概念提出的。政策范式是 "镶嵌在政策制定者头脑中的知识框架（intellectual framework），它不仅支配着政策目标和政策工具的选择和设置，而且还决定着政策制定者对其想要解决之问题的认识"。参见 Hall, Peter A., "Policy Paradigms, Social Learning, and the State: The Case of Economic Policymaking in Britain", *Comparative Politics*, Vol. 25, No. 3, 1993, pp. 275 - 296；岳经纶、郭巍青《构建和谐社会与中国公共政策范式的转移》，岳经纶、郭巍青《中国公共政策评论》（第 1 卷），上海人民出版社 2007 年版，第 1—3 页。

④ 王绍光：《从经济政策到社会政策的历史性转变》，北京论坛：文明的和谐与共同繁荣——对人类文明方式的思考，第 57—74 页。

⑤ 岳经纶：《中国公共政策转型下的社会政策支出研究》，岳经纶、郭巍青《中国公共政策评论》（第 2 卷），格致出版社、上海人民出版社 2008 年版，第 42—68 页。

（四）政策过程及相关概念

1. 政策过程

政策过程（policy process）具有宏观、微观和中观三重含义。日本学者大岳秀夫认为，政策过程，在宏观层面上是指长期性政策（或政策领域）的演进；在微观层面则意味着政策制定过程中表现出的行为方式的模式；相应地，宏观层面的研究侧重于政策（或政策领域）的长期演进，而微观层面上则主要侧重于具体政策过程中关键行动者的行为分析，并探寻这些行为背后的制度和文化解释；而通常的政策过程研究，则是介于微观和宏观层面之间。[①] 日本政治学者猪口孝也认为，政策过程研究的重点，"是介于两者（宏观和微观）之间的、具有中期时间广度的理论"[②]。而这种中层研究的目的，不是构建一个系统视角的大一统理论（grand unifying theory，又译作宏大理论），而是一系列中层理论（middle-range theory）[③]。

本书在中微观层面上使用政策过程概念，并希望借由微观层面的个案研究，对中层理论构建有所贡献。本书所称的政策过程，是指议程设置（agenda-setting）、形成政策选项（政策规划/policy formulation）、做出决定（决策/decision-making）、将政策合法化（legitimation）、执行政策内容（policy implementation）、评估和反馈效果（policy evaluation），进而对政策做出修正或终止（adjustment/termination）等政策循环（policy cycle）的总和。

2. 政策过程相关概念：政府过程与决策过程

与政策过程相关的概念主要有政府过程（process of government, governmental process）和政策制定过程（policymaking process，决策过

---

① ［日］大岳秀夫：《政策过程》，傅禄永译，经济日报出版社 1992 年版，第 3—6 页。

② ［日］猪口孝：《编者献辞》，［日］大岳秀夫：《政策过程》，傅禄永译，经济日报出版社 1992 年版。

③ DeLeon, P., "The Stages Approach to the Policy Process: What Has It Done? Where Is It Going", in Paul A. Sabatier, ed., *Theories of the Policy Process*, Boulder, Colorado: Westview Press, 1999, pp. 19 – 32.

程：decision-making process）。下面做一简要辨析。

（1）政府过程

对政府过程研究，可追溯到美国学者本特利（Arthur F. Bentley）1905 年发表的《政府过程：社会压力研究》。该书首次提出政府过程的团体理论，集中讨论了政府过程的三个关键构件，即团体、利益和压力，并将政府过程解释为压力集团（pressure groups 或称为利益集团：interest groups）在政府内外作用的结果。

中国较早从事政府过程研究的学者胡伟认为，"广义而言，政府过程意味着在特定的政治共同体内获取和运用政府权力的全部活动，几乎是'政治'的同义词。狭义的政府过程一般被理解为政府决策的运作过程，主要包括政府的政策制定与执行等功能活动及其权力结构关系"①。他进一步指出，即使是在广义政府过程的概念下，政策过程依然是政府过程的核心。② 可见，狭义的政府过程与政策过程含义基本相同。因此，对于政府过程的早期研究，可视为是政治学视角的政策过程研究。

与政府过程相近的另一个概念是政治过程（political process）。尽管字面上有所差别，但"政府过程"和"政治过程"含义基本相同，甚至可混用。③ 朱光磊认为，两者"只是强调的侧重点不同而已"，"政治过程侧重强调政府活动的广泛的政治生活背景，政府过程则侧重强调政府活动在政治活动中的重要地位和作用"。④

（2）政策制定过程

政策制定过程（policymaking process，决策过程），是一个被频繁使

---

① 胡伟：《政府过程》，浙江人民出版社 1998 年版，第 1 页。

② 同上书，第 5 页。

③ 例如，美国政府过程研究的重要著作——戴维·杜鲁门（David Trustman）20 世纪 50 年代所著 The Governmental Process：Political Interests and Public Opinion，书的标题用政府过程（The Governmental Process），而第一部分则以政治过程中的团体（Groups in the Political Process）为题。可见，两个概念之间并无严格区别；此外，该书译为中文时，题目直接翻译为《政治过程：政治利益与公共舆论》（陈尧译，胡伟校，天津人民出版社 2005 年版）。

④ 朱光磊：《当代中国政府过程》，天津人民出版社 2002 年版，第 18—19 页。

用却又较为模糊的概念。广义的决策过程等同于政策过程，如德罗尔，它将政策执行和政策评估等环节称为"后政策制定阶段"①；而狭义的决策过程，则仅包含政策过程中的某个或某些阶段。如陈振明教授认为"政策制定是从发现问题到政策方案出台的一系列的功能活动过程，包括建立议程、界定问题、设计方案、预测结果、比较和抉择方案以及方案的合法化等环节"②。本书在狭义上使用政策制定过程概念，意指设计并选择政策方案的过程。

三 文献回顾

（一）政策过程研究

1. 理论渊源与主要框架

现代政策科学在第二次世界大战后诞生于北美和欧洲③，公认的奠基人是哈罗德·拉斯维尔（Harold D. Lasswell）。他与丹尼尔·特纳（Daniel Lerner）主编的《政策科学：范围与方法之新近发展》④，被认为这门学科诞生的标志⑤。除了政策科学外，政府过程研究为政策过程研究提供了政治学视角。亚瑟·本特利 1905 年发表的《政府过程：社会压力研究》一书中正式提出了政府过程概念，推动了政府过程研究的系统化，使过程成为研究政治和政府的重要视角。⑥

广义的政策研究，包含探寻"政策过程的知识"和"政策过程

---

① 转引自［英］希尔、休普《执行公共政策》，黄健荣等译，商务印书馆 2011 年版，第 8 页。

② 陈振明：《政策科学》，中国人民大学出版社 1998 年版，第 175 页。

③ Howlett, Michael and M. Ramesh, *Studying Public Policy: Policy Cycles and Policy Subsystems*, Oxford: Oxford University Press, 2003.

④ Lerner, D. and H. D. Lasswell, *The Policy Sciences: Recent Developments in Scope and Method*, Stanford: Stanford University Press, 1951.

⑤ 张国庆、刘新胜、曹堂哲：《美国公共政策研究的历史回顾——美国公共政策经典译丛代总序》，［美］沙夫里茨、赖恩、博里克《公共政策经典》，彭云望译，北京大学出版社 2007 年版。

⑥ 关于政府过程理论演进，参见朱光磊《当代中国政府过程》，天津人民出版社 2002 年版，第 1—20 页之"引论"。

中的知识"这两个视角；前者寻求更好地理解政策过程，而后者则着眼于改善政策质量。[1] 豪格伍德（Brian W. Hogwood）和葛恩（Lewis A. Gunn）将政策研究划分为两大类七个子类型（见图1-1），政策过程研究（studies of the policy process）聚焦公共政策制定的动态过程、政策问题的产生和发展，以及不同因素对政策问题和政策的影响[2]。

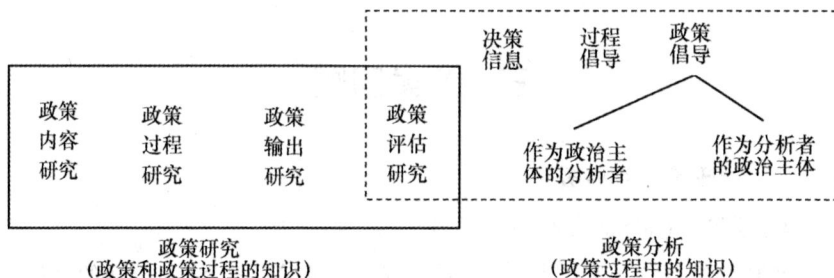

图 1-1 公共政策研究的类型

资料来源：［英］米切尔·黑尧：《现代国家的政策过程》，赵成根译，中国青年出版社2004年版，第3页。

（1）政策过程研究的阶段路径

围绕对真实世界政策过程的抽象，学者发展了一系列政策框架。拉斯韦尔1956年最早了定义了"决策过程"（Decision Process）的七个阶段，即信息（Intelligence）、提议（Promotion）、规定（Prescription）、合法化（Invocation）、执行（Application）、终止（Termination）和评价（Appraisal）[3]，在此基础上逐步发展为政策过程的阶段

---

① ［英］米切尔·黑尧：《现代国家的政策过程》，赵成根译，中国青年出版社2004年版，第3页。

② Hogwood, Brian W. and Lewis A. Gunn, *Policy Analysis for the Real World*, London: Oxford University Press, 1984；转引自［英］米切尔·黑尧《现代国家的政策过程》，赵成根译，中国青年出版社2004年版，第2页。

③ Lasswell, H., *The Decision Process: Seven Categories of Functional Analysis*, Maryland: University of Maryland Press, 1956.

路径（stages approach）①，亦称为阶段启发路径（stages Heuristic approach）或教科书路径（textbook approach）②。

半个多世纪以来，众多论者构建起为数众多的阶段模型。典型的如加里·布鲁尔（Gray D. Brewer）1974 年提出的创始（invention/ initiation）、预评估（estimation）、选择（selection）、执行（implementation）、评估（evaluation）和终止（termination）六阶段模型③；豪格伍德和葛恩进一步提出，一个完整的政策过程，应包括：（1）决定做决策；（2）决定如何决策；（3）问题界定；（4）预测；（5）确定目标和问题解决的优先次序；（6）备选政策方案的分析论证；（7）政策执行、监督和控制；（8）政策（效果）评估和检查；（9）政策维持、延续和终结，在政策过程的阶段模型中引入了渐进变迁的理念。④ 德罗尔在1984 年出版的《公共政策制定再审视》（*Public Policymaking Reexamined*）中进一步将政策过程划分为三个主要阶段：亚决策、决策和后决策；同时每个主要阶段又包含多个次级阶段，形成了三个主要阶段、十八个次级阶段的阶段模型。⑤

通过将复杂的政策过程分解为更易于分析的环节，阶段路径促进了对政策过程不同阶段的研究，特别是对政策议程设置和政策执行环节的研究，如约翰·金登（John W. Kingdon）⑥ 以及弗兰克·鲍姆加特纳

---

① DeLeon, P., "The Stages Approach to the Policy Process: What Has It Done? Where Is It Going", in Paul A. Sabatier, ed., *Theories of the Policy Process*, Boulder, Colorado: Westview Press, 1999, pp. 19 – 32.

② 或许，是因为沿着这一路径诞生了不少关于公共政策过程的经典教材。

③ Brewer, Gray D., "The Policy Sciences Emerge: to Nurture and Structure a Discipline", *Policy Sciences*, Vol. 5, No. 3, pp. 239 – 244.

④ 转引自［英］米切尔·黑尧《现代国家的政策过程》，赵成根译，中国青年出版社2004 年版，第 20—21 页。

⑤ 转引自［英］希尔、休普《执行公共政策》，黄健荣等译，商务印书馆 2011 年版，第 8 页。对于阶段模型的汇总与比较，参见吴定《公共政策》，五南图书出版股份有限公司2008 年版，第一章。

⑥ Kingdon, J. W., *Agendas, Alternatives, and Public Policies*, Longman, 1984; Kingdon, J. W., *Agendas, Alternatives and Public Policies*, New York: Harper Collins, 1995.

（Frank R. Baumgartner）和布莱恩·琼斯（Bryan D. Jones）① 对议程设置的研究；杰弗里·佩尔兹曼（Jeffrey L. Pressman）和艾伦·威尔达夫斯基（Aaron B. Wildavsky）② 对政策执行的研究等。尽管阶段路径面临很多批评和挑战，如缺乏因果关系、过于线性、更加强调自上而下③ 等，但这一框架为政策过程研究提供了极具操作性的知识基础④，迄今仍扮演着其他框架难以替代的重要角色。

（2）寻找更好的理论：超越阶段路径

在阶段性路径之外，学者力图发展更好的政策过程框架作为替代性方法⑤。国外学者发展了系统论分析框架（system framework）⑥、制度分析与发展框架（institutional analysis and development framework）⑦、倡导联盟框架（advocacy coalition framework）⑧、垃圾桶模型（garbage can

---

① Baumgartner, F. R., & Jones, B. D., *Agendas and Instability in American Politics*, University of Chicago Press, 1993; 中文版可参见 ［美］鲍姆加特纳、琼斯《美国政治中的议程与不稳定性》，曹堂哲、文雅译，北京大学出版社 2011 年版。

② Pressman, J., & Wildavsky, A., *Implementation: How Great Expectations in Washington are Dashed in Oakland*, Berkeley, CA: University of California Press, 1973.

③ 对这一路径的批评参见 Sabatier, Paul A., "Toward Better Theories of the Policy Process", *Political Science and Politics*, Vol. 24, No. 2, 1991, pp. 147 – 156; ［美］詹金斯－斯密斯、萨巴蒂尔《公共政策过程研究》，［美］萨巴蒂尔、詹金斯－斯密斯主编《政策变迁与学习：一种倡议联盟途径》，邓征译，北京大学出版社 2011 年版，第 1—10 页。

④ 对该框架批评的回应参见 DeLeon, P., "The Stages Approach to the Policy Process: What Has It Done? Where Is It Going", in Paul A. Sabatier, ed., *Theories of the Policy Process*, Boulder, Colorado: Westview Press, 1999, pp. 19 – 32。

⑤ Sabatier, Paul A., "Toward Better Theories of the Policy Process", *Political Science and Politics*, Vol. 24, No. 2, 1991, pp. 147 – 156.

⑥ 典型研究可参见 ［美］阿尔蒙德、鲍威尔《比较政治学：体系、过程和政策》，曹沛霖等译，东方出版社 2007 年版；［美］伊斯顿《政治生活的系统分析》，王浦劬等译，华夏出版社 1998 年版。

⑦ Ostrom, Olinor, "Institutional Rational Choice: An Assessment of the Institutional Analysis and Development Framework", in Paul A. Sabatier, ed., *Theories of the Policy Process*, Bolder, Colorado: Westview Press, 1999, pp. 35 – 71; 另可见 ［美］奥斯特罗姆、加德纳、沃克《规则、博弈与公共池塘资源》，王巧玲、任睿译，陕西人民出版社 2010 年版。

⑧ 参见 Sabatier, P. A., "Knowledge, Policy-Oriented Learning, and Policy Change an Advocacy Coalition Framework", *Science Communication*, Vol. 8, No. 4, 1987, pp. 649 – 692; Sabatier, P. A., "An Advocacy Coalition Framework of Policy Change and the Role of Policy-oriented Learning Therein", *Policy Sciences*, 21 (2), 1988, pp. 129 – 168; Sabatier, Paul A. and Hank C. Jenkins-Smith, *Policy Change and Learning: An Advocacy Coalition Approach*, Westview Press, 1993; Sabatier, Paul A. and Hank C. Jenkins-Smith, "The Advocacy Coalition Framework: An Assessment", in Paul A. Sabatier and Hank C. Jenkins-Smith, eds., *Theories of the Policy Process*, Boulder, Colorado: Westview Press, 1999, pp. 117 – 166。

model)① 和多源流框架（multiple streams framework）②、间断—平衡框架（punctuated-equilibrium framework）③、政策创新与扩散模型（innovation and diffusion model）④ 等框架⑤。

（3）打开政策执行"黑箱"：行动者的互动

政策科学诞生初期，政策执行并未引起重视。1973 年普瑞斯曼和维尔达夫斯基针对美国"伟大社会"（Great Society）时期奥克兰计划（Oakland Project）的研究，揭示了政策执行环节对公共政策的巨大影响。这一研究开美国政策执行研究之先河，掀起一场声势浩大的"执行运行"（implementation movement）。⑥ 此后，政策执行研究相继形成了"自上而下"（top down）和"自下而上"（bottom up）两种路径⑦；

① Cohen, Michael D. , James G. March and Johan P. Olsen, "A Garbage Can Model of Organizational Choice", *Administrative Science Quarterly*, Vol. 17, No. 1, 1972, pp. 1 – 25; March, J. G. and J. P. Olsen, "Institutional Perspectives on Political Institutions", *Governance*, Vol. 9, No. 3, 1996, pp. 247 – 264.

② 除了金登的开创性研究外，多源流框架下的典型研究，可参见 Durant, Robert F. and Paul F. Diehl, "Agendas, Alternatives, and Public Policy: Lessons from the U. S. Foreign Policy Arena", *Journal of Public Policy*, Vol. 9, No. 2, 1989, pp. 179 – 205; Zahariadis, Nikolaos, "Ambiguity, Time, and Multiple Streams", in Paul A. Sabatier, ed. , *Theories of the Policy Process*, Boulder, Colorado: Vestview Press, 1999, pp. 73 – 93; Zahariadis, Nikolaos and Christopher S Allen, "Ideas, Networks, and Policy Streams: Privatization in Britain and Germany", *Review of Policy Research*, Vol. 14, No. 1 – 2, 1995, pp. 71 – 98。

③ 参见 Baumgartner, F. R. , & Jones, B. D. , *Agendas and Instability in American Politics*, University of Chicago Press, 1993; True, James L. , Bryan D. Jones and Frank R. Baumgartner, "Punctuated-Equilibrium Theory: Explaining Stability and Change in American Policymaking", in Paul A. Sabatier, ed. , *Theories of the Policy Process*, Bolder, Colorado: Westview Press, 1999, pp. 97 – 115。

④ 参见 Berry, Frances Stokes and William D. Berry, "Innovation and Diffusion Models in Policy Research", in Paul A. Sabatier, ed. , *Theories of the Policy Process*, Bolder, Colorado: Westview Press, 1999, pp. 169 – 200; Walker, Jack L. , "The Diffusion of Innovations among the American States", *The American Political Science Review*, Vol. 63, No. 3, 1969, pp. 880 – 899。

⑤ 对于政策过程的框架和理论的综述，参见 Sabatier, P. A. , *Theories of the Policy Process*, Boulder, Colorado: Westview Press, 1999; 陈玲《制度、精英与共识》，清华大学出版社 2011 年版，第 22—40 页。

⑥ 陈振明：《西方政策执行研究运动的兴起》，《江苏社会科学》2001 年第 6 期。

⑦ Sabatier, Paul A. , "Top-Down and Bottom-up Approaches to Implementation Research: A Critical Analysis and Suggested Synthesis", *Journal of Public Policy*, Vol. 6, No. 1, 1986, pp. 21 – 48.

而后，一些学者则试图综合上述两种路径，走向第三代综合研究路径。①

"自上而下"的研究路径强调政策制定和执行相分离，制定者决定目标，执行者实现目标，两者之间是指挥命令关系，关注焦点是政策制定者。②"自下而上"模式则认为政策制定和执行的功能互动性，制定者和执行者是合作关系，以共同协商实现政策目标；这一路径始于李普斯基（Lipsky）等对基层官僚（street-level bureaucrats）的开创性研究。③较之强调理性主义的"自上而下"模式，"自下而上"模式更强调执行者的自由裁量权和地方的自主性，是一种"后向推进"策略。④

高金（Malcolm L. Goggin）等⑤综合了第一代和第二代执行研究路径，提出了以府际关系为中心的第三代综合型模式；萨巴蒂尔的倡导联盟框架，也被认为是一种第三代综合执行研究路径；而行动者中心的制度主义（actor-centered institutionalism）、网络以及治理等方面的研究，都在推动执行研究走向更加动态和综合的研究路径。⑥ 值得指出的是，尽管不同路径的执行研究各有侧重，但都将不同层级政府等主体间的互

① Matland, Richard E., "Synthesizing the Implementation Literature: The Ambiguity-Conflict Model of Policy Implementation", *Journal of Public Administration Research and Theory*, Vol. 5, No. 2, 1995, pp. 145 – 174; O'Toole, Laurence J., "Research on Policy Implementation: Assessment and Prospects", *Journal of Public Administration Research and Theory*, Vol. 10, No. 2, 2000, pp. 263 – 288.

② 典型的如：Sabatier, P. and D. Mazmanian, "The Conditions of Effective Implementation: A Guide to Accomplishing Policy Objectives", *Policy Analysis*, Vol. 5, No. 4, 1979, p. 481。

③ Weatherley, R. and M. Lipsky, "Street-Level Bureaucrats and Institutional Innovation: Implementing Special-Education Reform", *Harvard Educational Review*, Vol. 47, No. 2, 1977, pp. 171 – 197；[美] 李普斯基：《基层官僚：公职人员的困境》，苏文贤、江吟梓译，学富文化事业有限公司 2010 年版。

④ Elmore, Richard F., "Backward Mapping: Implementation Research and Policy Decisions", *Political Science Quarterly*, Vol. 94, No. 4, 1979, pp. 601 – 616.

⑤ Goggin 在中国台湾译作"郭谨"，参见 Goggin, Malcolm L., Ann O. Bowman, James P., Lester, et al., *Implementation Theory and Practice: Toward a Third Generation*, Glenview, IL: Scott, Foresman/Little, Brown Higher Education, 1990。

⑥ 对政策执行研究的系统评述，参见 O'Toole, Laurence J., "Research on Policy Implementation: Assessment and Prospects", *Journal of Public Administration Research and Theory*, Vol. 10, No. 2, 2000, pp. 263 – 288。

动纳入政策过程研究的视野。

2. 国外学者对中国政策过程的研究

上述政策过程理论，都是建立在西方政治制度、政府过程和政策实践基础之上的，而政策过程作为一种政治体制和政府运作的过程，必然受到政治和政府特征的影响。因此，这些源自西方的政策过程理论，在解释中国政策过程时面临诸多挑战。这也是众多西方学者从新中国建立伊始就热衷研究中国政策过程问题的初始动力之一。

纵观西方学者对中国政策过程的研究，大致可分为三种路径，即精英路径（elites）、官僚组织路径（bureaucratic organizations）和派系/非正式团体（factions or informal group）路径。

精英路径：其核心观点是，中国政策过程是由于高层精英来推动的，因此其关注点在于毛泽东、邓小平等强权人物的生平和行为上；典型的研究如鲍大可（A. Doak Barnett）[1] 的《干部、官僚和共产党中国的政治权力》，这些研究主要集中于中国成立初期到改革开放前。

派系路径：这一研究路径的奠基者是安德森·纳森（Anderson Nathan），其关注的是中国政治和政策过程的非正式维度。所谓派系是指"以面对面的私人关系纵向连接的庇护人—受惠人网络"[2]，邹谠用"非正式团体（informal group）"取代了贬义的"派系"[3]。而白鲁恂（Lucian W. Pye）则将派系主义视为是中国政治行为的核心模式，其根源是崇尚和谐中庸的传统文化和求稳心态。派系路径下，权力斗争是居于核心地位的模型，即权力斗争带来官员升迁，而升迁又引致所在部门/地区的力量变化，进而改变其在政策过程中的话语权。[4]

---

[1] Barnett, A. D. and E. F. Vogel, *Cadres, Bureaucracy, and Political Power in Communist China*, New York: Columbia University Press, 1967.

[2] Nathan, A. J., "A Factionalism Model for CCP Politics", *The China Quarterly*, No. 53, 1973, pp. 34 – 66.

[3] Tsou, T. and A. J. Nathan, "Prolegomenon to the Study of Informal Groups in C. C. P. Politics", *The China Quarterly*, No. 65, 1976, pp. 98 – 117.

[4] Pye, L. W., *The Dynamics of Chinese Politics*, Oelgeschlager, Gunn & Hain, Incorporated, 1981.

精英和派系路径的共同之处在于，两者都认为政策主要是由高层人物（top leaders）制定的，并且决策过程中高层有明确的目标设定，其区别则主要集中于，前者认为高层主要追求国家利益，而后者则将非正式团体的利益则置于更重要的位置。[①]

官僚组织路径： 这一研究路径始于中国改革开放以后，将研究视野从中国政治中的非制度因素转移到制度因素上来。李侃如（Kenneth Lieberthal）和奥克森伯格（Michel Oksenberg）基于能源领域对中国政策过程的研究[②]和谢淑丽对改革开放政策的实证研究[③]。这些研究指出，各个层次（中央部门和地方政府）的官员在政策制定和执行中占有重要地位；高层精英和官员之间的频繁互动，可以解释中国政策所具有的灵活性和碎片化特征。李侃如和奥克森伯格提出的"碎片化的威权主义"，已成为最有解释力的框架之一。[④]

他们所谓的"碎片化的威权主义"，指的是尽管中国政治体制是高度集权的，但这些权威是条块分割的，分布在不同地方（块）和不同部门（条）。[⑤] 在这种分散（fragmented）、割裂（segmented）和分层的（stratified）的国家结构下，相关官僚机构之间在政策过程中的相互协商、讨价还价和寻找共识，导致政策过程往往是不连贯的（disjointed）、旷日持久（protracted）和渐进的（incremental）。[⑥]

基于官僚组织路径，研究者提出了多种中国官僚组织的决策模型，典型的有讨论中国能源和水资源问题而提出讨价还价模型（bargaining

① Lieberthal, K. and M. Oksenberg, *Policy Making in China: Leaders, Structures, and Processes*, Princeton: Princeton University Press, 1988, pp. 16 – 18.

② Lieberthal, K. and M. Oksenberg, *Policy Making in China: Leaders, Structures, and Processes*, Princeton: Princeton University Press, 1988.

③ Shirk, S. L., *The Political Logic of Economic Reform in China*, Berkeley: University of California Press, 1993.

④ Mertha, A., "'Fragmented Authoritarianism 2.0': Political Pluralization in the Chinese Policy Process", *The China Quarterly*, Vol. 200, No. 1, 2009, pp. 995 – 1012.

⑤ Lieberthal, K. and D. M. Lampton, *Bureaucracy, Politics, and Decision Making in Post-Mao China*, Berkeley and Los Angeles: Universicy of California Press, 1992.

⑥ Lieberthal, K. and M. Oksenberg, *Policy Making in China: Leaders, Structures, and Processes*, Princeton: Princeton University Press, 1988, pp. 16 – 18.

model)①、讨论中国"大跃进"时期医疗卫生政策而提出的各自为政模型②以及从官僚组织信息控制入手提出的竞争式说服模型（competitive persuasion model)③。薛澜和陈玲④对西方学者20世纪下半叶对中国公共政策过程的研究做了一个很好的综述。

纵览西方学者对中国政策过程的研究，不乏睿智的观点和启发性，对现实政策过程亦有一定解释力；但其研究有时难免失之于偏向西方化的分析模式，甚至"抓住一点而不及其余"。⑤ 此外，尽管中国自20世纪80年代以来逐渐走向开放，但国外学者在实证资料的获取上仍面临很大挑战。截至目前，除官僚组织路径的研究外，其他研究路径尚未打开政策过程的内部过程来观察不同层级政府之间以及同级政府部门间关系的动态演进；而官僚组织路径研究，则集中于经济政策，对社会政策鲜有涉及。

3. 中国学者对中国政策过程的研究

国内学者对政策过程的研究始于20世纪90年代，而后逐渐成为公共管理理论研究的一个重点领域和主题。⑥ 作为分析中国政治改革和发展的中层理论，政策过程所关涉的政治环境和体制、基本变量、决策标准和条件等，都是有待研究的课题。⑦ 国内学者对政策过程的研究主要

---

① Lampton, David M., "Water: Challenge to a Fragmented Political System", in David M. Lampton, ed., *Policy Implimentation in the Post-Mao China*, Berkeley and Los Angeles: University of California Press, 1987, pp. 157 – 189; Lieberthal, K. and M. Oksenberg, *Policy Making in China: Leaders, Structures, and Processes*, Princeton University Press, 1988.

② Lampton, David M., "Health, Conflict, and the Chinese Political System", *Michigan Paper in Chinese Studies*, Vol. 18, 1974.

③ Halpern, N., "Information Flows and Policy Coordination in the Chinese Bureaucracy", in Kenneth Lieberthal and David M. Lampton, eds., *Bureaucracy, Politics and Decision Making in Post-Mao China*, Berkeley and Los Angeles: University of California Press, 1992, pp. 125 – 148.

④ 薛澜、陈玲：《中国公共政策过程的研究：西方学者的视角及其启示》，《中国行政管理》2005年第7期。

⑤ 胡伟：《政府过程》，浙江人民出版社1998年版，第395页。

⑥ 陈振明、薛澜：《中国公共管理理论研究的重点领域和主题》，《中国社会科学》2007年第3期。

⑦ 徐湘林：《从政治发展理论到政策过程理论——中国政治改革研究的中层理论建构探讨》，《中国社会科学》2004年第3期。

包括（1）运用源自西方的政策过程核心概念和理论框架解释中国政策过程，（2）发展中国政策过程框架，以及（3）探讨中国政策过程中的关键要素几个方面。

（1）运用西方概念和框架解释中国政策过程

中国本土学者对中国政策过程的研究，始于对国外政策过程理论的引介；在引介基础上，运用其概念框架来分析和解释中国政策过程。

围绕国外政策过程研究的核心概念，中国学者发表了一系列论文。这主要包括议程设置①、利益集团②、政策学习③、政策范式、公众参与④、思想库⑤等方面的研究。朱旭峰⑥的研究聚焦政策过程中的知识，探寻了政策属性与专家行为之间的关系，并将比较方法运用到政策过程研究中。

在译介的同时，中国学者开始运用多源流、制度分析与发展框架和

---

① 王绍光：《中国公共政策议程设置的模式》，《中国社会科学》2006 年第 5 期；赵萍丽：《政策议程设置模式的嬗变》，复旦大学 2008 年博士学位论文；朱旭峰、田君：《知识与中国公共政策的议程设置：一个实证研究》，《中国行政管理》2008 年第 6 期。

② 陈水生：《当代中国公共政策过程中利益集团的行动逻辑》，复旦大学 2011 年博士学位论文；刘丽霞：《中国利益集团在公共政策过程中作用与影响研究》，东北财经大学 2011 年博士学位论文；王兆斌：《体制转型进程中的利益集团研究》，中国社会科学院研究生院 2012 年博士学位论文。

③ 黄维、陈静：《我国学生贷款补贴的政策学习：政策文本分析的视角》，《中国高教研究》2012 年第 9 期；王程韡：《政策学习的障碍及其超越以中国国家饮用水标准为例》，《社会》2010 年第 4 期。

④ 彭宗超、薛澜：《政策制定中的公众参与——以中国价格决策听证制度为例》，《国家行政学院学报》2000 年第 5 期。

⑤ 薛澜、朱旭峰：《中国思想库的社会职能——以政策过程为中心的改革之路》，《管理世界》2009 年第 4 期；朱旭峰：《中国思想库：政策过程中的影响力研究》，清华大学出版社 2009 年版。

⑥ Zhu, Xufeng, "The Influence of Think Tanks in the Chinese Policy Process: Different Ways and Mechanisms", *Asian Survey*, Vol. 49, No. 2, 2009, pp. 333 – 357; Zhu, Xufeng, "Strategy of Chinese Policy Entrepreneurs in the Third Sector: Challenges of 'Technical Infeasibility'", *Policy Sciences*, Vol. 41, No. 4, 2008, pp. 315 – 334; Zhu, Xufeng and Lan Xue, "Think Tanks in Transitional China", *Public Administration and Development*, Vol. 27, No. 5, 2007, pp. 452 – 464; 朱旭峰：《中国思想库：政策过程中的影响力研究》，清华大学出版社 2009 年版；朱旭峰：《中国社会政策变迁中的专家参与模式研究》，《社会学研究》2011 年第 2 期；朱旭峰：《政策变迁中的专家参与》，中国人民大学出版社 2012 年版。

支持联盟（又译作倡导联盟）等概念框架展开中国政策过程的个案研究。基于多源流框架的个案研究涉及了收容遣返政策①、跨行政区水污染防治②、应急管理（《国家突发公共事件总体应急预案》）③、《民办教育促进法》④、住房政策⑤、土地流转⑥等多个领域。基于支持联盟框架的个案研究主要集中于教育、卫生等领域，如高等教育收费制度⑦、高校教师聘任制⑧、免费师范生⑨、高校毕业生就业政策⑩、高职招生政策⑪、国家精品课程建设⑫、医疗卫生政策⑬、婚检政策⑭和环境项目⑮等。基于制度分析与发展框架的公共服务研究⑯。这些研究主要探讨国

①　周超、颜学勇：《从强制收容到无偿救助——基于多源流理论的政策分析》，《中山大学学报》（社会科学版）2005 年第 6 期。

②　毕亮亮：《"多源流框架"对中国政策过程的解释力——以江浙跨行政区水污染防治合作的政策过程为例》，《公共管理学报》2007 年第 2 期。

③　甄智君：《从制定〈国家突发公共事件总体应急预案〉看中国政策议程设置途径——基于多源流理论的分析》，《中山大学研究生学刊》（社会科学版）2010 年第 1 期。

④　吴越：《多源流理论视野中的教育政策议题形成分析——以〈民办教育促进法〉为例》，《现代教育管理》2010 年第 1 期。

⑤　柏必成：《改革开放以来我国住房政策变迁的动力分析——以多源流理论为视角》，《公共管理学报》2010 年第 4 期。

⑥　王甲：《多源流视角下的土地流转政策过程分析》，复旦大学 2011 年硕士学位论文。

⑦　朱家德、李自茂：《我国高等教育收费制度 60 年的变迁逻辑——基于支持联盟框架的分析》，《中国高教研究》2009 年第 12 期。

⑧　周进：《我国高校教师聘任制政策行为过程透视——基于支持联盟框架的分析》，《高教探索》2010 年第 5 期。

⑨　蒋馨岚：《建国以来中国师范教育免费政策的变迁——基于支持联盟框架的分析》，《西北师范大学学报》（社会科学版）2011 年第 1 期。

⑩　徐自强：《效率还是公平：高校毕业生就业政策的信念博弈——基于倡议联盟框架的分析》，《现代教育管理》2012 年第 6 期。

⑪　黄文伟：《政策学习与变迁：一种倡议联盟框架范式——对我国高职院校招生政策变迁的解读》，《清华大学教育研究》2012 年第 5 期。

⑫　蔡艳：《倡导联盟框架下"国家精品课程建设"的政策分析》，《清华大学教育研究》2010 年第 6 期。

⑬　王春城：《倡导联盟框架：解析和应用》，吉林大学 2010 年博士学位论文。

⑭　张海柱：《信念与政策变迁：倡导联盟框架的应用——以中国婚检政策变迁为例》，《长春大学学报》2010 年第 5 期。

⑮　任鹏：《我国地方政府公共政策变迁研究》，上海交通大学 2012 年硕士学位论文。

⑯　李德国：《公共服务体制改革的"海淀模式"——从制度分析与发展的视角看》，《东南学术》2011 年第 2 期；李礼：《城市公共安全服务供给的合作网络》，《中国行政管理》2011 年第 7 期。

外框架对中国政策过程的适用性，并根据中国特点对模型进行小修小补，较少触及中国政策过程中政府部门作为主要行为主体的互动关系。同时，这些研究主要集中于政策制定环节，即主要关注议程设置和政策文件出台，对政策执行则较少关注。

（2）构建中国的政策过程框架

中国学者逐渐认识到，要基于中国的经验事实来构建中国政策过程的框架，才能更好地解释中国公共政策成功的动力因素。中国学者提出的典型框架包括：第一，强调决策渐进和学习反馈的"摸着石头过河模型"[①]；第二，以宁骚提出的"上下来去"模型为代表的上下互动模型[②]，与之类似的还有胡象明提出的集成了"上级—下级""民主—集中"和"领导—群众"三种过程的地方一体化民主有限决策模型[③]和卢迈提出的"上下互动"模型等[④]；第三，汲取了西方学者官僚组织研究路径的"制度和精英"双层结构的共识框架[⑤]。

在这些政策过程框架中，较有影响力的是基于中国本土实践经验的"上下来去"模型。这一模型是北京大学宁骚教授在 20 世纪 90 年代提出并逐步丰富的。他认为，中国的政策过程在社会认识过程上，是一个

① "摸着石头过河"最早是由陈云同志 1951 年提出来的，参见陈云《做好工商联工作（一九五一年七月二十日）》，《陈云文选》（第二卷），人民出版社 1995 年版，第 151 页。1980 年 12 月 16 日，陈云同志在中央工作会议上的讲话中再次提出要"摸着石头过河"，参见陈云《经济形势与经验教训（一九八〇年十二月十六日）》，《陈云文选》（第三卷），人民出版社 1995 年版，第 279 页；邓小平同志在这次会议闭幕式的总结讲话中开篇即明确表示，"完全同意陈云同志的讲话。这个讲话在一系列问题上正确地总结了我国 31 年来经济工作的经验教训，是我们今后长期的指导方针。"参见邓小平《贯彻调整方针，保证安定团结（一九八〇年十二月二十五日）》，《邓小平文选》（第二卷），人民出版社 1993 年版，第 354 页。对于"摸着石头过河"政策模式的讨论，可参见盛宇华《"摸着石头过河"：一种有效的非程序化决策模式》，《领导科学》1998 年第 6 期；徐湘林《"摸着石头过河"与中国渐进政治改革的政策选择》，《天津社会科学》2002 年第 3 期。
② 宁骚：《公共政策过程的理论模型》，《公共政策学》，高等教育出版社 2003 年版。
③ 胡象明：《论地方政策的决策模式》，《武汉大学学报》（哲学社会科学版）1997 年第 2 期。
④ 卢迈：《中国农村改革的决策过程》，《二十一世纪》1998 年 12 月号（第 50 期）。
⑤ 参见陈玲《制度、精英与共识》，清华大学出版社 2011 年版；陈玲、赵静、薛澜《择优还是折衷？——转型期中国政策过程的一个解释框架和共识决策模型》，《管理世界》2010 年第 8 期。

从"形而下"到"形而上"，再到"形而下"的过程，而政策的社会操作过程，则是一个"从群众中来，到群众中去"的过程，并提出了政策认知的实事求是模型，以及政策操作的群众—领导模型、民众—集中模型和试验模型四个子模型。[①] 该框架将政策制定和政策执行视为一个统一整体，并将中国政治中的民主集中制、群众路线和政策制定中"由点到面"的试错法等实践综合化和模型化。在最新的研究中，宁骚教授将这一模型与国外的政策过程模型进行了比较，阐释了"上下来去"政策过程模型所具有的开放性和包容性（见图1-2）。[②] 简言之，"上下来去"是中国政策过程一个聚集了中国智慧而又颇具解释力的描述模型。

政策的社会认识过程		
政策制定过程	政策执行过程	政策过程的循环
实事求是，一切从实际出发： 从客观到主观 从实践到认识 从个别到一般	实事求是，一切从实际出发： 从主观到客观 从认识到实践 从一般到个别	物质—精神—物质循环往复 实践—认识—实践循环往复 个别——一般—个别循环往复

政策的社会操作过程		
政策制定过程	政策执行过程	政策过程的循环
从群众中来： 从群众到领导 从民主到集中 从点到面："解剖麻雀"，引出一般； 调查—研究—决策	到群众中去： 从领导到群众 从集中到民主 从面到点：一般号召与个别指导相结合； 试点—总结—推广	群众—领导—群众循环往复 民主—集中—民主循环往复 点—面—点循环往复

图1-2　基于中国经验的政策过程模型——"上下来去"

资料来源：宁骚：《中国公共政策为什么成功？——基于中国经验的政策过程模型构建与阐释》，《新视野》2012年第1期。

---

① 宁骚：《中国公共政策为什么成功？——基于中国经验的政策过程模型构建与阐释》，《新视野》2012年第1期。
② 同上。

4. "政策试验" 与中央—地方政府互动研究路径

（1）"政策试验"：从地方经验到中央政策

近年来，"政策试验"（policy experimentation）和地方试验（local experiments）成为研究中国模式和政策过程中频繁使用的概念。中央和地方政府的互动关系，成为理解中国发展模式的重要窗口。这一研究视角的智识基础，是渐进式政策过程路径①和 "摸石头过河" 的中国式政治智慧。

韩博天（Sebastian Heilmann）认为，与西方民主法治国家相比，中国政策过程的鲜明特色是中央控制下的 "分级制政策试验"（policy experimentation under hierarchy）：自由民主的法治国家（rule-of-law system），其政策制定过程一般以立法为核心，其显著特点就是要对审议中的政策可能会带来的影响基本上要在事前进行评估，而不是通过试行来推敲和优化政策；按照依法行政（law-based administration）的原则，行政部门不会在法律法规颁布之前就采取没有法律依据或试验性的行政举措；而中国则恰恰相反，往往会在颁布正式的法规之前对新政策进行试验；这种政策试验，不仅是寻求和比较政策解决方案的过程，更是决策者的学习过程；这一模式在优化政策同时，提升了政府能力，是中国经济腾飞的源泉。② 通过对历史的回溯，韩博天进一步探讨了这一独具中国特色的政策过程的来源及演进，认为这一独特的政策过程，孕育了丰富的政策选项，带给中国出人意料的适应能力。③ 从其选择的案例来看，韩博天对于 "分级制政策试验" 的研究主要偏于经济政策领域；从观察角度来

---

① 关于渐进主义的政策制定，参见 Lindblom, Charles. E. , "The Science of 'Muddling Through'", *Public Administration Review*, Vol. 19, No. 2, Spring, 1959, pp. 79 – 88; Lindblom, Charles E. , "Still Muddling, Not yet Through", *Public Administration Review*, Vol. 39, No. 6, Nov. -Dec. , 1979, pp. 517 – 526。

② Heilmann, S. , "Policy Experimentation in China's Economic Rise", *Studies in Comparative International Development*, Vol. 43, No. 1, 2008, pp. 1 – 26；中文译稿参见［德］韩博天《中国经济腾飞中的分级制政策试验》，石磊译，《开放时代》2008 年第 5 期。

③ Heilmann, S. , "From Local Experiments to National Policy: The Origins of China's Distinctive Policy Process", *The China Journal*, No. 59, Jan. , 2008, pp. 1 – 30。

看，则属于对政策过程的"外部观察"，偏重于史料基础上的逻辑推演，尚缺乏对中央—地方互动过程和逻辑的"内部观察"；他对社会政策领域政策试验效果有限的结论，因分析过于简单而显得武断。

王绍光以中国农村合作医疗体制半个多世纪的演进为案例，推进了韩博天的研究。他认为，中国模式的核心在于中国体制所具有的适应能力；而这种适应能力的基础，是学习能力。[①] 在以政策学习的推动者和学习源为横纵轴构成的二维坐标系中，王绍光划分了四种不同的学习模式，并以农村合作医疗体制为例，呈现了中国政策学习模式的动态演进。[②] 他进而指出，"分级制政策试验"仅是四种学习模式之一（第二种），并认为学习能力使中国体制具有很强的适应性。[③] 这一研究关注了基层实践和受控试验对中央政策的重要影响，但侧重于中国长期政策演进（宏观意义上的政策过程）中政策学习类型和模式的条分缕析，而非中央和地方政府在中微观政策过程的角色和互动。

《中国试验》以行政改革、选举改革、公民社会、政府信息公开等为政治和行政改革领域的案例为基础探讨了地方试验是如何推进全国改革的。[④] 作者认为，观察中国政治发展，必须同时重视地方（subnational）和党领导下的国家体制（party-state system）内的动力机制；中央在审慎地分权的同时，着眼于寻求可推广至全国的解决方案，又在一定程度上支持着地方的政治改革试验；中央对于不同的地方试验态度迥异，但又难以完全控制地方试验及其扩散的影响。因此，这些地方试验将会对中国政治发展产生深远影响。这些政治体制改革领域的研究，勾勒了中央和地方对于改革不同的优先级设置，但讨论侧重于地方试验对

---

① 王绍光：《学习机制、适应能力与中国模式》，《开放时代》2009 年第 7 期。

② 王绍光：《学习机制与适应能力：中国农村合作医疗体制变迁的启示》，《中国社会科学》2008 年第 6 期。

③ 同上。

④ Florini, Ann, Hairong Lai and Yeling Tan, *China Experiments: From Local Innovations to National Reform*, Washington, D. C.: Brookings Institution Press, 2012.

中国整体改革的影响。

（2）中央—地方互动：社会学和政策过程的相关研究评述

国内对中央—地方政府在政策过程中互动关系的研究，始于对"政策变通"和"上有政策，下有对策"现象的思考。早在1988年，张怀玉①即讨论了政策执行中的"灵活变通"问题；庄垂生较早地从理论上系统地探讨了政策变通，他提出，政策变通是指"在政策执行过程中，政策执行者未经原政策制定者同意与准许，自行变更原政策内容并加以推行的一种政策行为"②。李瑞昌在评述了上述研究基础上，以"政策空传"概念对政策执行未能达致目标的不同路径进行了总结分析。③谭羚雁和娄成武以保障性住房政策为例，提出中央—地方政府非合作博弈的根源在于政策网络结构的封闭性，政府须打破封闭的政策网络结构，综合相关主体的多元利益，重塑行动者的合作伙伴关系。④林小英以民办高等教育政策变迁为例，分析了教育政策制定和执行过程中政策对象（民办高校和地方教育行政部门）与中央和地方政府的互动过程，构建以"策略空间"（space for the strategies）为核心概念的政策变迁过程解释框架，解释了教育政策实践偏离政策规范的内在逻辑；她认为，政策文本的可变通性和政策制定和执行部门的自由裁量权这两种策略空间，拓宽了政府可执行方案的选择范围，导致政策目标动态化和执行过程弹性化；而政策对象与执行部门互动采取策略性行动，以市场资源换取政府的政策资源；上述因素的共同作用，使政策实际执行效果偏离了政策部门的预期目标；而这种政策过程中的策略空间，既是政策非预期后果的根源，又是政策

---

① 张怀玉：《论执行政策中的"灵活变通"》，《领导科学》1988年第7期。

② 庄垂生：《政策变通的理论：概念、问题与分析框架》，《理论探讨》2000年第6期。

③ 李瑞昌：《中国公共政策实施中的"政策空传"现象研究》，《公共行政评论》2012年第3期。

④ 谭羚雁、娄成武：《保障性住房政策过程的中央与地方政府关系——政策网络理论的分析与应用》，《公共管理学报》2012年第1期。

变迁的动力。①

　　组织社会学对政策执行过程中基层/地方政府"上有政策，下有对策"的"变通"或"合谋/共谋"等行为的研究，改变了政府是铁板一块的传统看法。孙立平和郭于华②、应星③和张静④等分析了基层政府/干部在执行国家政策中的"变通行为"及其对政策执行的重要性；周雪光进一步提出了基层政府"共谋行为"（collusion）⑤的概念，并解释了"共谋"背后的制度逻辑，认为渐成常识和普遍化的"共谋"，并不能归咎于执行人员素质，而是"现行组织制度中决策过程和执行过程分离所导致的结果，在很大程度上也是近年来政府制度设计，特别是集权决策过程与激励机制强化导致的非预期结果（unintended consequences）"⑥。艾云则以计划生育考核政策执行过程为例，将执行过程中的变通行为研究拓展至上下层政府之间的互动，认为信息控制、非正式运作和激励机制等因素的相互作用，使考核制度实施走向失败。⑦

　　上述研究，揭示了从政府互动视角理解政府行为和政策过程的重要意义，但以整体观之，这些研究主要限于政策执行环节（林小英的研究覆盖整个政策过程），其焦点是地方政府在政策执行过程中"变通"

---

　　① 林小英：《中国教育政策过程中的策略空间：一个对政策变迁的解释框架》，《北京大学教育评论》2006 年第 4 期。

　　② 孙立平、郭于华：《"软硬兼施"：正式权力非正式运作的过程分析——华北 B 镇收粮的个案研究》，《清华社会学评论》（特辑），鹭江出版社 2000 年版，第 21—46 页。

　　③ 应星：《从"讨个说法"到"摆平理顺"》，中国社会科学院研究生院 2000 年博士学位论文。

　　④ 张静：《基层政权——乡村制度诸问题》，浙江人民出版社 2000 年版。

　　⑤ 所谓合谋行为，"指在非充分竞争的寡头市场条件下，几家大公司秘密协商定价、瓜分市场等违反反垄断法的经济行为"；此处"是指基层政府与它的直接上级政府相互配合，采取各种策略应对来自更上级政府的政策法令和检查监督"，参见周雪光《基层政府间的"共谋现象"——一个政府行为的制度逻辑》，《社会学研究》2008 年第 6 期。

　　⑥ 周雪光：《基层政府间的"共谋现象"——一个政府行为的制度逻辑》，《社会学研究》2008 年第 6 期。

　　⑦ 艾云：《上下级政府间"考核检查"与"应对"过程的组织学分析：以 A 县"计划生育"年终考核为例》，《社会》2011 年第 3 期。

行为及制度逻辑，即对"上有政策，下有对策"现象的理论解释，但对于不同层级政府角色以及地方政府是如何形塑中央政策等方面，则着墨不多。

清华大学马丽、李惠民和齐晔从中央—地方政府互动的视角探讨了不同层级政府在政策过程中各自发挥的作用及其互动机制。其研究认为，中央政府基于国家能源战略考虑，是节能减排政策议程设置的主导者，议程设置具有自上而下的特征；而地方政府的政策创新实践，为中央层面政策的出台和其他地区政策设计提供了参考，整个互动呈现出"中央政府提出方针——地方政府进行创新型政策实践——中央政府肯定创新并颁布新政策——地方政府进行政策复制"的基本特征。在讨论中，他们回应了韩博天和王绍光的研究，认为在经济领域和非经济领域中央和地方在政策过程中互动模式的差异，在于其动力机制不同，财政分权和官员晋升的政治锦标赛，使地方政府在经济领域更具创新动力。① 这是迄今为止对中央和地方政府互动的政策过程的最好研究之一。但由于上级政府部门对下级政府部门的目标责任考核，天然地带有浓郁的自上而下色彩，案例选取的特殊性，在很大程度上限制了这一研究结论的可推广性。

（二）政策过程视角的新农合制度研究

1. 新农合制度研究集中于卫生经济视角

新型农村合作医疗制度是近年来医疗卫生政策研究的热点领域。截至 2013 年 3 月底，中国学术期刊网（CNKI）以"合作医疗"为主题检索到的文献近 20000 篇，博士论文 140 余篇；国内期刊论文主要集中于《中国卫生政策研究》《中国卫生经济》《卫生经济研究》《卫生软科学》和《中国农村卫生事业管理》等卫生部

---

① 马丽、李惠民、齐晔：《中央—地方互动与"十一五"节能目标责任考核政策的制定过程分析》，《公共管理学报》2012 年第 1 期。

门主办的期刊中。与此同时，在《新英格兰医学》（*The New England Journal of Medicine*）、《卫生政治、政策与法律》（*Journal of Health Politics, Policy and Law*）、《社会科学与医学》（*Social Science & Medicine*）、《卫生政策》（*Health Policy*）、《卫生经济学》（*Health Economics*）等英文学术期刊上发表了为数不少的有关中国新农合制度的论文。

就整体而言，这些研究主要集中于卫生经济和卫生政策领域，探讨了农村合作医疗体系的历史演进和转型①、筹资机制②、补偿方案③、主

---

① 典型研究如 Blumenthal, David and William Hsiao, "Privatization and Its Discontents—the Evolving Chinese Health Care System", *New England Journal of Medicine*, Vol. 353, No. 11, 2005, pp. 1165 - 1170; Feng, Xueshan, Tang Shenglan, Gerald Bloom, et al., "Cooperative Medical Schemes in Contemporary Rural China", *Social Science & Medicine*, Vol. 41, No. 8, 1995, pp. 1111 - 1118; 曹普《20世纪90年代两次"重建"农村合作医疗的尝试与效果》，《党史研究与教学》2009年第4期；曹普《人民公社时期中国农村合作医疗制度的历史演变（1958～1984）》，《中共石家庄市委党校学报》2009年第5期；曹普《人民公社时期的农村合作医疗制度》，《中共中央党校学报》2009年第6期；曹普《1978—2002：关于农村合作医疗存废的争论与实证性研究的兴起》，《中共云南省委党校学报》2010年第1期；董立淳《中国农村合作医疗制度演化机制研究》，南开大学2009年博士学位论文；李德成《合作医疗与赤脚医生研究（1955—1983年）》，浙江大学2007年博士学位论文；李德成《中国农村传统合作医疗制度研究综述》，《华东理工大学学报》（社会科学版）2007年第1期；王绍光《学习机制、适应能力与中国模式》，《开放时代》2009年第7期；张自宽、赵亮、李枫《中国农村合作医疗50年之变迁》，《中国农村卫生事业管理》2006年第2期。

② 典型研究如蔡琳《新型农村合作医疗筹资需求测算的方法学研究》，复旦大学2007年博士学位论文；贾康、张立承《改进新型农村合作医疗制度筹资模式的政策建议》，《财政研究》2005年第3期。

③ 典型研究如罗家洪、杜克琳、毛勇等《新型农村合作医疗制度住院补偿方案的调查研究》，《卫生软科学》2006年第2期；罗家洪、胡守敬、黄兴黎等《云南省新型农村合作医疗补偿机制初步研究》，《中国卫生质量管理》2004年第1期；王柯、张晓、闵捷、沈其君《新型农村合作医疗补偿方案调整研究》，《中国卫生经济》2005年第11期；王小万、刘丽杭《新型农村合作医疗住院补偿比例与起付线的实证研究》，《中国卫生经济》2005年第3期；王燕《山东省新型农村合作医疗补偿机制研究》，山东大学2007年博士学位论文；谢慧玲《新型农村合作医疗住院补偿比影响因素的实证研究》，复旦大学2010年博士学位论文；张西凡、陈迎春《新型农村合作医疗单病种定额补偿模式及效果分析》，《中国卫生经济》2008年第7期；张英洁《新型农村合作医疗统筹补偿方案研究》，山东大学2009年博士学位论文；赵卫华《新型农村合作医疗不同补偿模式的补偿效果分析》，《中国卫生经济》2009年第2期。

要影响因素[①]、政府作用与责任[②]、对供方行为[③]和需方行为[④]的影响、费用控制与支付方式改革[⑤]、政策实施效果评价[⑥]以及对试点县的综合

[①] 典型研究如 Liu, Yuanli, "Development of the Rural Health Insurance System in China", *Health Policy and Planning*, Vol. 19, No. 3, 2004, pp. 159 – 165; Wang, Hongman, Danan Gu and Matthew Egan Dupre, "Factors Associated with Enrollment, Satisfaction, and Sustainability of the New Cooperative Medical Scheme Program in Six Study Areas in Rural Beijing", *Health Policy*, Vol. 85, No. 1, 2008, pp. 32 – 44; 刘利《重庆新型农村合作医疗制度影响因素及作用机制研究》，西南大学 2011 年博士学位论文。

[②] 典型研究可参见布罗姆、汤胜蓝《中国政府在农村合作医疗保健制度中的角色与作用》，《中国卫生经济》2002 年第 3 期；曾祥炎、曾祥福、周良荣《政府信誉缺失对推行新型农村合作医疗的影响及对策》，《中国卫生经济》2005 年第 1 期；胡善联《中国农村贫困地区合作医疗实施中政府失灵和市场失灵的表现》，《中国卫生经济》2002 年第 1 期；林闽钢《我国农村合作医疗制度治理结构的转型》，《农业经济问题》2006 年第 5 期；刘远立、饶克勤、胡善联《政府支持与农村健康保障制度》，《中国卫生经济》2002 年第 5 期。

[③] 典型研究可参见 Sun, X., Jackson, S., Carmichael, G. A., & Sleigh, A. C., "Prescribing Behaviour of Village Doctors under China's New Cooperative Medical Scheme", *Social Science & Medicine*, Vol. 68, No. 10, 1775 – 1779; 任苒、侯文、宁岩、陈俊峰《中国贫困农村合作医疗试点地区县乡卫生机构服务效率分析》，《中国卫生经济》2001 年第 2 期；吴明《新型农村合作医疗服务提供方评估报告》，新型农村合作医疗试点工作评估组《发展中的中国新型农村合作医疗：农村合作医疗试点工作评估报告》，人民卫生出版社 2006 年版，第 64—111 页；张明新《社区卫生服务机构与医院双向转诊运行的管理模式研究》，华中科技大学 2009 年博士学位论文。

[④] 典型研究可参见车刚、赵涛《新型农村合作医疗对农村居民卫生服务利用公平性的影响研究》，《卫生软科学》2007 年第 1 期；钱东福《甘肃省农村居民就医选择行为研究》，山东大学 2008 年博士学位论文；钱军程、高军、饶克勤、A. Wagstaff、M. Lindelow《新型农村合作医疗制度试点对农民卫生服务利用的影响研究》，《中国卫生统计》2008 年第 5 期；任苒、张琳《中国农村地区合作医疗干预后不同收入组人群的医疗服务需要与利用》，《中国卫生经济》2004 年第 2 期；王翌秋《中国农村居民医疗服务需求研究》，南京农业大学 2008 年博士学位论文；张容瑜《卫生政策要素对农村高血压患者就医行为和费用的影响研究》，山东大学 2012 年博士学位论文。

[⑤] 典型研究可参见黄成礼、马进、白虓《供方支付方式研究及政策建议》，《中国卫生经济》2000 年第 1 期；汪早立、陈迎春、张全红、王蓉《新型农村合作医疗中医疗服务供方管理与费用控制》，《中国卫生经济》2005 年第 12 期；徐创洲《新型农村合作医疗医药费用控制研究》，西北农林科技大学 2011 年博士学位论文；杨国平《中国新型农村合作医疗制度可持续发展研究》，复旦大学 2008 年博士学位论文；杨金侠《新型农村合作医疗农村定点医疗机构费用控制模型与实现机制研究》，山东大学 2007 年博士学位论文；张西凡、陈迎春《新型农村合作医疗单病种定额补偿模式及效果分析》，《中国卫生经济》2008 年第 7 期；张歆、王禄生《按病种付费在我国新型农村合作医疗试点地区的应用》，农村卫生改革与发展研讨会 2006 年版；朱坤《我国西部地区新型农村合作医疗及支付制度干预案例的研究》，复旦大学 2007 年博士学位论文。

[⑥] 典型研究可参见 Lei, Xiaoyan and Wanchuan Lin, "The New Cooperative Medical Scheme in Rural China: Does More Coverage Mean More Service and Better Health?", *Health Economics*, Vol. 18, No. S2, 2009, pp. S25 – S46; Wagstaff, Adam, Magnus Lindelow, Gao Jun, et al., "Extending Health Insurance to the Rural Population: An Impact Evaluation of China's New Cooperative Medical Scheme", *Journal of Health Economics*, Vol. 28, No. 1, 2009, pp. 1 – 19; Yi, （转下页）

调研①等。从政策研究的两个维度来看，这些研究基本上都可纳入政策分析范畴，即聚焦的主要是政策过程中的知识（knowledge in policy process），鲜见对新农合政策过程的研究。

2. 政策过程视角下的新农合制度研究

中国社会科学院社会政策研究中心副主任杨团比较早地从政策过程的视角关注新农合制度。她认为新农合试点初期政策执行中遭遇的诸多难题，根源在于政府的社会政策能力不足，政策制定和执行都存在明显的"行政工序化"和"应急性"倾向，习惯以政治力量和社会动员来推动②。她认为，这主要表现为：首先，政策设计没经过严格论证，带有明显的应急性；其次，在政策执行过程中，作为《关于进一步加强农村卫生工作决定》25 条政策之一（第 18 条）的新农合制度逐渐与其他政策割裂，演变为一场社会运动；但这一体系不包含公共卫生，也缺少配套的卫生机构改革，最终导致新农合资金"变成了一个县、乡卫生机构针对公共资金的共谋博弈"，而不是有效缓解因病致贫和因病返贫问题；最后，新农合管理机构设置及其能力，也是政策执行中非常突出

（接上页）Hongmei, Linxiu Zhang, Kim Singer, et al., "Health Insurance and Catastrophic Illness: A Report on the New Cooperative Medical System in Rural China", *Health Economics*, Vol. 18, No. S2, 2009, pp. S119 – S127; Yip, Winnie and William C. Hsiao, "Non-Evidence-Based Policy: How Effective Is China's New Cooperative Medical Scheme in Reducing Medical Impoverishment?", *Social Science & Medicine*, Vol. 68, No. 2, 2009, pp. 201 – 209; You, Xuedan and Yasuki Kobayashi, "The New Cooperative Medical Scheme in China", *Health Policy*, Vol. 91, No. 1, 2009, pp. 1 – 9; Zhang, Luying, Xiaoming Cheng, Rachel Tolhurst et al., "How Effectively Can the New Cooperative Medical Scheme Reduce Catastrophic Health Expenditure for the Poor and Non-Poor in Rural China?", *Tropical Medicine & International Health*, Vol. 15, No. 4, 2010, pp. 468 – 475。对于新农合制度评估的系统综述，见 Liang, X., Guo, H., Jin, C., Peng, X., & Zhang, X., "The Effect of New Cooperative Medical Scheme on Health Outcomes and Alleviating Catastrophic Health Expenditure in China: A Systematic Review", *PLoS ONE*, Vol. 7, No. 8, 2012, e40850。

① 典型研究可参见李兰娟、叶真、郭清等《浙江省新型农村合作医疗试点情况的初步研究》，《中国农村卫生事业管理》2004 年第 12 期；孟翠莲《关于山东省新型农村合作医疗试点情况的调查报告》，《财政研究》2006 年第 8 期；吴明《农村新型合作医疗制度的政策分析》，卫生部统计信息中心《卫生改革专题调查研究：第三次国家卫生服务调查社会学评估报告》，中国协和医科大学出版社 2004 年版，第 127—188 页。

② 杨团：《社会政策设计、实施与公共部门的能力——新型合作医疗政策为例》，2004 年中国改革论坛：《政府转型与统筹协调发展——2004 中国改革论坛论文集》，第 60—63 页。

的问题。① 杨的论文指出了新农合试点初期政策制定和执行的问题，但缺乏对政策制定和执行过程中关键行动者的深入分析，同时未对后续演进进行追踪。

作为亲历新农合制度演进过程的专家，刘远立和饶克勤曾叙述了新农合从研究走向政策的过程的一些重要片段，并总结了其政策倡导的经验。他们认为，其开展的研究不仅向政策制定者指出了"农村人口缺少医疗保险覆盖是非常严重的"这一社会问题，还给出了较为可行的解决方案，即"三类地区、三种模式（three models for the three worlds）"②的政策建议；其政策倡导的经验在于，借助国际研讨会等平台广泛寻求知名专家、技术官僚对研究成果的支持，率先将研究成果以简报等方式通过政府机构（正式的）和高级官员（非正式）等渠道发送给中央高层，与政府内的决策制定者保持了合作伙伴关系。③

朱旭峰以"损失者嵌入性"和"知识复杂性"的 2×2 框架分析了新农合政策变迁过程中的专家参与。他认为，掌握新农合政策过程主动权的卫生体系是最大的受益者，同时政策网络中几乎没有利益损失者；同时，新农合制度知识复杂性较高，政府制定政策的智力挑战较大，因此专家在政策制定和执行过程中扮演了重要角色，其参与方式是"直

---

① 杨团：《社会政策设计、实施与公共部门的能力——新型合作医疗政策为例》，第61页；杨团：《中国社会政策基本问题——以新型合作医疗政策为例》，《科学决策》2004 年第12 期。

② "三类地区、三种模式"中的三类地区是指：（1）第一类地区（the first world）：沿海高收入地区；（2）第二类地区（the second world）：中部中等收入地区；（3）第三类地区（the third world）：西部低收入地区；基于上述三类地区的需求、政府责任和能力的不同，他们提出了对应的三种模式：（1）针对第一类地区的住院保险体系（Insurance）；（2）针对第二类地区的增强的合作医疗体系（RCMS-Plus）；（3）针对第三类地区的医疗救助体系（Medicaid）。参见 Liu, Yuanli and Keqin Rao, "Providing Health Insurance in Rural China: From Research to Policy", *Journal of Health Politics*, *Policy and Law*, Vol. 31, No. 1, 2006, pp. 81 - 82。关于"三类地区、三种模式"的进一步论述，参见饶克勤、刘远立《中国农村卫生保健制度及相关政策问题研究》，卫生部统计信息中心：《卫生改革专题调查研究：第三次国家卫生服务调查社会学评估报告》，中国协和医科大学出版社 2004 年版，第34—81 页。

③ Liu, Yuanli and Keqin Rao, "Providing Health Insurance in Rural China: From Research to Policy", *Journal of Health Politics*, *Policy and Law*, Vol. 31, No. 1, 2006, pp. 71 - 92.

接咨询"①。

刘远立和朱旭峰等展开的这些聚焦专家参与的新农合政策过程研究，限于政策议程设置和中央政策框架形成阶段，而对后续中央和地方政府如何互动来执行和细化政策等，尚未触及。

张海柱从政治学视角，以国家建构（state-building）理论为逻辑起点，建构了一个分析长时程的农村合作医疗政策过程演进的框架，将政策共同体的认知取向（cognitive orientation）置于中心地位，解释了集体化、市场化到科学发展观三个时期国家建构和合作医疗政策过程的互动关系②，其分析属于宏观视角下的政策过程研究。

（三）研究意义、可能的创新点和局限性

1. 研究意义

政策过程研究是中国公共管理的重点研究领域之一，而研究中国公共政策过程，必须重视对实际政策过程的观察、总结和提炼。③ 唯有如此，才能真正构建起中国政策过程的解释框架，并在此基础上展开与国际学术界的对话。对相关领域的文献回顾已表明，与经济政策领域相比，学界对中国社会政策过程的研究少之又少。这一状况，既可能源于学者对此研究兴趣的缺乏，更可能源自获取打开社会政策过程"黑箱"所需的实证资料的困难以及跨学科对话的挑战。④

本书希望借助接近直接参与政策过程的知情人的宝贵机会，最大限度获取第一手资料；同时根据深度访谈获得的线索和脉络，整合散落于论文、新闻报道、讲话、回忆录等载体中的相关信息并交叉验

①　朱旭峰：《政策变迁中的专家参与》，中国人民大学出版社 2012 年版，第 70—97 页。

②　张海柱：《国家建设、合作医疗与共同体认知：农村合作医疗政策过程研究》，《当代中国政治研究报告》2013 年刊。

③　陈振明、薛澜：《中国公共管理理论研究的重点领域和主题》，《中国社会科学》2007 年第 3 期。

④　以医疗卫生政策为例，参与政策制定和执行过程的专家多是医疗卫生或卫生经济学背景的，而鲜有政治学或政策科学背景的；这些医疗卫生或卫生经济学专家的研究兴趣更多地在于具体政策的优化，而不是对政策过程的理论抽象。

证，深入剖析新农合这一案例，厘清其议程设置、政策制定和执行过程中的各个关键行动者，特别是不同层级政府及同一层级政府内不同部门的作用和互动关系，增进对中国真实的社会政策过程的理解。

从理论研究的角度来看，本书将研究案例选取从经济政策转向社会政策，同时将研究内容的跨度从聚焦于国家层面政策框架的形成，扩展至中央层面政策的发展以及地方层面政策的制定和执行①等环节。这个过程中的发现，将会丰富对中国政治和中国政策过程的相关研究。特别是通过对社会政策过程与以往经济政策过程研究成果的比较，将更有助于增进对中国真实政策过程的理解。

本书的现实意义在于，通过厘清社会问题提上政策议程的路线图和每一条路径的关键成功因素，可为社会政策倡导提供智力支持，促进重大社会问题的解决，推动中国"社会政策时代"的到来。而对于社会政策过程中的中央和地方政府互动行为及其影响的研究，可为优化政策过程、改善社会政策质量提供理论支持。

2. 研究的创新性

本书在研究对象选取、研究视角以及研究内容的跨度上等方面，有一定创新性，力图对中国政策过程研究有所贡献。

（1）研究对象：从经济政策到社会政策

目前国内对政策过程的研究，多集中于经济政策；为数不多的社会政策过程研究，主要集中于教育政策方面。② 本书则聚焦于社会政策的

---

① 如后面的分析，政策框架出台以后的政策制定和执行是一个并行的过程，本书称为"执行中的政策制定"。

② 如曹叠峰《师范生免费教育政策过程探析》，《高校教育管理》2009 年第 5 期；陈汉聪《分配型教育政策执行的理论构建——以国家助学贷款政策为例》，《教育发展研究》2008 年第 Z1 期；陈学军、邬志辉《教育政策执行：问题、成因及对策》，《教育发展研究》2004 年第 9 期；程化琴《〈中华人民共和国民办教育促进法〉制定过程研究》，北京大学 2006 年博士学位论文；濮岚澜《中国教育政策议程设置研究》，北京大学 2004 年博士学位论文；濮岚澜、陈学飞《中国教育政策的议程设置过程研究——一个信息互动网络的视角》，《高等教育研究》2005 年第 6 期；林小英《中国教育政策过程中的策略空间：一个对政策变迁的解释框架》，《北京大学教育评论》2006 年第 4 期；林小英《教育政策过程中的规则和自由裁量权：以民办高等教育政策为例》，《清华大学教育研究》2007 年第 4 期；屠莉娅《课程政策过程的权力生态——从课程政策概念化的一般形态与中国特征谈起》，《全球教育展望》2009 年第 11 期；张国兵《支持联盟与政策过程——中国高等教育重点建设政策研究》，北京大学 2006 年博士学位论文。

重要分支——医疗卫生政策，并选取建立新农合制度的政策过程为案例。通过对新农合政策过程的深入剖析，观察在议程设置以及政策制定和执行等环节不同于经济政策的特点，可进一步丰富关于中国政策过程的知识。

（2）研究视角：融合精英和官僚组织路径，关注不同层级政府，同级政府内部门间以及政府内外关键人物的互动

在研究视角上，本书力图融合精英和官僚组织路径，紧扣不同层级政府以及同级政府内部门间的互动，基于行动主义的逻辑，同时聚焦作为组织的政府以及政府内部关键人物间的互动关系，从而描述中国真实世界复杂的政策过程，并在此基础上进行理论抽象。

（3）内容跨度：从特定环节到整个政策过程

此前对政策过程的研究，多聚焦于议程设置到决策的环节，也有少量研究聚焦于执行环节。就整体而言，在研究跨度上鲜有覆盖从议程设置到政策执行，从中央到地方这一完整政策过程的。这种对于某一或某些环节的研究，难免遗失政策过程的关键信息和变量。本书在内容跨度上将关注从议程设置到政策执行，以及政策在执行中的修正这样一个完整的社会政策过程，全景式地勾勒不同层级政府在政策过程中的作用及其互动关系。从而，增进对中国场域下真实社会政策过程的理解。

（四）主要创新点

1. 识别政策议程的分殊和社会政策议程设置的动力机制

以往对议程设置的研究，通常将政府视为一个整体来研究，较少关注政府内部的分殊。本书通过对新型农村合作医疗政策这一跨区域、跨部门的社会政策过程的深入观察，发现政府议程至少存在地方议程、部门议程和国家议程的分殊。他们分别表征某一问题纳入地方政府、中央政府主管部门和中央政府优先考虑并决定采取行动的范围。三种议程分殊的背后，体现了不同层级政府，以及同级政府内核心决策层和组成部门的利益分殊。

　　基于经济政策为案例的研究则表明，地方政府往往领先于中央政府实现了政策议程设置。① 而以整体观之，新农合政策的议程设置是部门议程领先于国家议程，国家议程领先于地方议程（上海和苏南少数农村和农村卫生保障制度的试验项目县除外）。这背后的逻辑是，为了拯救濒危的农村卫生系统，卫生部作为卫生主管部门具有较强的激励将增加农村卫生筹资纳入部门议程；而较之地方政府，中央政府更加关注新农合制度建设对于缓解因病致贫、维护社会稳定，进而提高执政合法性的战略意义，故而将新农合纳入国家政策议程；而后又推动各地方政府实现了新农合制度的议程设置。简言之，中央政府主导了社会政策议程设置。

　　这一现象背后的逻辑在于，行政集权和财政分权推动了地方政府"锦标赛式竞争"②，对于短期内并不直接创造国内生产总值（GDP）而又需本级财政投入的社会政策领域，地方政府普遍缺乏议程设置的动力。少数地区在社会政策领域的创新，亦难以自发地扩散到其他地区。而中央政府基于维护社会稳定和提高执政合法性等战略维度出发，则有动力关注具有重大影响的社会问题，因此在社会政策议程设置中扮演更重要的角色。在行政集权的体制安排下，中央政府能有力地改变地方政府工作的优先级安排，推动地方政府将纳入国家议程的社会问题纳入地方议程。

　　2. 发现开启国家议程设置的三条路径及其关键成功要素

　　金登（John W. Kingdon）的多源流框架提供了一个模糊性条件下基于时间的形式化分析框架。当问题流、政策方案流和政治流交汇时，政策机会窗口打开，政策议题提上议程。③ 但多源流框架并没有回答最终

---

　　① Heilmann, S., "Policy Experimentation in China's Economic Rise", *Studies in Comparative International Development*, Vol. 43, No. 1, 2008, pp. 1 - 26.

　　② 对于官员晋升锦标赛模式的研究，可参见周飞舟《锦标赛体制》，《社会学研究》2009 年第 3 期；周黎安《中国地方官员的晋升锦标赛模式研究》，《经济研究》2007 年第 7 期。

　　③ Kingdon, John W. , *Agendas, Alternatives and Public Policies*, New York：Harper Collins, 1995.

打开政策机会窗口的机制和路径。本书通过深入访谈新农合政策国家议程设置中的关键行动者，观察到三条国家议程设置的路径，即科层路径、上书路径和协商路径。

所谓科层路径是指经由政府内部正式的制度流程和公文体系，使政策问题进入国家议程；相关政府部门将政策问题纳入部门议程，并获得相关部门的共识，是科层路径成功的关键因素；上书路径和协商路径，是通过直接影响最高领导人（或最高领导层），进而利用其在政策议程设置中的重大影响力使政策议题提上国家议程。上书和协商路径成功的关键要素是要有将信息抵达最高领导人的机会（书面或当面），并将政策问题建构为其迫切关注和解决的重大战略问题。新农合国家议程设置在经由科层路径走向国家议程时遭遇了部门共识困境，最终经上书和协商路径建构为社会稳定和执政合法性问题而引起了最高领导人关注，并由其亲自推动提上国家议程。对这三种路径及每一种路径的关键成功要素的发现，不仅可解释国家议程设置的机制，更可为政策倡导提供了智识框架。这是本书最重要的创新点和理论贡献。

3. 中央—地方互动的学习机制及政策目标偏移风险

本书研究发现，社会政策制定和执行是一个中央—地方互动、专业知识和地方知识融合的学习过程。中央政府是社会政策议程的主要创设者，并基于专业知识和以往经验为政策执行制定了基本框架；但更具体的政策设计，如新农合政策中的补偿方案等，则授权给更具地方知识优势的省级及以下地方政府；同时，中央政府密切关注地方政府的政策制定和执行，并保留了随时对试点进行"纠偏"的权力；通过技术指导组等知识传递媒介，中央不断将地方政策实践产生的地方知识融合到新政策中，进而指导地方政府新一轮的政策试点。这个互动学习机制，降低了因知识不足而导致政策失败的风险。

但需要指出的是，中央政府和地方政府在社会政策制定过程中具有不同的关注点和行为逻辑，由此也带来了政策目标偏移的风险。以新农合政策为例，中央政府的政策目标是缓解因病致贫和因病返贫问题；但在执行中，这个目标很容易被农民参合率、基金沉淀率等操作性指标所代替。同时，跨部门的社会政策"在执行中制定"的过程中，逐渐从多部门协商走向牵头部门主导。加之初期构建的政策框架的原则性和概要性，使这一过程亦增加了受部门利益影响而偏离初始政策目标的风险。

（五）本书的局限性

1. 单案例及案例资料获取的局限性

本书是一个以新农合制度为案例的社会政策过程研究。笔者在案例资料获取过程中尽可能以深度访谈为线索，整合多方资料并进行交叉验证；但由于了解政策过程核心信息的关键人物往往仅限在少数直接参与者，因此论文部分关键信息的获取，仍高度依赖于对这些关键人物的深度访谈。这一信息获取路径有两个局限性：一是新农合议程设置和决策阶段现在已过去了10年有余，由于时间原因，深度访谈对象对当时情形的回忆，未必完全准确；二是作为政策过程的直接参与者，基于维护个人及所在组织声誉等方面的考虑，其对历史的叙述可能有某种选择性——这也是深度访谈和口述史研究所面临的普遍性的挑战。同时需要指出的一点是，受社会资源网络所限，笔者的深度访谈对象主要集中于卫生部门，所获的信息可能有所偏倚。

本书对于社会政策议程设置路径以及政策制定和执行过程研究的主要发现，都主要是基于新农合这单一案例研究，尚未经过其他社会政策过程案例的检验。尽管新农合政策是一个非常典型的社会政策，但由其得出的初步结论的信度到底如何，尚需进一步研究。

2. 社会政策议程设置路径研究的局限性和进一步的讨论

识别出社会政策议程设置的科层、上书和协商这三条路径，是本书最重要的发现之一。但对于三条路径的概念化及相互关系等方面，尚需进一步研究。

新农合政策议程设置案例过程中三条路径中发挥重要作用的关键人物（如卫生部长和国务院经济体制改革办公室副主任）的交叉，在一定程度上影响到对三条路径独立性的判断。甚至有评论者可能会质疑，身为卫生部长，以私人身份写信给时任中国最高领导人，是否可以称为"上书"。作者认为，卫生部长签署的卫生部门致中央的报告，和部长致最高领导人的私人信件，存在重大差别。举一个中国历史上的例子，在康雍乾三朝，高级官员一般同时具有以题本和奏折上行文书的权利，但这两种文书遵循不同的流程和规则，因此在国家政治生活中扮演着不同的角色，并不能混为一谈。当然，在社会政策议程设置过程中，这三条路径是否具有普遍性，相互之间是否独立，其独立性对政策议程设置及后续的政策制定和执行到底有怎样的影响？这些都需要进一步的案例研究来回答。

　　越来越多的证据表明，座谈会作为一种跨界协商、凝聚共识的工具，在中国政治运行中扮演着非常重要的角色。如在确立社会主义市场经济体制这一中国经济体制改革目标的重大决策过程中，时任中共中央总书记江泽民曾于 1991 年 10—12 月先后主持召开 11 次座谈会，对资本主义为什么"垂而不死"、苏东剧变及其教训，以及如何搞好中国特色的社会主义经济这三个相关联的重大问题进行深入讨论和研究，最终形成了"社会主义市场经济"的提法，为中共十四大确立社会主义市场经济体制的改革目标做了重要的理论准备。[1] 在新农合议程设置过程中，继时任卫生部长上书最高领导人之后，在最高领导人组织召开的农村问题座谈会上，李剑阁针对农村卫生问题富有感染力的发言，对最高领导人形成了巨大的震撼，同时有助于与会最高决策层和涉农部门就加强农村卫生工作达成共识，凸显了座谈会在中央政策议程设置中的作用。但受资源所限，对该座谈会的组织过程尚缺乏全面了解，从而影响了对协商路径的研究深度。同时，对于不同政策过程中协商路径是否还有其他表现形式，及其具体运作方式，还有待进一步研究。

---

　　① 陈君、洪南：《江泽民与社会主义市场经济体制的提出》，中央文献出版社 2012 年版。

四 本章小结

本章提出了本书的核心问题，即在中国特定的场域中，影响到亿万国民福祉的社会政策是如何提上日程的？又是如何制定和执行的？

通过对国内外政策过程相关文献的回顾，本书研究发现，作为政策科学和政治学研究的一个重要领域，国内外学者已发展出一系列的政策过程框架、理论和模型。这为研究中国社会政策过程提供了智识基础。

但目前对中国政策过程的研究，其案例选择多集中于经济领域，而对近年来日渐兴起的社会政策则鲜有涉及，研究成果要少得多。在中国将迎来"社会政策时代"的大背景下，需要对社会政策过程有更为深刻的认识，进而为政府提高社会政策能力提供智力支持。

第二章

研究设计：理论视角、
框架与研究方法

本章首先阐释了作为本书理论视角和分析工具的社会建构主义理论；其次，基于政策过程理论和社会建构主义，构建了政策环境、政策子系统和政策文本及其相互作用为核心要素的分析框架；最后，阐述本书所采用的研究方法和数据采集方法。

一　理论视角：社会建构主义

本书基于"社会建构"① 视角（social construction perspective）来研究政策过程。在这一视角下，政策被视为是在一定情景中由参与者建构和维持的。② 这是一种不同于政策周期和政策分析的研究视角：政策周期视政策为逻辑上连续的不同阶段；而政策分析则关注发展一套确定某

---

① "建构"（或"构建"）一词被频繁用于国内的社会学以及其他学科领域，但国内学者多在更宽泛的意义上使用"建构"，如"理论建构""知识建构"等，其含义更接近英语世界中的"发展"（development），而不是西方社会学领域所用的建构（Construction）所表达的含义。在西方社会学中，"建构"一词是由彼得·伯格（Peter L Berger）和托马斯·卢克曼（Thomas Luckmann）20 世纪 60 年代在《现实的社会建构：论知识社会学》（*The Social Construction of Reality A Treatise in the Sociology of Knowledge*）一书中首次明确提出的，他们将个体之间的互动是如何影响社会宏观结构的过程，称为建构。参见江国平《社会学意义上的结构与建构：辩证统一》，《东岳论丛》2011 年第 3 期。

② Colebatch, H. K. , *Policy*, Maidenhead Berkshire：The McGraw-Hill Companies, 2009, pp. 4 - 5；中文版可参见 ［英］科尔巴奇《政策》，张毅、韩志明译，吉林人民出版社 2005 年版，第 5—6 页。

一特定领域政策产出的方法论，以比较不同政策备选方案的可能产出；而社会建构则强调一定情景约束下行动主体对政策的型塑。①

（一）社会建构主义的核心观点

作为一种社会理论②流派的社会建构主义，聚焦的核心是社会结构（social structure）与行动者（Agent）之间的关系。这也是社会理论的核心论题。

长期以来，社会理论中一直存在社会决定论和方法论个人主义（methodological individualism）的争端；其中，社会决定论认为，社会结构外在于并强加于个人，形塑了个人行为；而方法论个人主义则主张，社会整体只是处于某种关系中的个体的集合体，所谓社会结构不过是个体及其行动的结果。③ 社会建构主义则力图通过引入"历史性"和"反思性"（reflexivity）④ 来超越社会结构与行动者及其能动性之间非此即彼的对立，将"社会实在理解为个人与集体行动者历史的和日常的构建"⑤。或者换言之，社会建构主义强调的是社会结构和行动者的相

---

① Colebatch, H. K., *Policy*, Maidenhead Berkshire: The McGraw-Hill Companies, 2009, pp. 4 - 5.

② 吉登斯认为，社会理论（social theory）涵盖各门社会科学共同关注的论题；这些论题的旨趣探讨人类行动和行动中自我的性质，研究如何概念化互动及其与制度的关系，力图把握社会研究的实践内涵；而与之相对应的社会学（sociology）则不是一门将人类社会作为总体研究的通用学科，而是社会科学的一个分支，它主要聚焦"发达的"（advanced）或现代社会。参见 Giddens, Anthony, *The Constitution of Society: Outline of the Theory of Structuration*, Oxford: Polity Press, 1984 , pp. xvi - xvii; 中文版可参见 ［英］吉登斯《社会的构成：结构化理论大纲》，李康、李猛译，三联书店 1998 年版，第 35 页。

③ ［瑞典］伯恩斯：《复杂系统社会学：行动者—系统—动力学理论》，［瑞典］伯恩斯等《经济与社会变迁的结构化：行动者、制度与环境》，周长城等译，社会科学文献出版社 2010 年版，第 215 页；王铭铭：《译序》，［英］吉登斯《社会的构成：结构化理论大纲》，李康、李猛译，三联书店 1998 年版，第 6—7 页。

④ 反思性（reflexivity），国内又译作"自反性"。吉登斯认为，反思性是对人类行为基本特征的界定，这意味着人类的"思想和行动总是处于持续不断的相互映射的过程中"。不难理解，反思性源自人作为高级动物具有的高智商和思想性，人会不断反思自己的行动，进而基于反思来调整自己的行动。参见 ［英］吉登斯《现代性的后果》，田禾译，译林出版社 2000 年版，第 32—39 页。

⑤ 袁正清：《国际政治理论的社会学转向》，上海人民出版社 2005 年版，第 19 页。

互建构，行动者一方面受到社会结构的制约（constraint），另一方面又通过行动再造社会结构；而社会结构在制约了社会行动的同时，又构成了他们行动的媒介。安东尼·吉登斯则是社会建构主义在当代的领军人物，其代表性理论为结构化理论（the theory of structuration）。

（二）吉登斯的"结构化"理论

结构化理论力图融会客体性和主体性的对立，将客体主义（objectivism）和主体主义（subjectivism）割裂的二元论（dualism）重新构建为某种二重性（duality）。① 这是吉登斯结构化理论（structuration）的基础与核心。

社会结构和行动者，是结构化理论的核心概念。社会结构，是指"社会再生产过程中反复涉及的规则与资源"②。作为社会实践再生产出来的社会系统，并不具有"结构"，而不过体现着"结构性特征"（structural properties）；作为时空在场的结构，不过是以具体方式存在于社会实践活动中，并作为记忆痕迹（memory traces），导引具有认知能力的行动者的行为。③

吉登斯用分层模式（stratification model）来刻画行动者及其行为。行动者具有认知能力，这是逻辑的出发点；他们反思性地监控自身行为以及所处情境（contexts），并认为其他行动者亦如此；其行动过程具有目的性（intentionality，意向性），但认知能力受到无意识以及未被认识到的条件和行动的非预期后果的限制；行动者在行动过程中不断产生出非预期后果，这些非预期的后果进而有可能以某种反馈的方式，形成行

---

① Giddens, Anthony, *The Constitution of Society：Outline of the Theory of Structuration*, Oxford：Polity Press, 1984, pp. xx – xxi；中文版可参见［英］吉登斯《社会的构成：结构化理论大纲》，李康、李猛译，三联书店 1998 年版，第 39—40 页。

② Giddens, Anthony, *The Constitution of Society：Outline of the Theory of Structuration*, p. 25；中文版可参见［英］吉登斯《社会的构成：结构化理论大纲》，李康、李猛译，三联书店 1998 年版，第 89 页。

③ Giddens, Anthony, *The Constitution of Society：Outline of the Theory of Structuration*, 1984, p. 17；中文版可参见［英］吉登斯《社会的构成：结构化理论大纲》，李康、李猛译，三联书店 1998 年版，第 79—80 页。

动未被认识到的条件，从来改变既有的结构（见图 2－1）。①

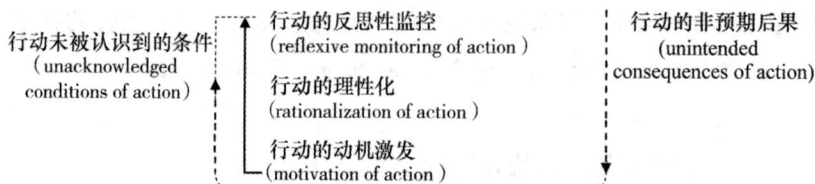

行动未被认识到的条件 → 行动的反思性监控 ┆ 行动的非预期后果
（unacknowledged （reflexive monitoring of action） ┆ （unintended
conditions of action）→ 行动的理性化 ┆ consequences of action）
（rationalization of action）
← 行动的动机激发
（motivation of action）

图 2－1　吉登斯的行动者分层模式

数据来源：Giddens, Anthony, *The Constitution of Society：Outline of the Theory of Struc-turation*, Oxford：Polity Press, 1984, p. 5。

　　在上面讨论中不难看出，社会结构和行动者并不是彼此独立的，这正是结构化理论的基本主张。社会系统的结构性特征不是行动的"外在之物"，而是不断地卷入行动的生产和再生产，并对行动者兼具制约性（constraining）和使能性（enabling）；而行动者的日常活动则总是以大的社会系统的结构性特征为依据，并以己之行动再生产后者。② 更通俗地讲，一方面个体行动是发生在一个预先存在的社会结构中，其行动会受到规律、规范、法律、文化等支配的社会结构的制约；但另一方面，这些社会结构的要素并非一成不变，而是不断被人类行动改变。

　　互动情境（contextualities of interaction）③，是理解社会和系统再生产，以及结构二重性的关键。"情境"不仅是互动片段构成的时空边界，更是行动者的共同在场（co-presence）；行动者可反思性地利用对

---

　　① Giddens, Anthony, *The Constitution of Society：Outline of the Theory of Structuration*, 1984, pp. 1－16；中文版可参见［英］吉登斯《社会的构成：结构化理论大纲》，李康、李猛译，三联书店 1998 年版，第 60—78 页。

　　② Giddens, Anthony, *The Constitution of Society：Outline of the Theory of Structuration*, pp. 24－25；中文版可参见［英］吉登斯《社会的构成：结构化理论大纲》，李康、李猛译，三联书店 1998 年版，第 88—89 页。

　　③ 在吉登斯的作品中，表征"情境"（行动或互动场所）的英语词汇很多，如 context, situation, occasion, circumstances, milieu, setting, locale, place, site, point, contextuality, location, station 等，其含义基本相同，对于其细微差别的辨析，参见李康《译者说明》，［英］吉登斯《社会的构成：结构化理论大纲》，李康、李猛译，三联书店 1998 年版，第 531—533 页。

情境中现象的观察来影响和控制互动。[①] 鉴于此，研究社会系统，须考察行动者在情境中的动机和认知能力，并考察社会结构的结构性特征对行动者的制约和使能；进而去认识一定情境内的实践，是如何嵌入到更广泛的时空之中。[②]

（三）行动者—系统动力学理论

相对于吉登斯结构化理论的宏观建构，行动者—系统动力学理论（The Theory of Actor-System Dynamics，ASD）中以汤姆·R. 伯恩斯（Tom R. Burns）为代表的"乌普萨拉学派"[③] 提供了一个更具操作性的分析框架和工具。

行动者—系统动力学源自系统论，主要聚焦微观层面的行动者以及宏观层面的制度和文化之间的逻辑关系。其基本观点是，上述因素之间是相互作用、重构并转换的。ASD 是一个多层次的结构模型，制度和文化方面的状况及其影响力等自上而下地形塑并控制行动者及其互动；而自下而上的自发性和偏差性，则更改或者抵消自上而下的结构。[④] 简而言之，ASD 强调具有能动性的行动者是在嵌入于复杂结构内的情境中互动，因此要"将人类行动者拉回场景"（bring human agents into the picture）之中。具体而言，行动者—系统动力学理论将社会系统分为三个层次，即行动者、社会行动和互动的场景以及内生限制因素（包括物质、制度和文化因素）。这些要素构成了一个从微观到宏观、相互作用的三层结构（见图 2 - 2）。

---

① Giddens, Anthony, *The Constitution of Society：Outline of the Theory of Structuration*, p. 282；中文版可参见 ［英］吉登斯《社会的构成：结构化理论大纲》，李康、李猛译，三联书店 1998 年版，第 409 页。

② Giddens, Anthony, *The Constitution of Society：Outline of the Theory of Structuration*, pp. 297 - 310；中文版参见 ［英］吉登斯《社会的构成：结构化理论大纲》，李康、李猛译，三联书店 1998 年版，第 428—444 页。

③ 伯恩斯 1937 年生于美国得克萨斯州，1959 年毕业于斯坦福大学物理系，1962—1969 年先后获得斯坦福大学社会学硕士和博士学位；毕业后，先后在美国、瑞典和挪威等多所大学担任教职；现为瑞典乌普索拉大学（Uppsala University）教授，瑞典高级社会科学研究院高级研究员，欧洲大学研究院客座教授。

④ ［瑞典］伯恩斯：《复杂系统社会学：行动者—系统—动力学理论》，［瑞典］伯恩斯等《经济与社会变迁的结构化：行动者、制度与环境》，周长城等译，社会科学文献出版社 2010 年版。

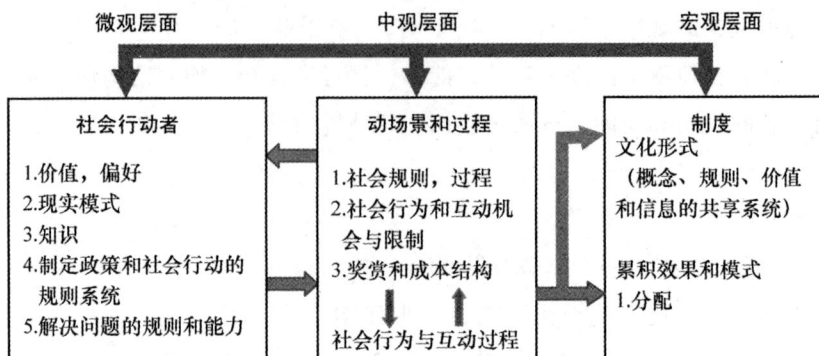

图 2-2　不同层面社会系统的模式

资料来源：〔瑞典〕伯恩斯：《制度安排与发展》，〔瑞典〕伯恩斯等《经济与社会变迁的结构化：行动者、制度与环境》，社会科学文献出版社 2010 年版，第 217 页。

在 ASD 基础上，伯恩斯及其合作者提出并发展了社会规则系统理论。他们将具有能动性的行动者置于中心地位，认为包括个体、群体、组织、社区和其他团体在内的人类行动者"既是社会规则体系的创制者，又是其负载者"（和变革者），他们具有创新能力，可以对社会规则和情境进行新的诠释，在行动中改变其行动的条件[①]；伯恩斯的这一观点，和吉登斯的结构化理论是一致的。伯恩斯特别强调了组织化的集体行动者，如政府、政党和企业等，在社会系统中的重要地位，认为这些集体行动者具有某种内在结构，能制定有强制力的内部规则，有效调配资源，做出公共决策，以有目的性的集体行动，促进制度的变迁和发展。[②]

社会规则系统，是由地位不同的多种规则组成的多层次结构[③]，其中有优先权的较高层次的规则通常更加制度化，并较之低层次的规则更

---

① 〔瑞典〕伯恩斯：《制度安排与发展》，〔瑞典〕伯恩斯等《经济与社会变迁的结构化：行动者、制度与环境》，周长城等译，社会科学文献出版社 2010 年版，第 217—218 页。

② 同上。

③ 伯恩斯将规则系统划分为"社会或社会某一领域的基本规则或组织原则""组织形式与制度""操作规则与技术规则"三个层次，以整体观之，在短期之内，多是较高层次的规则重建导致较低层次规则的变迁。参见伯恩斯《制度安排与发展》，第 216 页。

难建构，亦更难改变（也有实证研究表明，具体情境中规则系统的等级性是很脆弱的）；"规则体系建构并支配社会交易和社会组织，同时行动参与者诠释、遵从、重组规则和规则体系"①。而在现代社会中，权力和知识在社会规则形成中扮演重要角色：权力建构并分配资源和机会，而专业知识则在社会规则的形成和诠释中举足轻重。② 因此，具有权力和知识优势的行动者，是具体情境中居于主导地位的行动者。

中观层面的互动场景（情境）和过程，是连接微观行动者和宏观制度的桥梁；多种规则体系汇集于具体情境并作用于个体和集体行动者，各种行动者在情境中行动和互动，并以此推动宏观层面制度等要素的维持、修正和转换。具体情境中不同行动者拥有的借以实现其目的的资源和机会并是不均等的，这决定了他们在彼此互动中不同的地位和权力，并进而影响了他们未来发展的能力。③

（四）将社会建构主义应用于政策过程研究

从社会建构主义视角来看，简而言之，公共政策就是具体的社会情境中，在特定社会结构的制约下，由参与其中的行动者互动建构起来的；这一过程，是参与主体能动性和制度、文化等社会结构要素制约的统一体；同时，产出的公共政策作为行动者互动的结果，又会成为新的规则来重构社会结构。因此，研究公共政策过程，必须进入政策过程关键节点的具体情境之中，观察具体情境中社会结构和行动者及其互动的过程和结果。

更具体地讲，在政策过程研究中，对于行动者方面而言，应关注：第一，政策过程不同阶段主要的行动者及其变化；第二，不同行动者的行为及影响其行为的认知能力和动机；第三，具体情境中不同行动者的地位、影响和互动关系。特别值得一提的是，在日趋组织化的现代社会

---

① ［瑞典］伯恩斯：《制度安排与发展》，［瑞典］伯恩斯等：《经济与社会变迁的结构化：行动者、制度与环境》，周长城等译，社会科学文献出版社 2010 年版，第 219—223 页。

② 同上书，第 230—234 页。

③ 同上书，第 218 页。

中，要特别关注按照一定规则组织化的集体行动者，他们往往因其组织化而具有更强的塑造能力；对于社会结构而言，应关注：第一，政府组织结构、财税体制等制度化规则；第二，意识形态等文化要素；第三，特别值得一提的是，对于某一政策领域而言，政策文件一旦被制定出来，即成为社会规则体系的一部分进而在一定程度上改变社会结构，成为下一个政策文件制定和执行的使动性和制约性因素。

二　研究框架设计

（一）基本框架

基于社会建构主义的视角，本书对社会政策过程的研究将主要关注社会结构、行动者及其互动过程。或者以政策过程研究的语言体系，将主要关注政策过程中政策环境（policy environment）和政策子系统（policy subsystem）的特征及其互动关系，参见图 2 - 3。

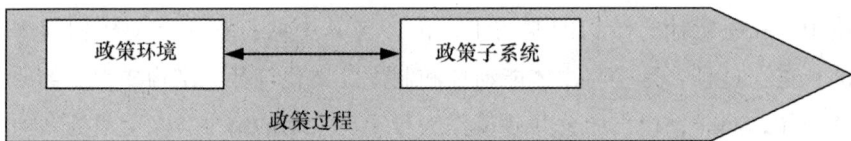

图 2 - 3　社会建构主义视角下政策过程研究的基本框架

（二）政策子系统

政策子系统是指政策过程中的政府和非政府的行动主体的集合；公共政策就是由政策子系统来制定和执行的。① 尽管政策过程研究中始终存在结构性与能动（Construction vs. Agency）之争，但参与到政策制定和执行过程的行动主体是政策过程的重要解释变量，这一点已成为各理

---

① Howlett, Michael and M. Ramesh, *Studying Public Policy: Policy Cycles and Policy Subsystems*, Oxford: Oxford University Press, 2003, pp. 50 - 51.

论流派的共识。[1]

　　对政策子系统最初的理论概括，是美国学者在研究美国农业、交通和教育等领域常规政策制定过程研究提出的"铁三角"（iron triangles）[2]和亚政府（subgovernment）[3] 模式；在此基础上，学者们进一步提出了多元谱系的政策网络（policy networks）[4]，典型的如议题网络（issue network）[5]、府际网络（intergovernmental network）、职业/专业网络（professional network）和政策共同体（policy community，政策团体）等。历经美、英、德和荷兰等多国学者数十年来的发展，政策网络已成为解释政

---

　　① 不同公共政策研究流派及其对行动主体的评述，参见 Howlett, Michael and M. Ramesh, *Studying Public Policy：Policy Cycles and Policy Subsystems*；戴伊《理解公共政策》，北京大学出版社 2008 年版。

　　② "铁三角"模型最早是由美国政治学家西奥多·罗威（Theodore Lowi）等提出，是对美国的利益集团与联邦国会议员和行政机构在立法和规则制定的长期互动过程中形成的稳定的相互支持关系的形象描述。参见 Howlett, Michael, "Do Networks Matter? Linking Policy Network Structure to Policy Outcomes：Evidence from Four Canadian Policy Sectors 1990–2000", *Canadian Journal of Political Science / Revue canadienne de science politique*, Vol. 35, No. 2, 2002, 235–267。

　　③ "亚政府"，也译作次级政府或影子政府，就是"专注于特定问题领域的小团体，其中既有政府的行动主体，也有非政府的行动主体"。参见 D. Marsh, Roderick Arthur William Rhodes, *Policy Networks in British Government*, Oxford：Clarendon Press, 1990, p. 297。

　　④ 五种政策网络类型的划分，是 1992 年马什（David Marsh）和罗兹（Roderick A. W. Rhodes）做出的。它们共同构成了一个从开放到封闭、从不稳定到稳定的谱系，参见 Marsh, David and Roderick A. W. Rhodes, *Policy Networks in British Government*, Oxford：Clarendon Press, 1992, p. 14。国际知名的学术期刊《治理》（*Governance*）和《欧洲政治研究》（*European Journal of Political Research*）杂志分别于 1989 年和 1992 年推出了以"政策网络"为主题的专刊。对于政策网络研究路径的英文评述，见 Dowding, Keith, "Model or Metaphor? A Critical Review of the Policy Network Approach", *Political Studies*, Vol. 43, No. 1, 1995, pp. 136–158；Howlett, Michael and M. Ramesh, *Studying Public Policy：Policy Cycles and Policy Subsystems*, Oxford University Press, 2003, Chapter 6。对于政策网络和政策网络研究路径的中文综述，见郭巍青、涂锋《重新建构政策过程：基于政策网络的视角》，《中山大学学报》（社会科学版）2009 年第 3 期；蒋硕亮《政策网络路径：西方公共政策分析的新范式》，《政治学研究》2010 年第 6 期；石凯、胡伟《政策网络理论：政策过程的新范式》，《国外社会社会科学》2006 年第 3 期。

　　⑤ 议题网络最早是由赫克罗（Huge Heclo）1978 年在《议题网络与执行机制》（*Issue Networks and Executive Establishment*）提出的，是指在某些公共政策问题上具有一定程度的共识并相互作用的群体，这是一个更加开放、多元的网络。见 Heclo, Hugh, "Issue Networks and the Executive Establishment", in Anthony King, ed., *The New American Political System*, Washington D. C.：American Enterprise Institute for Public Policy Research, 1978, 其中文译本见 [美] 赫克罗《议题网络与执行机制》，[美] 斯蒂尔曼二世《公共行政学：概念与案例》，竺乾威等译，中国人民大学出版社 2004 年版，第 669—681 页。

策子系统结构，乃至政策研究的重要视角，称为政策网络路径（policy networks approach）。①

不难理解，政策子系统中实际参与的行为主体，会因政治制度、政策领域以及时间等因素而有所不同。对此，豪利特和拉米什曾指出，"对政策过程的行动主体及其相对重要性的判断，是一个不可能先验地描绘的实证问题"②。而对具体政策过程的实证研究进一步表明，政策子系统的结构，对政策过程及其结果具有明显影响。③ 因此，研究中国社会政策过程，就必须聚焦政策子系统中不同行为主体在实际政策过程中的互动关系，以及这种互动关系在不同阶段的发展演变。

对于中国而言，中央和地方政府在政策过程中扮演着不同的角色，中央和地方政府的互动，对于政策过程和政策变迁都具有重要意义④；对此，第一章已做了详细的分析，此处不再赘述。有学者甚至提出，中国政治体系可分为中央政府、地方政府和民众三层，以区别于"国家—公民社会"的两层结构范式。⑤ 因此，中国的政策子系统结构，在垂直层面上，可划分为中央政策子系统和地方政策子系统；在正式规则上，中央政策子系统对于地方政策子系统居于支配地位，同时地方政策子系统又反作用于中央政策子系统。从社会建构主义的视角来看，中央和地方政策子系统在政策过程中各自发挥的作用及互动机制，必须置于

① Dowding, Keith, "Model or Metaphor? A Critical Review of the Policy Network Approach", *Political Studies*, Vol. 43, No. 1, 1995, pp. 136 - 158.

② Howlett, Michael and M. Ramesh, *Studying Public Policy: Policy Cycles and Policy Subsystems*, Oxford University Press, 2003, p. 52.

③ Howlett, Michael, "Do Networks Matter? Linking Policy Network Structure to Policy Outcomes: Evidence from Four Canadian Policy Sectors 1990 - 2000", *Canadian Journal of Political Science / Revue canadienne de science politique*, Vol. 35, No. 2, 2002, pp. 235 - 267.

④ Florini, Ann, Hairong Lai and Yeling Tan, *China Experiments: From Local Innovations to National Reform*, Washington, D. C.: Brookings Institution Press, 2012; Heilmann, S., "From Local Experiments to National Policy: The Origins of China's Distinctive Policy Process", *The China Journal*, No. 59, 2008, pp. 1 - 30; Heilmann, S., "Policy Experimentation in China's Economic Rise", *Studies in Comparative International Development*, Vol. 43, No. 1, 2008, pp. 1 - 26; 马丽、李惠民、齐晔：《中央—地方互动与"十一五"节能目标责任考核政策的制定过程分析》，《公共管理学报》2012 年第 1 期。

⑤ 崔之元：《"混合宪法"与对中国政治的三层分析》，《战略与管理》1998 年第 3 期。

政策过程的具体情境中进行分析。

进入中央和地方政策子系统的内部，不同行为主体在政策过程中的影响并不相同。有些主体居于核心位置，在议程设置、决策或执行的某一或某些环节中具有强大影响力；有些主体则居于边缘位置。政策子系统中具有不同地位的行动主体，在整体上形成了一个从核心到边缘、而又相互作用的差序结构。这个差序结构，可简约地分为核心决策层、决策酝酿层和影响层三个同心圆结构。[1] 中央和地方政策子系统及其内部结构，可简约地用图 2-4 来表示。

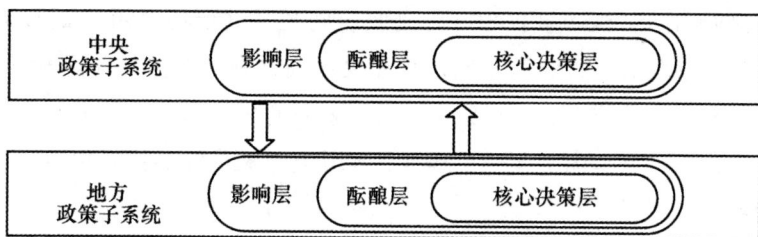

图 2-4　中央—地方政策子系统及其内部结构

（三）政策环境

从更宏观的视角来看，政策子系统中的行动主体属于更大范围内的政府组织、非政府组织，并内嵌于一定的制度环境之中。[2] 这些组织和制度环境，一方面会形塑行动主体的行为，另一方面又受到行动主体行为的影响。这种政策子系统中的行动主体与其嵌入的制度环境（社会结构）之间的互构，正是前面提及的安东尼·吉登斯的结构化理论等

---

[1]　核心决策层、决策酝酿层和影响层的概念是从陈玲的研究中移植而来的。她用"决策层""酝酿层"和"影响层"构成的"由内及外渐次扩散的涟漪"来表征协商网络的层次，其定义的协商网络是指由"参与或影响政策过程的机构、团体或个人组成的非正式关系网络"。本书所称的"核心决策层""决策酝酿层"和"影响层"则同时包含其权力的制度化和非制度化层面，参见陈玲《官僚体系与协商网络：中国政策过程的理论建构和案例研究》，《公共管理评论》2006 年第 2 期；陈玲《制度、精英与共识》，清华大学出版社 2011 年版。

[2]　Howlett，Michael and M. Ramesh，*Studying Public Policy：Policy Cycles and Policy Subsystems*，Oxford University Press，2003，p. 52.

社会建构主义论者的基本观点。而对于政策子系统嵌入的制度环境，伯恩斯认为，这包含了社会结构（狭义的）、社会技术系统以及物质和生态系统结构等多种要素。而在商业研究中，则通常从政治、经济、社会和技术等维度展开企业系统的环境分析，称为 PEST 分析。[①]

具体到农村合作医疗等社会政策过程，政策环境重点关注的要素主要包括宏观经济走势、国家关注的优先领域（national priority）、财税制度、该领域的人力资源状况以及技术和信息系统发展等。宏观经济走势，影响了可投入到社会政策中的资源约束；而国家关注的优先领域，影响了不同领域和问题的优先级排序；财税制度安排，集中体现了不同层级政府间的财权和事权划分，是政府间关系（府际关系）的核心维度；某一领域的人力资源状况，直接关系到该领域服务的递送和组织；而技术和信息系统发展，对该领域的治理具有重要影响。本书在政策环境方面，将重点考虑上述几个维度，尤其是国家关注的优先领域和财税制度安排。

（四）过程框架：三阶段模型

政策过程的阶段路径诞生半个多世纪以来，学者逐步将政策过程阶段划分与解决实际问题的步骤之间建立了日渐清晰的联系。[②] 广泛开展的"政策试验"，是中国政策过程的基本特点，甚至被视为是中国经济崛起和中国体制适应性的源泉。[③] 由于最初发起者的不同，中国式政策试验在现实中主要呈现出两种不同的模式。

第一种是自上而下的模式。最初发起者是中央政府，其基本过程是

---

① 维基百科：《PEST 分析》，2013，引自 http：//zh. wikipedia. org/wiki/PEST% E5% 88% 86% E6% 9E% 90。

② Howlett, Michael and M. Ramesh, *Studying Public Policy*：*Policy Cycles and Policy Subsystems*, Oxford University Press, 2003, p. 11.

③ Florini, Ann, Hairong Lai and Yeling Tan, *China Experiments*：*From Local Innovations to National Reform*, Washington, D. C.：Brookings Institution Press, 2012, p. 50；Heilmann, S.，"Policy Experimentation in China's Economic Rise", pp. 1 – 26；王绍光：《学习机制与适应能力：中国农村合作医疗体制变迁的启示》，《中国社会科学》2008 年第 6 期；王绍光：《学习机制、适应能力与中国模式》，《开放时代》2009 年第 7 期。

由中央政府构建政策议程并确定了基本的政策框架，由地方政府进行试点，中央政府评估试点经验，决定是中止政策试验还是在更大范围内推广试点经验（推广试点经验过程本身也是新一轮的政策试验）。20世纪七八十年代之交中国创办经济特区①，基本可归入这一模式。

第二种是自下而上的模式。最初发起者是地方政府，其基本过程是地方政府自发地开展政策创新，中央政府识别并认同地方政府的实践经验并出台中央政策，在更大范围内推广地方自发实践的经验。中国传统农合制度②、家庭联产承包责任制③和民营经济合法地位的建立④等政策变迁，均可归入这一模式。自下而上模式是以经济政策为案例的中国政策过程关注的重点，韩博天将其称为中央控制下的分级政策试验（policy experimentation under hierarchy）。

尽管在中国的政治背景下，即使是地方政府自发的政策创新，一般都得到了中央政府某些部门或中央领导人的明确或潜在支持，从而建立起潜在的"政策规避"（policy hedging）机制⑤；但仍有必要区分两种不同模式，因为这集中体现了中央和地方政府对优先领域的不同理解。

基于对中国以试验为特色的政策过程的理解，本书将中国社会政策过程简化为三个主要阶段，即政策议程设置（policy agenda setting）、政策框架构建（construction of policy framework）和执行中的政策制定（policy-making in implementation）。简而言之，政策议程设置是社会问题争夺政府资源，纳入议事日程的过程；政策框架构建是初步勾勒出政策目标的基本方向和政策方案基本原则的过程。而执行中的政策制定，

---

① 王硕：《深圳经济特区的建立（1979—1986）》，《中国经济史研究》2006年第3期。

② 张自宽：《在合作医疗问题上应该澄清思想统一认识》，《中国农村卫生事业管理》1992年第6期。

③ 张永谦：《拉开中国第二次革命的序幕》，汤应武、缪晓敏《党和国家重大决策历程》，红旗出版社1997年版，第218—246页。

④ Heilmann, S., "Policy Experimentation in China's Economic Rise", *Studies in Comparative International Development*, Vol. 43, No. 1, 2008, pp. 1—26.

⑤ Ibid.

则是将初步构建起来的政策框架付诸实施，并在政策执行中不断细化和优化政策方案设计的过程；这个过程包含了最初的政策试点以及在试点基础上的政策扩散过程（见图2-5）。

阶段一		阶段二		阶段三
政策议程设置	→	政策框架构建	→	执行中的政策制定

图2-5 "三阶段"中国政策过程框架

这种三阶段的政策过程划分，是为了更好地接近真实情境下的中国政策过程。与欧美国家以国会立法为中心的政策过程相比，中国主要由行政部门主导的政策过程往往表现出更强的弥散性（diffuseness）。[①] 很多重要领域的政策，通常并不是单一决策点上做出的某一重要决策，而是由不同时点上相继出台的相关政策共同构成的。美国政治学者李侃如和奥克森伯格以中国能源政策的案例研究为基础，较早地揭示了这种弥散性特征的三种表现：一是旷日持久（protracted）：政策是通过相当长的时间才形成的；二是不连贯（disjointed）：很多决策是在不同的、松散协调的机构或跨机构的决策主体中来做出的；三是渐进式（incremental）：实际政策通常是逐渐变化的。[②]

从中国现实世界的政策过程来看，第一阶段的政策议程设置，往往和政府官员用的"排上队""摆上台面"等词汇相关联，这是政府将其认为重要和紧迫的问题纳入议事日程，并决定采取行动的过程。

----

① 尽管有证据表明近年来全国人民代表大会及其常委会进一步加强了立法职能，2000年通过的《中华人民共和国立法法》也对立法权限进行了规范，规定"国家主权的事项"等须制定法律的事项，但截至目前国务院制定的行政法规、地方政府制定的行政性法规以及中央和地方政府部门出台的政策文件，仍在中国经济社会生活中扮演着重要角色。以新农合制度的建立为例，迄今为止尚未制定一部法律法规，规范其建立和发展的主要就是中共中央、国务院以及卫生部等部门历年出台的一系列决定、意见、通知等构成的中央文件以及地方政府出台的政策文件。

② Lieberthal, K. and M. Oksenberg, *Policy Making in China: Leaders, Structures, and Processes*, Princeton: Princeton University Press, 1988, pp. 24-25.

第二阶段"政策框架构建"往往与官方词汇中的大政方针相联系，其表现形式通常是中共中央和/或国务院针对某一工作做出的"决定"。这些"决定"规定了该领域执政党和政府行动的总体目标和基本原则；但与欧美等国家议会通过的法案相比，"决定"中所作出的这些规定，通常都是原则性、粗线条的，还需要在实施中进一步细化。

第三阶段"执行中的政策制定"，则往往与官方词汇中"贯彻落实中央政策"相联系。在执行中央最初勾勒的粗线条的政策框架的过程中，中央政府有关部门和地方政府会陆续出台一系列的决定、意见和通知等政策文件①，不断细化、优化、修正乃至在一些细节上否定最初的政策框架。这是一个政策制定和执行相互交织的过程。

中国政策制定所具有的"在执行中制定"的特点，暗合了科尔巴奇的洞见，即"把政策过程划分为一面是清晰的政策决定，一面是执行政策决定采取的行动，有些时候是很困难的"②。具体到新农合政策过程，在《决定》出台以后，中共中央、国务院和卫生部等相关部门相继出台了近 100 个相关文件，涉及基金管理、补偿方案、信息统计与监测、组织管理等多个方面。这些文件在细化了《决定》粗线条规定的同时，也在一些方面对《决定》进行了修正：如在政策目标方面，实现全覆盖的时间从 2010 年提前到 2008 年，中央财政对参合农民的补贴标准不断提高，补贴覆盖范围从中西部扩大到东部地区。而地方政府在推动新农合发展过程中，也相继出台和执行了大量地方性文件。这些中央政府和地方政府出台的文件是相互影响，互为反馈的；它们和《决定》一起，构成了新农合制度的政策束（cluster of related policies）。所谓的政策束，是指由某一领域内相继出台的相

---

① 对于决定、通知等不同行政公文的分类，参见国务院《国务院关于发布国家行政机关公文处理办法的通知（国发〔2000〕23 号）》，《中华人民共和国国务院公报》2000 年第 31 期。

② 〔英〕科尔巴奇：《政策》，张毅、韩志明译，吉林人民出版社 2005 年版，第 20页。

关政策组成的集合。中国在某一领域内经过长时段演进形成的政策束，大体上相对于美国针对某一领域通过的法案（及可能的修正案）。①

（五）综合研究框架

综合上述分析，本书集中关注政策议程设置、政策框架构建和执行中的政策制定这三阶段中政策子系统、政策文本和政策环境之间的相互作用，特别是中央和地方两个政策子系统以及子系统内不同行动主体的互动关系，从而揭示中国特定场域中社会政策过程的基本特征（见图 2 - 6）。

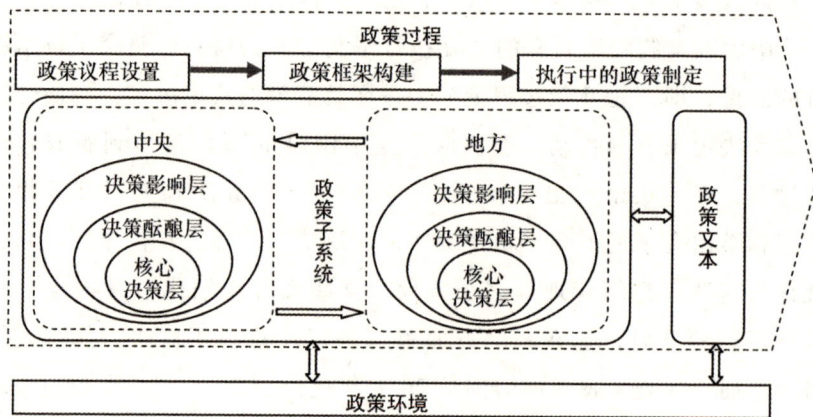

图 2 - 6　"三阶段"中国政策过程框架

① 以近年来中国和美国都在推进的医疗卫生体制改革为例，克林顿政府医疗改革计划起草小组完成的《健康保障法案》（Health Security Act）长达 1342 页，奥巴马总统签署的《病人保障和价格可承受的医疗法案》（Patient Protection and Affordable Care Act）则是一个 2000 多页的庞大方案，而作为始于 1997 年的中国医疗改革的标志性文件《中共中央、国务院关于卫生改革与发展的决定》（中发〔1997〕3 号）全文不足 10000 字，2009 年启动新一轮医疗改革的《中共中央国务院关于深化医药卫生体制改革的意见》（中发〔2009〕6 号）也仅有 13000 多字；两个中共中央和国务院联合发布的文件，提出来中国医药卫生体制改革的大方向和基本原则，但具体操作执行则是通过在改革过程中陆续出台的一系列政策来逐步建立规范的。

三　研究方法与资料收集

（一）以案例研究方法为基础

论文题目在一定程度上已表明，本书将主要采用案例研究方法。案例研究可在不脱离现实环境的情形下研究当下的社会现象，且研究对象与所处环境之间，并无十分清晰的分界；在技术层面上，案例研究法则可通过多渠道收集资料，以及基于资料汇总之上的交叉分析，处理变量比数据点（data points）还多的复杂情况。① 案例研究的这些特点，非常契合于复杂、动态、交互的政策过程研究。因此，案例研究被视为是政策过程研究的主要方法。② 西方政策过程研究中经典之作《决策的本质：对古巴导弹危机的解释》（*Essence of Decision：Explaining the Cuban Missile Crisis*，初版于 1971 年）③ 和中国研究领域颇具影响力的《中国的政策制定：领导人、结构与过程》（*Policy Making in China：Leaders，Structures，and Processes*），采用的都是基于案例的研究方法。特别是《决策的本质》，熔理性的参与者、复杂的官僚体系和政治利益驱动下的人群这三种理论为一炉，对古巴导弹危机的决策过程做出极具说服力的解释。该研究表明，单案例研究不仅是一种通常认为有效的描述和探索性研究方法，亦可成为解释与归纳的重要方法。

如开篇所述，新农合是一个信息富集的社会政策。本书将以新农合为例来研究社会政策过程。对于任一研究方法来说，都应可服务于探索、描述或解释这三种目的之一种或多种。在本书中，案例研究方法将

---

① ［美］殷：《案例研究：设计与方法》，周海涛等译，重庆大学出版社 2010 年版，第 21 页。需要指出的是，作者 Robert K. Yin 博士为美籍华人，先后毕业于哈佛大学（历史学学士）和麻省理工学院（大脑与认知学博士），其中文名字为"应国瑞"。

② ［英］米切尔·黑尧：《现代国家的政策过程》，赵成根译，中国青年出版社 2004 年版，第 22 页。

③ Alison, Graham T. & Philip Zelikow, *Essence of Decision：Explaining the Cuban Missile Crisis*, Peking University Press, 2008；中文译本参见 ［美］艾莉森、泽利克《决策的本质：还原古巴导弹危机的真相》，王伟光、王云萍译，商务印书馆 2015 年版。

主要用于描述和解释之研究目的。

本书的主要分析单位（main unit of analysis）不是某一个具体的新农合政策，而是新农合建立过程（起止时间为 20 世纪 90 年代末到 2012 年，部分地方政策延续到 2013 年）中的一系列政策，或者称为政策束（cluster of policies）。在研究过程中，把陕西省和 A 县将作为嵌入的分析单位（embedded unite）进行分析。就这个意义而言，本书属于嵌入式单案例研究（single case embedded design），即只有一个案例，但其中有多个嵌入的分析单位。①

（二）多渠道收集研究资料

案例研究的资料来源主要有文件、档案、观察（包括直接观察和参与式观察）、访谈，以及实物证据。② 本书在研究过程中综合运用了多种渠道获取的信息，主要包括中央和地方政府出台的政策文件汇编、传统农合和新农合的研究文献、中央领导人的讲话和回忆录以及对中央和地方政策参与者的半结构化深度访谈等。

1. 中央和地方政府出台的政策文件

政策文件是政策过程最重要的产出。本书收集了中央政府和作为"案例的案例"的地方政府出台的新农合相关政策文件。政策文件的收集渠道主要包括：利用本学院和医卫院与中央和地方卫生主管部门良好的合作关系，获取其编撰的新农合和农村卫生的相关政策汇编，访问卫生主管部门和财政部门的官方网站，检索北大法网数据库以及通读卫生部主管的专注于农村卫生的专业杂志——《农村卫生事业管理》等。综合运用上述数据收集渠道，共收集中央政府出台的相关政策 92 个，地方政府出台的政策近 100 个。这些政策构成了新农合从中央到地方的完整政策束。这是本书的重要基础数据。

---

① ［美］殷：《案例研究：设计与方法》，周海涛等译，重庆大学出版社 2010 年版，第 52—54 页。

② 同上书，第 109—122 页。

2. 关键人物访谈

访谈参与到政策议程设置、制定和执行过程中的政府官员，是观察政策"过程"的重要手段。利用北京师范大学中国医疗卫生政策研究院的社会关系网络，笔者先后对参与中央和地方新农合政策制定和执行的关键人物进行了深度访谈。深访对象主要包括：卫生部农村卫生司（以及作为其前身的基层卫生和妇幼保健司）前任和现任主要司领导、卫生部医政司前主要领导、中共中央办公厅某秘书、陕西省卫生厅原主要领导、陕西省 A 县卫生局主要领导和县合管办主要领导等。所有深度访谈采用半结构化方式，访谈时间因内容不同而有所差异，一般在 2—4 小时。

3. 学术论文、研究报告等二手资料

学术论文和研究报告等二手资料，是研究新农合政策的重要资料。中文论文的检索主要基于同方股份有限公司开发的中国知网，英文论文的检索综合运用了 Proquest 等多个数据库和 Google Scholar 学术搜索引擎。公开出版的研究报告主要基于国家图书馆文津搜索。非公开出版的研究报告主要利用公开出版物和访谈获得相关线索，再利用社会关系网络来尽量获取原始报告。同时，在研究过程中，利用深度访谈建立知识脉络，将散落于论文、报章和报告等载体中的资料进行了有效整合。

4. 党和国家领导人的讲话和回忆录等

党和国家领导人在重要会议上的讲话、视察时的谈话，以及批示等，从一个侧面反映了特定时期党和国家工作的重点。本书回顾了时任党和国家主要领导人的讲话、批示和回忆录等，梳理了国家工作重心的演进和农村合作医疗政策定位的变化。在此基础上，结合访谈试图打开管窥政策过程"黑箱"的窗口。

四　本章小结

科尔巴奇指出，政策可被视为是在一定情境中由参与者建构和维持的；在该情境中，参与者可选择在多大程度上彼此合作。① 基于对政策的这一认识，社会结构和行动者互构的社会建构理论，可为研究政策过程提供有力的理论视角和分析工具。

以政策过程的阶段模型和中国现实世界的政策实践为基础，本书首先建立了一个由"政策议程设置""政策框架构建"和"执行中的政策制定"这三个阶段构成的中国式政策过程阶段模型。进而，以社会建构理论为指导，发展了政策子系统、政策文本和政策环境在政策过程中相互作用的分析框架；接下来，基于中央—地方互动在中国政治和政策实践中的重要性，将政策子系统划分为中央政策子系统和地方政策子系统，将两个子系统的互动作为核心的观察要素，同时关注中央和地方政策子系统内部不同行动主体的作用及互动关系。

基于政策过程的动态性和复杂性，本书选择案例研究方法，以建立新农合政策的政策束作为案例，同时选取陕西省及其所属 A 县作为案例中的案例。在案例研究资料的获取上，以对政策过程的关键行动者的深度访谈来建立新农合政策演进的整体脉络，综合运用了多种渠道获取的信息并交叉验证，主要的信息来源包括中央和地方政府出台的政策文件汇编、传统农合和新农合的研究文献、中央领导人的讲话和回忆录等。

---

① Colebatch, H. K., *Policy*, Maidenhead Berkshire: The McGraw-Hill Companies, 2009, pp. 4–5；中文版可参见［英］科尔巴奇《政策》，张毅、韩志明译，吉林人民出版社 2005 年版，第5—6 页。

第三章

中国农村合作医疗体系演进概览

中国农村合作医疗源自基层实践和地方政策，于 20 世纪 50 年代中后期开始进入国家视野，并随着人民公社化运动和最高领导人的倡导而迅速普及全国。20 世纪 80 年代市场化改革启动后，传统农村合作医疗体系（简称传统农合）迅速解体，卫生部主导的两次恢复重建亦以失败告终。进入 21 世纪，以 2002 年 10 月《中共中央国务院关于进一步加强农村卫生工作的决定》的下发为标志，传统农合发展为新型农村合作医疗，中央政府在合作医疗体系的筹资和管理中扮演了重要角色。

一 传统农合体系的兴起、衰落与重建努力

传统农合制度①，是中国农民创造的基于自愿和互济原则的医疗卫生保健制度②。"保健站""合作医疗"和"赤脚医生"，分别构成了中国农村卫生体系的机构、筹资机制和人员基础，被认为是新中国成立初期解决农村地区缺医少药问题的三大法宝。③ 农村地区普遍开展的合作医疗与城市里的公费医疗、劳保医疗一起，构成了计划经济时代中国医

---

① "传统农合制度"指的是 2002 年中央提出建立新型农村合作医疗制度以前在中国农村曾实行的合作医疗制度。

② 刘雅静、张荣林：《我国农村合作医疗制度 60 年的变革及启示》，《山东大学学报》（哲学社会科学版）2010 年第 3 期，第 144 页。

③ 张自宽、朱子会、王书城、张朝阳：《关于我国农村合作医疗保健制度的回顾性研究》，《中国农村卫生事业管理》1994 年第 6 期，第 6—7 页。

疗保健制度的三大支柱。① 20 世纪 80 年代初，世界银行和世界卫生组织考察中国农村卫生体系后表示，"合作医疗制度，是发展中国家群众解决卫生经费的唯一范例"②。表 3 - 1 展示了 1958—2000 年间农村合作医疗的基本情况。

表 3 - 1　　　　全国农村推行合作医疗的生产大队（行政村）比重

年份	比重%	年份	比重%	年份	比重%	年份	比重%	年份	比重%
1958	10.0	1980	90.0**	1986	4.8	1992	11.6	1998	21.2
1960	32.0	1981	58.2	1987	5.0	1993	7.6	1999	22.3
1962	40.0*	1982	52.8	1988	6.0	1994	9.2	2000	22.1
1968	26.0	1983	11.0	1989	4.8	1995	11.2		
1976	90.0	1984	8.0	1990	6.1	1996	17.6		
1979	90.0	1985	5.4	1991	8.8	1997	10.7		

注：*　一说为 46%，参见周寿祺《探寻农民健康保障制度的发展轨迹》，第 18 页；

**　一说为 68.3%，参见周寿祺《探寻农民健康保障制度的发展轨迹》，第 19 页。

数据来源：1958—1976 年数据参见刘雅静、张荣林《我国农村合作医疗制度 60 年的变革及启示》，《山东大学学报》（哲学社会科学版）2010 年第 3 期，第 145 页；1979—1980 年数据参见张自宽、朱子会、王书城、张朝阳《关于我国农村合作医疗保健制度的回顾性研究》，《中国农村卫生事业管理》1994 年第 6 期，第 6—7 页；1981—2000 年数据参见周寿祺《探寻农民健康保障制度的发展轨迹》，《国际医药卫生导报》2002 年第 6 期，第 18—19 页。

（一）传统农村合作医疗的兴起和普及

1. 萌芽与兴起

以"合作"来应对农村卫生问题的中国实践，最早可追溯 20 世纪 30 年代乡村建设运动中著名的"定县实验"；其时陈志潜博士领导建立了农村三级保健制度，开合作医疗实践之先河。③ 在抗日战争时

---

①　刘雅静、张荣林：《我国农村合作医疗制度 60 年的变革及启示》，《山东大学学报》（哲学社会科学版）2010 年第 3 期。

②　世界银行：《1993 年世界发展报告：投资于健康》，中国财政经济出版社 1993 年版，第 211 页。

③　张增国：《重建中国农民的基本医疗保障体系——对中国农村合作医疗制度的回顾与展望》，《中国集体经济》2010 年第 15 期。

期，陕甘宁边区为解决缺医少药问题创办了不少医药合作社①；新中国成立初期的东北各省，也开展了类似的实践；但需要指出的是，这些医药合作社并未引入具有保险性质的筹资制度。②20世纪50年代中后期席卷全国的农业合作化和人民公社浪潮，促进了传统农合的兴起和普及。③

　　"合作医疗"最早于1959年12月见诸中央文件④。卫生部党组当时上报中共中央的《关于全国农村卫生工作山西稷山现场会议情况的报告》之附件（《关于人民公社卫生工作几个问题的意见》）对"合作医疗"特征表述如下："其主要特点是（1）社员每年缴纳一定的保健费；（2）看病时只交药费或挂号费；（3）另由公社、大队的公益金中补助一部分"；并认为"以实行人民公社社员集体保健医疗制度为宜"⑤，1960年2月2日，中共中央将卫生部党组的报告以中发60〔70〕号文全文转发。这标志着合作医疗作为中国农村卫生体系的一项基本制度初步确立。

　　2. 快速普及

　　1965年6月26日，毛泽东主席在同医务人员谈话中提出，"把医

---

　　① 欧阳竞：《回忆陕甘宁边区的卫生工作（下）》，《医院管理》1984年第2期。

　　② 张自宽、朱子会、王书城、张朝阳：《关于我国农村合作医疗保健制度的回顾性研究》，《中国农村卫生事业管理》1994年第6期。

　　③ 已有文献对中国农村合作医疗制度的诞生地并无定论，但时间基本上都锁定在1955年。有学者认为，最早建立传统农合的是山西省高平县米山乡联合保健站（参见曹普《改革开放前中国农村合作医疗制度》，《中共党史资料》2006年第3期；张自宽《在合作医疗问题上应该澄清思想统一认识》，《中国农村卫生事业管理》1992年第6期）；但同时也有研究表明，河南省正阳县王店乡团结农业社（参见宋斌文《我国农村合作医疗的过去、现在和未来》，《医学与哲学》2004年第3期）、江苏省常熟县归市乡（参见王靖元、徐德斌《合作医疗历史回顾与赣榆县实施新型农村合作医疗制度的做法》，《江苏卫生保健》2005年第1期）、山西省稷山县太阳村农业社（参见岳谦厚、贺蒲燕《山西省稷山县农村公共卫生事业述评（1949—1984年）——以太阳村（公社）为重点考察对象》，《当代中国史研究》2007年第5期）等地在1955年也都尝试引入了不同形式的合作医疗制度。

　　④ 张自宽、朱子会、王书城、张朝阳：《关于我国农村合作医疗保健制度的回顾性研究》，第4页。

　　⑤ 卫生部：《关于全国农村卫生工作山西稷山现场会议情况的报告（1959年12月16日）》，李长明：《农村卫生文件汇编（1951—2000）》，卫生部基层卫生与妇幼保健司2001年版。

疗卫生工作的重点放到农村去"①，后来人们把这次谈话称为"六二六指示"；当年 9 月 3 日卫生部党委上报了《关于把卫生工作重点放到农村的报告》，中央于 9 月 21 日由以中发（65）580 号文件批转了这个报告。② 1968 年，毛泽东主席又先后对"赤脚医生"和"合作医疗"两个调研报告做出批示。③ 而后，传统农合和"赤脚医生"跨入超常规发展轨道。④ 经过中间几年的起伏，到 1976 年前后，全国实行传统农合制度的行政村（生产大队）稳定在 90% 左右⑤，逐步建立完善了县、公社（乡镇）和大队（行政村）三级预防保健网，其人力资源包括 51 万正规医生、146 万赤脚医生、236 万卫生员和 63 万接生员。⑥

"文化大革命"结束初期，中央政府仍高度重视传统农合发展。1978 年通过的《中华人民共和国宪法》将"合作医疗"与社会保险、公费医疗等并列，首次写入宪法。1979 年 12 月 15 日，卫生部等五部门联合出台《农村合作医疗章程（试行草案）》，将其定性为"社会主义性质的医疗制度"和"社员群众的集体福利事业"。⑦ 这是中央政府首个关于传统农合的正式法规性文件⑧。

① 毛泽东：《关于医疗卫生工作的重点问题（一九六六年六月二十六日）》，《建国以来毛泽东文稿》（第十一册），中央文献出版社 1996 年版，第 387 页。

② 关于毛泽东同志"六二六指示"相关历史情况的回顾，可参见张自宽《"六·二六指示"相关历史情况的回顾与评价》，《中国农村卫生事业管理》2006 年第 9 期。

③ 这两篇批示分别是：毛泽东：《对调查报告〈从镇江公社"赤脚医生"的成长看医学教育革命的方向〉的批语和修改（一九六八年九月）》，《建国以来毛泽东文稿》（第十二册），中央文献出版社 1998 年版，第 557—559 页；毛泽东：《对〈人民日报〉发表〈深受贫下中农欢迎的合作医疗制度〉等文章的批语（一九六八年）》，《建国以来毛泽东文稿》（第十二册），中央文献出版社 1998 年版，第 604—605 页。

④ 曹普：《1949—1989：中国农村合作医疗制度的演变与评析》，《中共云南省委党校学报》2006 年第 5 期。

⑤ 周寿祺、顾杏元、朱敖荣：《中国农村健康保障制度的研究进展》，《中国农村卫生事业管理》1994 年第 9 期。

⑥ 胡宜：《疾病、政治与国家建设》，华中师范大学 2007 年博士学位论文，第 97 页。

⑦ 卫生部：《农村合作医疗章程（试行草案）（1979 年 12 月 15 日卫生部发布）》。

⑧ 夏杏珍：《农村合作医疗制度的历史考察》，《当代中国史研究》2003 年第 5 期。

（二）传统农合的衰落与重建努力

1. 衰落

事实上，当合作医疗被写入 1978 年宪法和《章程草案》出台之时，它已出现下滑苗头。1978 年底，中国确立了市场化的改革方向，重新肯定了家庭经营在农村经济中的基础性地位；这对构建在集体经济基础上的乡村卫生体系造成了极大冲击。① 随着农村承包责任制的建立，半农半医、亦农亦医的赤脚医生的生存空间被压缩。政府对农村卫生投入下降，对是否继续发展合作医疗存在严重分歧，发生了从积极推动到放任自由，甚至消极反对的政策导向性变化②，加之制度设计和管理本身存在的问题③，传统农合开始衰落。1978 年，实行合作医疗的行政村（生产大队）的比重，从 90% 以上降至 82%，而后加速下降，至 1983 年则已降至仅 11%，1989 年已只有 4.8%④——传统农合已近乎解体。

2. 两次重建及其失败

传统农合走向衰落的过程中，中国一直没有停止恢复重建的努力。这一过程充满了学术上的争论和实践上的曲折。梳理恢复重建的过程，剖析重建失败的原因，有助于更好地从长时程上来理解新农合诞生和演进过程。

（1）第一次重建

第一次恢复重建农村合作医疗的努力，始于 20 世纪 80 年代末。直接动因是履行中国政府对"2000 年人人享有卫生保健"这一全球战略

---

① 陈锡文：《中国农村经济体制变革和农村卫生事业的发展》，《中国卫生经济》2001年第 1 期。

② 曹普：《1978—2002：关于农村合作医疗存废的争论与实证性研究的兴起》，《中共云南省委党校学报》2010 年第 1 期；张自宽：《农村合作医疗应该肯定应该提倡应该发展——东北三省农村医疗卫生建设调查之四》，《农村卫生事业管理研究》1982 年第 2 期；张自宽：《对合作医疗早期历史情况的回顾》，《中国卫生经济》1992 年第 6 期。

③ 朱玲：《政府与农村基本医疗保健保障制度选择》，《中国社会科学》2000 年第 4 期。

④ 曹普：《人民公社时期的农村合作医疗制度》，《中共中央党校学报》2009 年第 6 期；周寿祺：《探寻农民健康保障制度的发展轨迹》，《国际医药卫生导报》2002 年第 6 期。

目标的承诺。这一战略目标是在 1986 年第 39 届世界卫生大会上提出的。鉴于当时中国有 8 亿农民，要兑现国际承诺，唯有"重振合作医疗保健制度"①。1990 年 3 月，卫生部等 5 部门联合制定《我国农村实现"2000 年人人享有卫生保健"的规划目标》，提出了合作医疗（集资医疗保健）最低覆盖目标。这是市场化改革 10 余年来，中央首次出台涉及农村健康保健的专门文件。②

1991 年 1 月，国务院转发了卫生部等 5 部门《关于改革和加强农村医疗卫生工作的请示》，肯定合作医疗"应当继续提倡，正确指导，改革完善，稳步推行"③。1991 年 3 月，李鹏总理在七届人大四次会议上提出"在农村继续推行集资办医与合作医疗保险制度"④，这标志着第一次合作医疗重建得到决策层的认可。1991 年 11 月国务院通过《农民承担费用和劳务管理条例》，"合作医疗保健"被纳入"村提留"的"公益金"范围，筹资有了法律依据。农村合作医疗扭转了 10 余年来持续下滑的态势，1991 年覆盖率回升至 8.8%，1992 年进一步升至 11.6%。⑤

1992 年邓小平"南方谈话"以后，市场化改革在医疗卫生领域再次占据上风。1992 年 9 月，卫生部下发《关于深化卫生改革的几点意见》，提出农村"要大力推行合作医疗保险制度"。⑥ 卫生部政策法规司

---

① "重振合作医疗保健制度"是前卫生部长、时任中顾委委员钱信忠同志为《中国农村卫生事业管理》创刊十周年的题词。

② 曹普：《20 世纪 90 年代两次"重建"农村合作医疗的尝试与效果》，《党史研究与教学》2009 年第 4 期。

③ 国务院：《国务院批转卫生部等部门关于改革和加强农村医疗卫生工作请示的通知（国发〔1991〕4 号）》，《中华人民共和国国务院公报》1991 年第 3 期。

④ 李鹏：《关于国民经济和社会发展十年规划和第八个五年计划纲要的报告》，《中华人民共和国全国人民代表大会常务委员会公报》1991 年第 2 期。

⑤ 周寿祺：《探寻农民健康保障制度的发展轨迹》，《国际医药卫生导报》2002 年第 6 期。

⑥ 卫生部：《卫生部关于深化卫生改革的几点意见（1992 年 9 月 23 日卫办发〔1992〕第 32 号）》，李长明《农村卫生文件汇编（1951—2000）》，卫生部基层卫生与妇幼保健司 2001 年版。

司长强调，"农村由合作医疗和自费医疗制度逐步实行医疗保险制度"①。可见，其时卫生部对农村合作医疗的意义和发展方向未达成共识。这势必对基层实践造成负面影响。

1993 年中央出台的旨在减轻农民负担的相关文件，对恢复重建农村合作医疗造成直接冲击。1993 年 7 月，中共中央办公厅和国务院办公厅联合下发《关于涉及农民负担项目审核处理意见的通知》，严令取消 37 项涉及农民负担收费项目，其中包括乡村医疗卫生机构建设集资和乡村医生补助；取消 43 项达标升级活动，其中包括初级卫生保健达标（第 29 项）和合作医疗卫生建设达标（第 33 项）。② 此后，不少地方把筹集合作医疗经费视为"乱收费"，予以取消。1993 年农村合作医疗覆盖率降至 7.6%，比 1992 年下滑了 4%。

（2）第二次重建

随着中国政府兑现"2000 年人人享有卫生保健"国际承诺日期的临近，卫生主管部门和决策层日益感到压力和紧迫感。在 1994 年 1 月召开的全国卫生工作会议上，卫生部长提出，要根据农村市场体制改革的新情况，推动农村合作医疗创新。③ 1996 年 7 月中旬，全国农村合作医疗经验交流会在河南林州举行。时任国务委员的彭珮云在这次会上批评了对合作医疗的种种错误认识，指出"以自愿、适度和受益"三原则发展合作医疗是减轻而不是加重农民负担，不违背中央精神，并提出要"进一步统一认识，把合作医疗当作一件大事来抓"，"积极、稳妥地推动合作医疗健康地向前发展"。④ 这是 1993 年中央着力减轻农民负担以来，党和国家领导人首次肯定发展合作医疗不违背中央精神。而

---

① 支峻波：《按照市场经济的规律深化卫生改革——卫生部政策法规司长支峻波在全国卫生改革研讨会上的讲话摘要》，《中国卫生事业管理》1993 年第 10 期。

② 中共中央办公厅、国务院办公厅：《关于涉及农民负担项目审核处理意见的通知（1993 年 7 月 22 日中发〔1993〕10 号）》，《中华人民共和国国务院公报》1993 年第 18 期。

③ 陈敏章：《卫生部部长陈敏章同志在全国卫生工作会议上的报告（摘要）》，《中国卫生经济》1994 年第 3 期。

④ 彭珮云：《在全国农村合作医疗经验交流会上的谈话》，《中国农村卫生事业管理》1996 年第 8 期。

后，全国掀起了重建合作医疗的小高潮。19 个省（市、区）以政府或卫生厅（局）名义召开本地农村卫生工作或合作医疗会议，确立了 183 个县（市、区）作为省级合作医疗试点；江苏省则实现了合作医疗对全省 64.2% 的行政村和 56.5% 的农村人口的覆盖。①

在 1996 年 12 月召开的全国卫生工作会议上，中共中央总书记、国家主席江泽民同志提出，要"重点加强农村卫生工作"，而"关键是发展和完善农村合作医疗制度"。② 会后不久即下发的《中共中央 国务院关于卫生改革与发展的决定》，明确了"积极稳妥地发展和完善合作医疗制度"的发展方向。③ 1997 年 5 月，国务院批转《关于发展和完善农村合作医疗若干意见》，明确"农民自愿交纳的农村合作医疗费用，属于农民个人消费性支出，不计入乡统筹、村提留"④。同年 11 月，卫生部下发《关于进一步推动合作医疗工作的通知》，落实《决定》和《意见》的工作安排。⑤

1996—1997 年，安徽、广东等多个省（市、区）先后制定了本地农村合作医疗的具体实施办法；一些县还投入了政府引导资金，设立乡村两级管理结构，推动合作医疗恢复重建。⑥ 截至 1997 年 11 月，全国 350 多个县制定了合作医疗发展规划。⑦ 但截至 1997 年底，开展合作医疗的行政村占全国行政村总数的比例仅为 17%。⑧ 显然，2000 年农村

---

① 张朝阳、于军：《农村合作医疗出现良好发展态势》，《中国农村卫生事业管理》1997 年第 2 期。

② 江泽民：《在全国卫生工作会议上的讲话》，《中国农村卫生事业管理》1997 年第 1 期。

③ 中共中央、国务院：《中共中央、国务院关于卫生改革与发展的决定》，《中国农村卫生事业管理》1997 年第 2 期。

④ 国务院：《国务院批转卫生部等部门关于发展和完善农村合作医疗的若干意见的通知（国发〔1997〕18 号）》，《中华人民共和国国务院公报》1997 年第 18 期。

⑤ 卫生部：《关于进一步推动合作医疗工作的通知（卫医发〔1997〕第 37 号）》，李长明《农村卫生文件汇编（1951—2000）》，卫生部基层卫生与妇幼保健司 2001 年版。

⑥ 刘克军、范文胜：《对两县 90 年代合作医疗兴衰的分析》，《中国卫生经济》2002 年第 6 期。

⑦ 卫生部：《关于进一步推动合作医疗工作的通知（卫医发〔1997〕第 37 号）》，李长明《农村卫生文件汇编（1951—2000）》，卫生部基层卫生与妇幼保健司 2001 年版。

⑧ 张德元：《中国农村医疗卫生事业的回顾与思考》，《卫生经济研究》2005 年第 1 期。

合作医疗覆盖率达 50% 的目标远未能实现。

（3）重建失败探因

对于两次恢复重建农村合作医疗失败的原因，学者从不同角度进行了分析。宏观视角的解释认为，传统农合制度是一种社区医疗筹资制度，本身具有脆弱性；随着其嵌入的制度环境发生深刻变化，缺乏创新的恢复重建很难实现。① 笔者所及的文献中，对恢复重建农村合作医疗失败过程做出最详尽的分析和解释是中共中央党校从事党史研究的曹普教授。他认为，重建失败的直接原因是"政策不配套，不协调，甚至相互冲突、抵牾"；深层原因是"合作医疗筹资困难，政府财政投入严重不足"；内部原因则在于"合作医疗管理上有漏洞，缺乏科学性，监督机制不健全"。② 王绍光则将失败归因于财政投入不足，并认为最重要的是"政府产生财政资助合作医疗的意愿和具备财政资助合作医疗的能力"③。

事实上，尽管先后中央出台了多个文件推动传统农合恢复重建，但对于合作医疗发展至关重要的财政投入责任，一直都语焉不详。20 世纪 80—90 年代，传统农合获得的财政支持始终是微不足道的。1979年，各级财政对农村合作医疗的补助高达 1 亿元，1987 年则降至 2537.5 万元；1997 年中央高调恢复重建合作医疗，但财政补助金只有 4234 万元，合每个农民不到 5 分钱。④ 有学者进一步指出，20 世纪 90年代政府重新肯定和重建合作医疗，看重是它可以极低的财政投入，帮助政府兑现对国际社会的承诺。⑤

---

① 顾昕、方黎明：《自愿性与强制性之间——中国农村合作医疗的制度嵌入性与可持续性发展分析》，《社会学研究》2004 年第 5 期。

② 曹普：《20 世纪 90 年代两次"重建"农村合作医疗的尝试与效果》，《党史研究与教学》2009 年第 4 期。

③ 王绍光：《学习机制与适应能力：中国农村合作医疗体制变迁的启示》，《中国社会科学》2008 年第 6 期。

④ 顾昕、方黎明：《自愿性与强制性之间——中国农村合作医疗的制度嵌入性与可持续性发展分析》，《社会学研究》2004 年第 5 期。

⑤ 王绍光：《学习机制与适应能力：中国农村合作医疗体制变迁的启示》，《中国社会科学》2008 年第 6 期。

二　新农合体系发展概览

　　2002 年 10 月下发的《中共中央国务院关于进一步加强农村卫生工作的决定》正式提出建立新农合制度；到 2008 年 7 月，卫生部宣布，截至 2008 年 6 月底，新农合已在全国 31 个省（市、区）实现全覆盖[①]，比最初计划提前了两年。2013 年，全国 2489 个县（市、区）建立了新农合制度，农民参合率 99.0%[②]，基本实现了对农民的全覆盖（见表 3 - 2）。

表 3 - 2　　　中国新型农村合作医疗发展概览（2004—2012）

年份	县级区划数（个）	开展新农合县（市、区）（个）	参加新农合人数（亿人）	参合率（%）	人均筹资（元）	当年基金支出（亿元）	补偿受益人次（亿人次）
2004	2862	333	0.8	75.20	50.36	26.37	0.76
2005	2862	678	1.79	75.66	42.10	61.75	1.22
2006	2860	1451	4.10	80.66	52.10	155.81	2.72
2007	2859	2451	7.26	86.20	58.90	346.63	4.53
2008	2859	2729	8.15	91.53	96.30	662.31	5.85
2009	2858	2716	8.33	94.19	113.36	922.92	7.59
2010	2856	2678	8.36	96.00	156.57	1187.84	10.87
2011	2853	2637	8.32	97.48	246.21	1710.19	13.15
2012	2852	2566	8.05	98.30	308.50	2408.00	17.45

资料来源：国家统计局 National Data 国家数据（http：//data.stats.gov.cn/index）。

---

　　① 卫生部：全国已实现新型农村合作医疗制度全覆盖，中国新闻网（http://www.chinanews.com/jk/kong/news/2008/07 - 10 /1308252.shtml），2008 年 7 月 10 日发布。

　　② 国家统计局：《中华人民共和国 2013 年国民经济和社会发展统计公报》，2014 年 2 月 24 日，国家统计局网站（http://www.stats.gov.cn/tjsj/zxfb/201402/t20140224_514970.html）。

三　新农合政策演进过程①

（一）酝酿和政策框架构建（2003 年以前）

1. 重建试验与政策酝酿

从历史演进来看，新农合是 20 世纪 80 年代初传统农合解体后对农民健康保障路径探索的结果。如上所述，尽管 20 世纪 80 年代以来，中国两次试图恢复重建合作医疗体系都无功而返，但这一过程中展开的试验项目为新农合框架的建立奠定了坚实基础。这些项目殊途同归地证明，健康保障制度对于农民健康有积极意义，但要在市场经济环境下重建农民健康保障体系，不能简单地恢复重建传统农合体系，而须在继承基础上创新，明确政府的财政投入和管理责任，重建农民对合作医疗的信心，推动合作医疗体系的可持续发展。

在推动恢复重建农村合作医疗过程中，中央和地方政府出台了一系列政策和文件。这些政策文件中对于农村合作医疗筹资机制和组织管理等方面的"提法"逐渐发生了细微的变化。这传递出中央政府对于农村合作医疗的认识变化和政策变迁的信号。其中，最重要的变化有两点：第一，逐步强化了政府的筹资责任，1997 年文件提出政府要适当支持合作医疗②，尽管对具体支持方式语焉不详，但这已成为对改革开放前农村合作医疗筹资机制的回归和超越；第二，2001 年文件明确提出了以县（市）为单位进行"大病统筹"来抵御大病风险的思路③。这两点构成了新农合政策重要的思想基础。

2. 政策框架的构建

新农合政策框架建立的标志，是中共中央、国务院联合下发《关

---

① 卫生部基层卫生和妇幼保健司前司长李长明将新农合政策演进划分为试点（2003—2006）、全面推进（2007—2008）和完善、巩固和发展（2009—　）三个阶段。

② 中共中央、国务院：《中共中央、国务院关于卫生改革与发展的决定》，《中国农村卫生事业管理》1997 年第 2 期。

③ 国务院办公厅：《国务院办公厅转发国务院体改办等部门关于农村卫生改革与发展指导意见的通知（国办发〔2001〕39 号）》，《中华人民共和国国务院公报》2001 年第 21 期。

于进一步加强农村卫生工作的决定》（中发〔2002〕13 号）。该文件明确，新农合制度（New Rural Cooperative Medical System，NCMS）旨在应对广大农村因病致贫、返贫问题，以大病统筹为主，农民自愿参加，实行个人、集体和政府多方筹资，进一步明确了中央和政府对新农合的财政投入责任。①

在此基础上，卫生部等三部门制定了《关于建立新型农村合作医疗制度的意见》，经国务院同意以国办发〔2003〕3 号文于 2013 年 1 月 16 日转发。《意见》明确了新农合制度在性质上是"由政府组织、引导、支持，农民自愿参加，个人、集体和政府多方筹资，以大病统筹为主的农民医疗互助共济制度"，强调试点工作须遵循三项基本原则："自愿参加，多方筹资"，"以收定支，保障适度"，"先行试点，逐步推广"；在组织管理上，"一般以县（市）为单位进行统筹"；在补偿方案上，"主要补助参加新型农村合作医疗农民的大额医疗费用或住院医疗费用"②。

《决定》和落实决定的《意见》，构成了建立新农合制度的基本政策框架。与传统农合相比，新农合具有以下三个鲜明特点：第一，从保障目标来看，从传统的以保小病为主，到保大病为主；第二，从组织管理来看，从传统的以行政村（生产大队）或乡镇（人民公社）为单位来主办，到主要以县为单位来主办，从农民和农村集体经济组织自治管理为主，到主要由政府部门来管理；第三，筹资模式上，从以农民个人和集体筹资为主，到农民、集体和政府（地方/中央政府）三方出资，明确了政府在农民健康保障中的筹资责任。时任卫生部基妇司司长李长明认为，《决定》和全国农村卫生会议，标志着政府在关键时刻将医改重心转向农村卫生，以支持需方为突破口，全面推进农村卫生发展，"第一次在农民医疗健康保障上承担起主要责任，在中国社会发展史上

---

① 中共中央、国务院：《中共中央 国务院关于进一步加强农村卫生工作的决定（中发〔2002〕13 号）》，《中华人民共和国国务院公报》2002 年第 33 期。

② 国务院办公厅：《国务院办公厅转发卫生部等部门关于建立新型农村合作医疗制度意见的通知（国办发〔2003〕3 号）》，《中华人民共和国国务院公报》2003 年第 6 期。

具有划时代意义"。①

（二）小范围政策试点（2003—2005 年）

2003 年 1 月国务院办公厅《转发卫生部等部门关于建立农村合作医疗制度意见的通知》提出，从 2003 年起，每个省至少选 2—3 个县开展新农合试点，试点工作的"重点是探索新型农村合作医疗管理体制、筹资机制和运行机制"。②

2003 年 3 月，卫生部办公厅下发了《关于做好新型农村合作医疗试点工作的通知》，就试点工作的重点、试点县选取以及试点工作的组织管理等方面做出了更具体的部署，要求各省成立协调小组，各县设立管理委员会，并相应地下设管理和经办机构；对补偿方案设计，确定了"以收定支，量入为出"和"大额医疗补助为主"等原则。③

受 2003 年上半年 SARS 疫情暴发影响，首批新农合试点县（市）实际上迟至 7 月才相继启动，新农合制度建设正式步入实践阶段。④ 国务院确定浙江、湖北、云南和吉林四个重点联系的试点省，并从中各选一个县作为重点来抓⑤，同时要求其他省也安排 2—3 个县（市、区）开展新农合试点工作。2003 年 9 月，经国务院批复，国务院新型农村合作医疗部际联席会议制度正式建立，成员单位包括卫生部、财政部、农业部等 11 个部门，吴仪副总理担任部际联席会议组长，日常工作由

---

① 李长明：《发展与启迪：新农合十年回顾》，青岛：新农合制度实施十周年"政策与实践"管理研讨会，2012 年版。

② 国务院办公厅：《国务院办公厅转发卫生部等部门关于建立新型农村合作医疗制度意见的通知（国办发〔2003〕3 号）》，《中华人民共和国国务院公报》2003 年第 6 期。

③ 卫生部办公厅：《关于做好新型农村合作医疗试点工作的通知（2003 年 3 月 24 日卫办基妇发〔2003〕47 号）》，《新型农村合作医疗文件汇编（2002—2011）》，卫生部农村卫生管理司、卫生部新型农村合作医疗研究中心 2011 年版。

④ 卫生部基妇司前主要领导访谈，2013 年 1 月 17 日。

⑤ 吴仪．扎扎实实做好新型农村合作医疗试点工作（吴仪同志 2003 年 12 月 4 日在全国新型农村合作医疗试点工作会议上的讲话），引自 http：//news. xinhuanet. com/newscenter/2004 – 02/29/content_1337061. htm。

卫生部负责。① 截至 2003 年底，全国首批共 304 个县（市、区）开展了新农合试点工作。②

2003 年 12 月初，国务院全国新农合试点工作会议在湖北宜昌召开。总书记和总理都就本次会议做出了重要指示。吴仪副总理出席会议，并做了题为《扎扎实实做好新型农村合作医疗试点工作》的讲话。2004 年 1 月 13 日，国务院办公厅转发卫生部等部门《关于进一步做好新型农村合作医疗试点工作的指导意见》（国办发〔2004〕3 号），强调了试点工作的重要性、复杂性和艰巨性，决定"2004 年原则上不再扩大试点数量"。③

2004 年 8 月，国务院办公厅下发《关于做好 2004 年下半年新型农村合作医疗试点工作的通知》，部署对 2003 年启动的试点县（市）的检查评估工作，并对 2004 年下半年的试点工作和 2005 年扩大试点的准备工作提出了具体要求，重点强调了补偿方案、资金管理和经办机构能力建设的重要性。④ 10 月 22—23 日，2004 年全国新农合试点工作会议在北京召开。这次会议确定了 2005 年新农合要"积极稳妥地扩大试点"的发展基调：中西部地区按每个市（地）有一个试点县（市）的原则考虑扩大试点，东部省份适当加快试点步伐，要求新增试点县（市）2004 年内完成农民缴费工作，并将合作医疗补助资金纳入 2005 年地方各级政府预算，落实政府补助资金预拨，确保 2005 年 1 月 1 日启动运行；同时，将试点县（市）新农合相关人员培训、新农合风险基金管理、经办机构能力建设（特别是信息化建设）提上重要议事日程。⑤ 到 2004 年底，全国新农合试点县（市）从 304 个小

① 国务院：《国务院关于同意建立新型农村合作医疗部际联席会议制度的批复（国函〔2003〕95 号）》，《中华人民共和国国务院公报》2003 年第 29 期。

② 新型农村合作医疗试点工作评估组：《发展中的中国新型农村合作医疗：新型农村合作医疗试点工作评估报告》，人民卫生出版社 2006 年版。

③ 国务院办公厅：《国务院办公厅转发卫生部等部门关于进一步做好新型农村合作医疗试点工作指导意见的通知（2004 年 1 月 13 日　国办发〔2004〕3 号）》，《中华人民共和国国务院公报》2004 年第 8 期。

④ 国务院办公厅：《国务院办公厅关于做好 2004 年下半年新型农村合作医疗试点工作的通知》，《中华人民共和国国务院公报》2004 年第 27 期。

⑤ 《2004 年全国新型农村合作医疗试点工作会议在京召开》，2004 年，引自：http://www.moh.gov.cn/wsb/pM30109/200804/18576.shtml，2013 年 1 月 31 日访问。

幅增加至 333 个，参合农民 0.8 亿，参合率 75.2%。[①]

2005 年 8 月 10 日，国务院第 101 次常务会议研究了加快建立新农合制度问题，要求各地未来两年扩大试点，加快推进，到 2008 年基本建立起新农合制度。[②] 9 月 13—14 日，国务院全国新农合试点工作会议在江西南昌召开，吴仪在讲话中强调，"加快建立新型农村合作医疗制度"，并提出了 2006 年和 2007 年试点县覆盖面要分别达到 40% 和 60% 的目标，优先安排符合条件的贫困县试点，提高中央和地方财政支持力度。[③] 这表明，经过两年多的探索，中央对建立新农合制度的态度正在从稳步发展转向加快推进。到 2005 年底，全国新农合试点县（市、区）达到 678 个，参合农民 1.79 亿，参合率 75.7%。[④]

（三）扩大试点，全面推进（2006—2008 年）

2006 年 1 月 10 日，卫生部等部门联合下发《关于加快推进新型农村合作医疗试点工作的通知》，具体安排扩大试点工作，力争"2010 年实现新型农村合作医疗制度基本覆盖农村居民的目标"。[⑤]《通知》要求，从 2006 年起中央和地方政府对参合农民的补助从 10 元提高到 20 元，并进一步扩大了中央财政补助范围[⑥]。

回过头来看，2006—2008 年这三年的全面推进，不仅体现为新农合试

[①]　新型农村合作医疗试点工作评估组：《发展中的中国新型农村合作医疗：新型农村合作医疗试点工作评估报告》，人民卫生出版社 2006 年版，第 21 页。

[②]　新华社：《研究加快建立新型农村合作医疗制度问题》，《人民日报》2005 年 8 月 11 日第 1 版。

[③]　朱玉、李美娟：《吴仪在全国新型农村合作医疗试点工作会议上强调加快建立新型农村合作医疗制度》，《人民日报》2005 年 9 月 15 日第 2 版。

[④]　新型农村合作医疗试点工作评估组：《发展中的中国新型农村合作医疗：新型农村合作医疗试点工作评估报告》，人民卫生出版社 2006 年版，第 21 页。

[⑤]　卫生部：《关于新型农村合作医疗信息系统建设的指导意见（2006 年 11 月 22 日　卫农卫发〔2006〕453 号）》，《新型农村合作医疗文件汇编（2002—2011）》，卫生部农村卫生管理司、卫生部新型农村合作医疗研究中心 2011 年版。

[⑥]　卫生部：《关于新型农村合作医疗信息系统建设的指导意见（2006 年 11 月 22 日　卫农卫发〔2006〕453 号）》，《新型农村合作医疗文件汇编（2002—2011）》，卫生部农村卫生管理司、卫生部新型农村合作医疗研究中心 2011 年版。

点县（市、区）范围的快速扩大，更表现为规范补偿方案、基金管理、信息统计等文件相继出台，新农合运行的制度体系渐趋完善。到 2008 年底，中国 2729 个县（市、区）已初步建立起新农合制度，参合农民总数达到8. 15 亿人，参合率为 91. 5%①，基本上实现了对中国农村居民的全覆盖。

（四）"新医改"下的新发展（2009 年以来）

2009 年 3 月 17 日，中共中央、国务院联合下发《关于深化医药卫生体制改革的意见》（中发〔2009〕6 号），标志着中国新医改正式启动。国务院印发的《医药卫生体制改革近期重点实施方案（2009—2011 年）》（国发〔2009〕12 号），对新农合参合率、补偿标准以及三级医疗卫生网络建设等方面，都提出了更具体的要求。② 随着新医改逐步深入，新农合开始嵌入到中国大医改系统中发展完善。

这期间，中央政府出台的有关新农合的政策，基本上是落实新医改大政方针的具体举措。与新医改相适应，卫生部、财政部等部门相继出台了新农合就医即时结报试点、药品报销目录等政策，与不同基本医药保障制度的转移和接续政策，以及开展儿童重大疾病保障试点等政策。同时，在前期广泛试点的基础上，中央进一步规范了新农合基金使用③，加强基金管理④，加强新农合管理能力建设⑤，以实现新农合的可

①　卫生部统计信息中心：《2008 年我国卫生事业发展统计公报》。

②　国务院：《国务院关于印发医药卫生体制改革近期重点实施方案（2009—2011 年）的通知（国发〔2009〕12 号）》，《中华人民共和国卫生部公报》2009 年第 5 期。

③　卫生部办公厅：《卫生部办公厅关于规范新型农村合作医疗基金使用管理的通知（2010 年 4 月 6 日卫办农卫发〔2010〕53 号）》，《新型农村合作医疗文件汇编（2002—2011）》，卫生部农村卫生管理司、卫生部新型农村合作医疗研究中心 2011 年版。

④　主要内容参见卫生部、财政部《卫生部、财政部关于进一步加强新型农村合作医疗基金管理的意见（2011 年 5 月 25 日卫农卫发〔2011〕52 号）》，《新型农村合作医疗文件汇编（2002—2011）》，卫生部农村卫生管理司、卫生部新型农村合作医疗研究中心 2011 年版；卫生部办公厅《卫生部办公厅关于规范新型农村合作医疗基金使用管理的通知（2010 年 4 月 6 日办农卫发〔2010〕53 号）》，《新型农村合作医疗文件汇编（2002—2011）》，卫生部农村卫生管理司、卫生部新型农村合作医疗研究中心 2011 年版。

⑤　主要内容参见卫生部办公厅《关于卫生部新型农村合作医疗技术指导组 2009—2010 年度有关工作的通知（卫办农卫发〔2009〕47 号）》；卫生部办公厅《关于印发〈2009 年中西部地区新型农村合作医疗管理能力建设项目管理方案〉的通知（2009 年 12 月 22 日　卫办农卫发〔2009〕228 号）》，《新型农村合作医疗文件汇编（2002—2011）》，卫生部农村卫生管理司、卫生部新型农村合作医疗研究中心 2011 年版。

持续发展。到 2010 年，卫生部认为新农合制度已基本成熟，可在总结实践经验基础上，以立法进一步规范。因此，卫生部组织专家起草了新农合管理条例；在征求了部际联席会议成员单位意见基础上，卫生部于 2010 年 7 月 2 日上报了《新型农村合作医疗管理条例（送审稿）》，提请国务院审议。

四　本章小结

从 20 世纪 50 年代基层农民的自发实践，到人民公社化运动中以政治动员红遍全国的辉煌，再到 20 世纪初中央启动新农合制度建设并初步实现全国覆盖，"合作医疗"作为一种应对农民医疗卫生挑战的制度体系，迄今已走过半个多世纪。

在集体化时期，传统合作医疗作为社会主义制度下的社员福利事业，因最高领导人亲自推动和"总体性社会"下强有力的政治动员而迅速覆盖全国；改革开放以后，传统农合迅速解体，其中除了制度设计和运行本身的缺陷以及其经济基础的坍塌外，中央和地方政府认识上的偏差，以及这种认识偏差导致的不作为（甚至反对），也是极为重要的影响因素。两次重建失败的教训和一系列受控政策试验的经验，都使中央逐渐认识到，市场经济大环境下合作医疗体系的重建，离不开中央政府明确的政策导向和财政投入。2003 年以来新农合试点工作的实践再次证明，中央政府的政策支持和财政投入对这一体系的建立和发展具有重要意义。

纵观不同历史时期合作医疗体系的起伏跌宕，中央政府始终扮演着非常重要的角色。当中央政府强力支持时，农村合作医疗覆盖率即会大幅上升；而当中央政府对其放任自流甚至暗中反对时，合作医疗发展则往往会陷入困境。这从一个侧面有力地证明了集权体制安排下中央政府对于社会政策的巨大影响力。

第四章

政策议程设置：结构、过程与路径

政策议程设置（agenda setting），简而言之，就是政府对各种政策议题（issues）依其重要性进行排序。[①] 它是连接政策议题和决策制定的关键环节。一定时期内，政府的财政、组织等资源以及政府官员的注意力，较之潜在的公共议题，都是非常有限的；只有少数议题才能赢得竞争，最终提上政府议事日程。[②] 换言之，在决策之前，政府首先要对各种政策议题进行取舍。唯有跨过议程设置之门，政策议题才有望进入决策和执行环节。以此观之，影响议程设置的权力，尽管经常易被忽视，但其重要性可以说丝毫不逊于影响决策的权力，他们共同构成了"权力的两面"[③]。本章将基于伊斯顿的系统分析思想，同时借用金登的源流和政策窗口等术语体系，以时间为轴线，尝试打开新农合政策子系统运作的"黑箱"，集中讨论农民健康保障问题进入政策议程设置的主要路径，并分析不同路径中关键行动者、行为动机和成功要素，探析社会政策议程设置的路径模式。

---

① Kingdon, John W., *Agendas, Alternatives and Public Policies*, New York: Harper Collins, 1995, p. 197；中文版参见［美］金登《议程、备选方案与公共政策》，丁煌、方兴译，中国人民大学出版社 2004 年版，第 247 页；王绍光《学习机制与适应能力：中国农村合作医疗体制变迁的启示》，《中国社会科学》2008 年第 6 期，第 87 页。

② Cobb, Roger, Jennie-Keith Ross and Marc Howard Ross, "Agenda Building as a Comparative Political Process", *The American Political Science Review*, Vol. 70, No. 1, 1976, pp. 126 – 138；［美］安德森：《公共政策制定》，谢明等译，中国人民大学出版社 2009 年版。

③ Bachrach, Peter and Morton S. Baratz, "Two Faces of Power", *The American Political Science Review*, Vol. 56, No. 4, 1962, pp. 947 – 952.

一　超越多源流：构建基于系统分析思想的议程设置框架

（一）金登多源流框架的核心思想

关于政策议程设置，密歇根大学政治学教授约翰·W. 金登教授1984 年提出的多源流框架（multiple-streams framework，MSF），是颇具影响力的框架。该框架借鉴了科恩（Michael D. Cohen）、马奇（James G. March）和奥尔森（Johan P. Olsen）提出的垃圾桶模型（garbage can model）的源流思想和逻辑。① 究其本质，多源流是一个模糊性条件下基于时间的逻辑分析框架。②

多源流框架的核心观点是，议程设置可视为是由问题源流、政策方案源流和政治源流这三个源流构成的，它们遵循各自的动力和规则，相互独立并且没有先后顺序，在某一个特定的时间，三个源流会聚合起来，从而打开"政策窗口"（policy window），使政策议题进入议程。③ 而所谓政策窗口，就是"政策提案的倡导者推广其解决方案或促使其问题受到关注的机会"④。金登特别强调了结合（coupling）对于议程设置的普遍重要性，"问题或者政治本身，就可以建构政府议程。但是如果问题源流、政策源流和政治源流这三条源流都聚合在一起，那么这个议题进入政策议程的可能性会显著提高"，"若三个源流中缺少某一种，如缺少解决办法，未能发现问题或问题不太紧迫，或缺少政治源流的支持，那么该议题在政策议程中的位置会稍纵即逝；尽管政策窗口也可以短暂开

---

① Cohen, Michael D. , James G. March and Johan P. Olsen, "A Garbage Can Model of Organizational Choice", *Administrative Science Quarterly*, Vol. 17, No. 1, 1972, pp. 1 – 25.

② Zahariadis, Nikolaos, "Ambiguity, Time, and Multiple Streams", in Paul A. Sabatier, ed. , *Theories of the Policy Process*, Boulder, Colorado: Westview Press, 1999, pp. 73 – 93.

③ ［美］金登：《议程、备选方案与公共政策》，丁煌、方兴译，中国人民大学出版社2004 年版，第四章。

④ Kingdon, John W. , *Agendas*, *Alternatives and Public Policies*, New York: Harper Collins, 1995, p. 165.

启，但如不能及时实现三个源流的结合，政策窗口就很快会关闭"。①

政策窗口通常是由政治源流中的重大事件或迫在眉睫的问题开启的；但其开启的时间通常不会太长；人事变动、焦点事件的消逝以及缺乏可行的备选方案等，都会使让窗口关闭。② 而当决策者认为问题迫在眉睫，备选方案又符合政治上可接受的标准时，它就更有望进入决策议程——这就是金登强调的三源流结合的重要性③；而在抓住政策窗口，以促进问题、政策方案和政治三源流结合方面，政策企业家扮演着重要角色④。

（二）多源流理论的扩展和修正

扎哈里尔迪斯（Nikolaos Zahariadis）等以英法两国石油、电信和铁路部门的私有化过程为案例，证明了多源流框架在欧洲的适用性，并对其进行了扩展和修正。⑤ 这主要包括：第一，关注范围从议程设置，扩展至包括议程设置和决策在内的整个政策形成过程（policy formation process）；第二，应用范围从弱政府和地方分权的美国，拓展至政府间冲突更小的英国等欧洲国家；第三，分析单元聚焦到试图模型化私有化这样的单一议题；并将金登模型中多维度的政治源流整合为这一个变量，即"执政党的意识形态"。⑥ 这一修正，使多源流框架能更好地适应像英国和法国这样政党主导政治源流，执政党（或执政党联盟）意识形态对议程设置具有重要影响的政治体。

自金登关于多源流框架的专著和扎哈里尔迪斯对多源流框架的评述于 2003 年和 2004 年相继被译为中文出版以后，国内学者开始广泛地运

---

① Kingdon, John W. , *Agendas, Alternatives and Public Policies*, New York：Harper Collins, 1995, p. 179.

② Ibid. , pp. 168 – 171.

③ Ibid. , pp. 174 – 179.

④ Ibid. , pp. 183 – 184.

⑤ Zahariadis, Nikolaos, Christopher S. Allen, "Ideas, Networks, and Policy Streams：Privatization in Britain and Germany", *Review of Policy Research*, Vol. 14, No. 1 – 2, 1995.

⑥ Zahariadis, Nikolaos, "Ambiguity, Time, and Multiple Streams", in Paul A. Sabatier, ed. , *Theories of the Policy Process*, Boulder, Colorado：Westview Press, 1999, pp. 73 – 93.

用多源流框架分析中国政策过程。个案研究涉及了收容遣返政策[①]、房贷险政策[②]、流浪乞讨人员管理政策[③]、科研不端行为处理政策[④]、跨行政区水污染防治[⑤]、博士后政策[⑥]、汶川地震后危机政策[⑦]、《国家突发公共事件总体应急预案》[⑧]、《民办教育促进法》[⑨]、住房政策[⑩]、土地流转政策[⑪]、《校车安全管理条例》[⑫] 等多个领域。上述研究表明，多源流这个高度简约的分析框架，对于中国政策议程设置具有较强解释力。

（三）打开议程设置的"黑箱"

金登提出的多源流框架，为研究政策议程设置提供了一个高度简约、易于应用的分析工具，并定义问题源流、政治源流、政策源流、政策原汤、政策窗口等一套形象的术语体系。但从本质上讲，多源流框架回答的核心问题是：一个政策议题具备哪些条件时更易于打开政策窗口，提上政府议程；但对于政策议题最终是通过何种路径，以何种方式打开政策窗口来实现议程设置的，多源流框架没有给出答案。换言之，

---

① 周超、颜学勇：《从强制收容到无偿救助——基于多源流理论的政策分析》，《中山大学学报》（社会科学版）2005 年第 6 期。

② 崔婷婷、周琛、王超：《用多源流理论分析我国房贷险现状》，《华中农业大学学报》（社会科学版）2006 年第 5 期。

③ 王波：《多源流视角下的流浪乞讨人员管理政策转型研究》，《前沿》2008 年第 1 期。

④ 王程韡：《从多源流到多层流演化：以我国科研不端行为处理政策议程为例》，《科学学研究》2009 年第 10 期。

⑤ 毕亮亮：《"多源流框架"对中国政策过程的解释力——以江浙跨行政区水污染防治合作的政策过程为例》，《公共管理学报》2007 年第 2 期。

⑥ 许士荣：《我国博士后政策制定的模型分析》，《清华大学教育研究》2009 年第 6 期。

⑦ 肖莎：《多源流分析框架对后危机政策制定的解释力》，《理论导报》2009 年第 9 期。

⑧ 甄智君：《从制定〈国家突发公共事件总体应急预案〉看中国政策议程设置途径——基于多源流理论的分析》，《中山大学研究生学刊》（社会科学版）2010 年第 1 期。

⑨ 吴越：《多源流理论视野中的教育政策议题形成分析——以〈民办教育促进法〉为例》，《现代教育管理》2010 年第 1 期。

⑩ 柏必成：《改革开放以来我国住房政策变迁的动力分析——以多源流理论为视角》，《公共管理学报》2010 年第 4 期。

⑪ 王甲：《多源流视角下的土地流转政策过程分析》，复旦大学 2011 年硕士学位论文。

⑫ 魏志荣：《多维视角下的公共政策议程建构过程分析——基于〈校车安全管理条例〉的案例研究》，《行政与法》2012 年第 10 期。

多源流框架本质上还是对政策议程设置过程的外部观察。

从目前国内基于多源流视角展开的实证研究来看，多侧重于对某一政策议题的议程设置进行事后解释。其研究过程多是运用政策文本和新闻报道等二手资料进行分析，缺少对政策过程参与者的深入访谈，势必缺乏对议程设置中关键行动者以及行动过程和逻辑的关注。[①] 可以说，中国场域下政策议题议程设置的具体路径和机制，仍然是一个我们知之甚少的黑箱。

有鉴于此，本章将扬弃金登的多源流框架，基于伊斯顿的系统分析思想，进入政策子系统内部，以时间为主轴再现新农合政策议程设置过程，观察梳理政策议程设置的路径（如图4-1）。

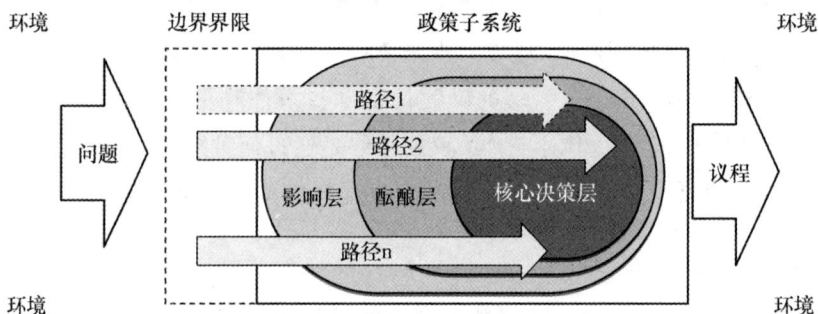

图4-1 基于系统分析思想的议程设置框架

二 政策源头：传统农合解体以来 中国农村卫生困境

问题是公共政策的源头。美国政治学家格斯顿曾指出，"公共政策的产生，是问题累积到社会的一个部门或若干部门到了要采取行动的时候。问题的产生先于政策"[②]。所谓问题，简而言之，就是"尚未实现

---

① 许士荣对于中国博士后政策议程设置的研究是一个例外，他关注了政治领袖、文化精英和高级官员在议程设置中的角色和互动，参见许士荣《我国博士后政策制定的模型分析》，《清华大学教育研究》2009年第6期。

② ［美］格斯顿：《公共政策的制定：程序和原理》，朱子文译，重庆出版社2001年版，第22页。

的需要、价值或改进的机会"[1]。传统农合解体以来农村卫生面临的日益严峻的挑战，是新农合政策的源头。

在传统计划经济时代，以集体经济为基础建立的传统农合、三级医疗卫生保健网和赤脚医生体系，为广大农民提供了低水平、广覆盖的基本医疗保障。20 世纪 80 年代初，世界银行和世界卫生组织考察来中国农村卫生后认为，"合作医疗制度，是发展中国家群众解决卫生经费的唯一范例"[2]。

（一）传统农合解体使农民失去基本医疗保障

1982 年以后，中国在全国范围内重新确立了家庭经营在农村经济的基础地位，改变了农业的经营主体和农村的积累主体，这对以集体经济为基础的乡村卫生体系造成了极大冲击。[3] 加之政府对卫生保健，特别是农村卫生保健投入下降，以及传统农合制度设计和管理上存在的问题[4]和主管部门认识上的分歧[5]，传统农合迅速衰退。到 20 世纪 80 年代中后期覆盖率急剧下降到 10% 以下，最低谷时只有约 5%。[6] 与此同时，作为农村三级卫生保健网络重要一环的赤脚医生队伍，也陷入了"网破、线断、人散"的局面。广大农村基层卫生机构的坍塌和农村合作医疗体系的瓦解，使广大农村看病难、看病贵、因病致贫、因病返贫等问题愈演愈烈。

1993 年第一次全国卫生服务调查结果显示，农村人口 84.1% 是自费医疗，未被任何健康保障制度覆盖；而同期城市为 27.3%，农村比城市高 56.8%；农村人口享受免费医疗的比例仅为 2.69%，而同期城

---

① Dunn, William N., *Public Policy Analysis: An Introduction*, 中国人民大学出版社 2004 年版，第 57 页。

② 世界银行：《1993 年世界发展报告：投资于健康》，中国财政经济出版社 1993 年版，第 211 页。

③ 陈锡文：《中国农村经济体制变革和农村卫生事业的发展》，《中国卫生经济》2001 年第 1 期。

④ 朱玲：《政府与农村基本医疗保健保障制度选择》，《中国社会科学》2000 年第 4 期。

⑤ 张自宽：《对合作医疗早期历史情况的回顾》，《中国卫生经济》1992 年第 6 期。

⑥ 李长明、汪早立、王敬媛：《建国 60 年我国农村卫生的回顾与展望》，《中国卫生政策研究》2009 年第 10 期。

市为 50.79%，农村比城市低 38.0%。[①] 1998 年第二次全国卫生服务调查显示，农村未被医疗保障体系覆盖的人群比例已增至 87.3%[②]，这意味着近九成农民看病完全靠自掏腰包。如表 4 - 1 所示。

表 4 - 1　　中国城乡人口医疗保障体系构成（1993 年和 1998 年）

调查时间	1993			1998		
调查地区	地区合计（%）	城市合计（%）	农村合计（%）	地区合计（%）	城市合计（%）	农村合计（%）
公费医疗	5.76	18.22	1.56	4.91	16.01	1.16
劳保医疗	9.74	35.26	1.13	6.16	22.91	0.51
半劳保医疗	3.80	12.93	0.72	1.60	5.78	0.19
医疗保险	0.31	0.25	0.33	1.87	3.27	1.39
统筹医疗	0.30	0.87	0.10	0.39	1.42	0.04
合作医疗	7.74	1.62	9.81	5.61	2.74	6.57
自费医疗	69.86	27.28	84.11	76.42	44.13	87.32
其他形式	2.49	3.57	2.24	3.04	3.73	2.81

数据来源：中华人民共和国卫生部：《1993 年第一次国家卫生服务调查产出表》，引自原卫生部网站：http://www.moh.gov.cn/mohwsbwstjxxzx/s8211/201009/49135.shtml，2013 年 1 月 31 日访问。

中华人民共和国卫生部：《1998 年第二次国家卫生服务调查产出表》，引自原卫生部网站：http://www.moh.gov.cn/mohwsbwstjxxzx/s8211/201009/49141.shtml，2013 年 1 月 31 日访问。

（二）个人负担卫生费用过快增长，加剧因病致贫和因病返贫问题

20 世纪 80 年代初，中国启动了医疗卫生体系的市场化改革；在引入新技术、以药品谋利和过度医疗等因素共同推动下，中国医疗卫生费用迅速增长。[③] 数据显示，2002 年中国卫生总费用达到 5684.63 亿元，

---

① 中华人民共和国卫生部：《国家卫生服务研究——1993 年国家卫生服务总调查分析报告》，引自原卫生部网站：http://www.moh.gov.cn/mohwsbwstjxxzx/s8211/201009/49159.shtml，2013 年 1 月 31 日访问。

② 中华人民共和国卫生部：《国家卫生服务研究——1998 年第二次国家卫生服务调查分析报告》，引自原卫生部网站：http://www.moh.gov.cn/mohwsbwstjxxzx/s8211/201009/49160.shtml，2013 年 1 月 31 日访问。

③ Blumenthal, David and William Hsiao, "Privatization and Its Discontents—the Evolving Chinese Health Care System", *New England Journal of Medicine*, Vol. 353, No. 11, 2005, pp. 1165 - 1170.

是 1978 年卫生总费用的 51.6 倍；而 2002 年政府预算卫生支出则仅为
1978 年的 24.4 倍，占比相应地从 1978 年的 32.2% 降至 2002 年的
15.2%；同期社会卫生支出占比从 1978 年的 47.4% 下降至 2002 年的
26.5%；而个人现金卫生支出占比则从 20.4% 飙升至 58.3%，2002 年，
个人现金卫生支出达 3316.5 亿元，是 1978 年的 147.3 倍。① 而 2002 年
农民人均纯收入则仅为 1978 年的 18.5 倍——个人现金卫生支出增长速
度远高于农民人均纯收入增长（见表 4-2）②。

表 4-2　中国卫生费用规模和结构变化及与农村人均纯收入的比较

（1978—2002 年）

时间	卫生总费用（亿元）	政府预算卫生支出		社会卫生支出		个人现金卫生支出		农民人均纯收入（元）
		规模（亿元）	占比%	规模（亿元）	占比%	规模（亿元）	占比%	
1978	110.21	35.44	32.2	52.25	47.4	22.52	20.4	133.57
1985	279.00	107.65	38.6	91.96	33.0	79.39	28.5	397.60
1990	747.39	187.28	25.1	293.10	39.2	267.01	35.7	686.31
1995	2155.13	387.34	18.0	767.81	35.6	999.98	46.4	1577.74
2000	4586.63	709.52	15.5	1171.94	25.6	2705.17	59.0	2253.42
2001	5025.93	800.61	15.9	1211.43	24.1	3013.89	60.0	2366.40
2002	5684.63	864.49	15.2	1503.62	26.5	3316.52	58.3	2475.63
2002/1978	51.6 倍	24.4 倍		28.8 倍		147.3 倍		18.5 倍

数据来源：卫生费用引自中华人民共和国卫生部《中国卫生统计年鉴2004》，中国协和医
科大学出版社 2004 年版；农民人均纯收入数据引自中华人民共和国国家统计局《中国统计年
鉴 1993》，中国统计出版社 1993 年版；中华人民共和国国家统计局《中国统计年鉴 1996》，
中国统计出版社 1996 年版；中华人民共和国国家统计局《中国统计年鉴 2000》，中国统计出
版社 2000 年版；中华人民共和国国家统计局《中国统计年鉴 2003》，中国统计出版社 2003
年版。

----

① 中华人民共和国卫生部：《中国卫生统计年鉴 2004》，中国协和医科大学出版社 2004
年版。

② 中华人民共和国国家统计局：《中国统计年鉴 2003》，中国统计出版社 2003 年版。

上述因素的共同作用，使农民"因病致贫"和"因病返贫"问题日渐凸显。20 世纪 90 年代末，一些研究者在贫困地区开展的调查表明，疾病已成为家庭致贫的首要原因。[①] 1998 年国家卫生服务调查数据亦显示，"缺乏劳动力"以及"疾病和意外伤害"，已超过"自然条件差"，成为造成其贫困的主要原因。具体参见表 4 - 3。

表 4 - 3　　农村贫困家庭认为造成其贫困的主要原因 （1998，%）

致贫原因	全国农村	一类农村	二类农村	三类农村	四类农村
	（n = 2036，5.06%）	（n = 382，3.97%）	（n = 431，3.59%）	（n = 777，5.63%）	（n = 446，9.29%）
劳动力少	23.13	27.75	20.19	19.82	27.80
疾病损伤	21.61	23.82	22.74	24.32	13.90
自然条件差	16.94	7.33	9.05	18.53	30.04
人为原因	10.56	9.42	9.05	10.81	12.56
自然灾害	3.54	1.05	2.55	3.73	6.28
其他	24.21	30.63	36.43	22.78	9.42

数据来源：中华人民共和国卫生部：《1998 年第二次国家卫生服务调查产出表》，表 15，引自原卫生部网站：http://www.moh.gov.cn/mohwsbwstjxxzx/s8211/201009/49141.shtml。2013 年 1 月 31 日访问。

刘远立等人以 1993 年和 1998 年全国卫生服务调查数据为基础，用 Pen 氏队列计算了医疗费用对农村贫困的影响。结果显示，1998 年因病致贫家庭占贫困家庭总数的比重从 1993 年的 26.4% 上升至 45.15%，因病致贫问题日趋严重（见表 4 - 4）。[②]

---

① 刘远立、饶克勤、胡善联：《政府支持与农村健康保障制度》，《中国卫生经济》2002 年第 5 期，第 13 页。

② Liu, Yuanli, Keqin Rao and William C Hsiao, "Medical Expenditure and Rural Impoverishment in China", *Journal of Health*, *Population and Nutrition*, Vol. 21, No. 3, 2003, pp. 216 - 222；刘远立、饶克勤、胡善联：《政府支持与农村健康保障制度》，《中国卫生经济》2002 年第 5 期。

表 4 - 4　　　　医疗费用对农村贫困的影响（1993，1998）

项目	全国农村		一类农村		二类农村		三类农村		四类农村	
	1993	1998	1993	1998	1993	1998	1993	1998	1993	1998
贫困率%	23.26	7.22	14.01	4.28	17.59	3.26	26.26	6.40	49.01	24.99
医疗费用导致的"贫困家庭比例"增加%	6.14	3.26	4.92	2.53	6.14	2.45	7.66	4.04	4.53	4.42
因病致贫家庭占贫困家庭总数的比重%	26.40	45.15	35.12	59.11	34.91	75.15	29.17	63.13	9.24	17.69

说明：贫困家庭比例是指贫困家庭占家庭总数的百分比。

数据来源：Liu, Yuanli, Keqin Rao and William C Hsiao, "Medical Expenditure and Rural Impoverishment in China", *Journal of Health*, *Population and Nutrition*, Vol. 21, No. 3, 2003, p. 220。

三　对农村健康保障政策方案的探索和倡导

（一）探索政策方案的受控试验

从 20 世纪 80 年代起，在世界银行和世界卫生组织等国际机构支持下，由卫生部等政府部门牵头，相继在全国开展了一系列农村卫生保障制度研究和政策试验（见表 4 - 5）。这些试验和传统农合、少数地区自发的农村卫生保障体系实践一起，为新农合政策方案积淀了专业知识。对典型模式农村健康保障模式的总结。[①]

表 4 - 5　20 世纪 80 年代至 2002 年主要农村健康保障制度实证研究
与试验项目概览

主要组织者	项目名称	项目概要	主要发现
世界银行贷款，卫生部和美国兰德公司合作	中国农村健康保险试验研究（CRHIE）	在四川省简阳和眉山县开展，1985 年开始规划，1987—1988 年试点阶段覆盖 4 个村庄，1989—1990 年的第二阶段扩展至 26 个村庄	健康保险对于农村医疗卫生服务筹资和提升卫生服务能力是很有效的；要平衡期望的保费水平和覆盖率，保费设定在人均收入的 1.5%～2%；在农村保费收缴是很大的挑战；管理和县乡村领导的支持是非常重要的

① 胡善联：《中国农村合作医疗模式概览》，《中国初级卫生保健》2003 年第 9 期。

续表

主要组织者	项目名称	项目概要	主要发现
卫生部医政司、安徽医科大学、北京市卫生局、山东省卫生厅、湖北省卫生厅联合课题组	农村合作医疗保健制度系列研究	1987年在湖北广济，山东招远和栖霞，北京昌平，以1982年以来历史数据为基础开展的合作医疗和自费医疗对比研究	在19项指标中，合作医疗组在15项指标上优于自费医疗组，民意调查显示超过65%的干部、群众赞成合作医疗；领导层的认识至关重要；合作医疗的内容和形式应多样化①
卫生部政策与管理研究专家委员会课题组	中国农村医疗保健制度系列的研究	1988—1990年在16个省20个县抽样调查	农村医疗服务机构难以满足农民需要，医药费过高是影响农民利用卫生服务的主要障碍；农民就医主要是自费，占66%②
联合国儿童基金会（UNICEF）和国际卫生政策规划组织（IH-PP）资助，卫生部规划财务司领导，美国哈佛大学公共卫生学院提供技术支持，中国卫生经济培训与研究网络组织实施③	中国贫困地区卫生保健筹资与组织研究	1992—1996年，14个省114个县初步调查和分析，进而抽取10个省市30个县的180个乡进行深入调研；基于此，1996—2000年，在8省市10个国家级贫困县23个乡镇进行不同模式合作医疗的大规模干预实验，旨在探寻中国数千万农村贫困人口健康保障模式；1997年在京召开"中国农村贫困地区合作医疗试点方案讨论会议"，各县方案得到卫生部同意，1998年春完成筹资启动，进入运行和监测阶段	在中国贫困农村地区建立合作医疗是必要和可行的；筹资水平应与当地经济水平一致，民政部门为特困人口缴纳参合费用，保证筹资公平；合作医疗应以家庭为单位自愿参加，以县为基础增强抗大病风险能力；以立法提高筹资的合法性与公平性；政府引导基金至关重要，贫困地区要加大政府财政支持力度④；按1993年价格计算，要解决7000万贫困人口基本卫生保健服务，每年需投入资金20.9亿元，人均30元⑤

① 农村合作医疗保健制度系列研究课题组：《农村合作医疗保健制度的系列研究》，《中国卫生经济》1988年第4期。

② 李德成：《中国农村传统合作医疗制度研究综述》，《华东理工大学学报》（社会科学版）2007年第1期。

③ 课题组成员：胡善联、魏颖、程晓明、王禄生、毛正中、韩雷亚、高建民、任苒、汪宏、李士雪、杨土保、马进、于德志、刘远立、肖庆伦。其中，魏颖和肖庆伦为课题顾问。

④ 中国卫生经济培训与研究网络：《"中国贫困地区卫生保健筹资与组织"课题研究总结》，《中国卫生经济》2001年第4期。

⑤ 魏颖、罗五金、胡善联、傅卫：《中国农村贫困地区卫生保健筹资与组织研究总报告》，《卫生软科学》1999年第1期。

续表

主要组织者	项目名称	项目概要	主要发现
国务院政策研究室和卫生部主持，世界卫生组织资助部分经费并提供技术支持①	中国农村合作医疗改革研究	1994—1998 年了浙江、江苏、北京、河南、湖北、宁夏和江西7个省（市、自治区）14个县，覆盖871万人口（其中，农村人口占86.3%），研究分为中央课题组和地方课题组，改革方案首先在项目县产生，方案起草者经过中央课题组开展的专业培训，方案还要经过中外专家论证和完善，1995年初开始实施	重建合作医疗，需政府政策和资金投入；经费筹集以农民投入为主，集体和乡镇企业予以支持，政府资金作为引导为基本模式；为实现持续发展，本级和上级政府财政要持续投入；要提高筹资水平和管理层次，扩大覆盖面，使之具有保险性质，提高抗风险能力；要科学测算和预算合作医疗资金，运用资金调整农村医疗服务体系；构建信息系统，制定长期规划②
中国政府（卫生部、财政部、国家发展和改革委）、世界银行、英国国际发展部及其他国际援助机构提供资助	加强中国农村贫困地区的基本卫生服务项目（卫生 VIII 项目）	1998—2007 年覆盖中西部10个省97个国家和省级贫困县，支持恢复和重建合作医疗，首批项目试点覆盖7个省（市）的28个项目县	改善贫困农村地区基本卫生服务，要需方和供方并重，建立基本医疗保障制度是有效办法，传统合作医疗在市场经济环境下需进一步创新③
卫生部基层卫生与妇幼保健司、联合国儿童基金会（The United Nations Children's Fund, UNICEF）	市场经济条件下合作医疗制度改革与发展研究	1999 年开展的该项研究描述了社会主义市场经济条件下合作医疗的性质，分析了实施合作医疗的必要性、可行性及主要障碍，探讨了合作医疗立法、筹资机制、管理体制和补偿模式	建立农村医疗保障制度必要而紧迫，模式上应以合作医疗保险为主；财政投入设立专项基金是农村医疗保障制度可持续发展的关键④

① 课题成员单位：卫生部、国务院研究室、北京医科大学、安徽医科大学、安徽卫生职业培训中心；课题组顾问：孙爱明、邹平、朱敖荣、陈育德；课题组成员：张朝阳（组长，医政司基层卫生处处长）、于军、李雪生、杨辉、叶宜德、汪宏、张拓红、张硕、张里程、陈家应、江启成、世界卫生组织专家：Guy Carrin 博士、Aviva Ron 博士；试点县（市）：海宁市、萧山市、启东市、兴化市、房山区、平谷县、新密市、武陟县、长阳县、武穴市、永宁县、灵武县、宜黄县、永修县。中国预防医学会主办的《中国农村卫生事业管理》杂志1996年第12期第12—66页刊发了中国农村合作医疗保健制度改革课题组的系列研究论文。

② 中国农村合作医疗保健制度改革研究中央课题组，杨辉、张朝阳：《14个县农村合作医疗保健制度改革研究（Ⅰ）（阶段性研究报告）》，《中国初级卫生保健》1996年第11期；中国农村合作医疗保健制度改革研究中央课题组，杨辉、张朝阳：《14个县农村合作医疗保健制度改革研究（Ⅱ）——（阶段性研究报告）》，《中国初级卫生保健》1996年第12期。

③ 刘运国、刘谷琮：《加强中国农村贫困地区基本卫生服务项目完工总结报告》，中国财政经济出版社2007年版。

④ 汪时东、叶宜德：《农村合作医疗制度的回顾与发展研究》，《中国初级卫生保健》2004年第4期。

续表

主要组织者	项目名称	项目概要	主要发现
世界卫生组织、联合国开发计划署（UNDP）和卫生部	中国农村合作医疗最佳实践模式研究	2000年6月开始由卫生部和世界卫生组织分别牵头，组建中国专家组和外国专家组，召开2次国际研讨会和数次专家讨论会；进而集中考察研究上海嘉定、贵州独山、江苏昆山、湖北武穴等地区典型的农村合作医疗模式	"发展合作医疗是政府的行为"，明确政府责任与政策支持，建议以立法明确合作医疗性质，明确合作医疗筹资政策，明确中央财政支持力度和地方政府筹资承诺，建立科学透明的管理制度，坚持"以家庭为单位，农民自愿参加"，提倡"乡办乡管"，并逐步向以县为单位统筹与以乡为单位互助共济方向发展；合作医疗要和农村卫生服务体系和药品购销体制改革协同推进①
亚洲开发银行、国家发展计划委员会	中国农村健康保障研究	2001年1月开始，由刘远立牵头，饶克勤和胡善联作为咨询顾问参与其中关注的核心问题是农村人口缺少医疗保险带来的问题及其原因	提出了"三个世界、三种模式"的政策建议；同时建议中央政府承担起贫困人口医疗保障筹资的主要责任

资料来源：主要根据表中参考文献整理，同时参考了曹普《1978—2002：关于农村合作医疗存废的争论与实证性研究的兴起》，《中共云南省委党校学报》2010年第1期；王绍光《学习机制与适应能力：中国农村合作医疗体制变迁的启示》，《中国社会科学》2008年第6期。

农村合作医疗保健制度系列研究课题组等研究证明，农村健康保障体系对于改善农民健康的重要意义。② 而在世界银行、联合国儿童基金会和世界卫生组织等国际机构支持下开展的一系列研究，则进一步通过试验项目，探索并检验了中国农村健康保健制度的政策方案，提高了方案设计的清晰性和可行性。如中国农村健康保险试验项目研究组在美国兰德公司和中国卫生经济培训与研究网络专家的支持下，形成较为完善

---

① 中国农村合作医疗最佳实践模式课题组：《中国农村合作医疗最佳实践模式的研究》，《中国初级卫生保健》2003年第6期。

② 农村合作医疗保健制度系列研究课题组：《农村合作医疗保健制度的系列研究》，《中国卫生经济》1988年第4期。

的试验方案设计①，并在试验基础上提出了较为完善的建议方案；该方案经卫生部组织专家论证，认为具有较强的科学性和实用性。②

综合来看，这些受控试验项目的发现主要包括：第一，建立农村健康保障制度必须强化政府责任，明确合作医疗的性质；必要的财政投入是制度可持续的关键，对于贫困地区更是如此；第二，提高健康保障的统筹层次，将传统合作医疗以行政村（生产大队）为基础，提高到以乡镇和县为基础，以增强抵御大病风险能力；第三，以家庭而不是个人为单位参加健康保障，以减少道德风险。

（二）影响政策方案的主要群体

从上述政策试验项目，可窥见中国政策子系统的一些特点。这里所谓的政策子系统，简而言之，就是政策过程中的政府和非政府的行动主体的集合；公共政策就是由政策子系统来制定和执行的。③ 上述酝酿农村健康保障政策方案的试验项目，基本上都是围绕着中央和地方卫生主管部门展开的，卫生部居于主导地位。在一些具体项目上，卫生部会与财政部、农业部、国务院研究室等部门合作。卫生部直接领导下的专家网络，为政策实验项目开展提供专业技术支持，地方卫生主管部门牵头负责具体试验项目的组织和管理。与此同时，由于试验项目得到了世界卫生组织、世界银行、联合国开发计划署等国际机构的资金资助和智力支持，这些机构的国际专家也在一定程度上参与到政策试验过程中。其中，卫生部政策与管理专家委员会和中国卫生经济培训与研究网络是两个参与最多、最深入的专家群体。他们构成了政策影响层的核心力量。

1. 卫生部政策与管理专家委员会

卫生部政策与管理研究专家委员会（以下简称政策专家委）成立于

---

① 中国农村健康保险试点工作组：《农村健康保险研究第一批试点方案》，《中国农村卫生事业管理》1987 年第 10 期。

② 郑小华：《关于在农村开展健康保险的建议方案》，《中国卫生事业管理》1993 年第 5 期。

③ Howlett, Michael and M. Ramesh, *Studying Public Policy：Policy Cycles and Policy Subsystems*, Oxford University Press, 2003, pp. 50 –51.

1987 年 3 月，旨在加强软科学研究，"促进决策科学化和民主化"；按照卫生部的定位，政策专家委的主要任务是：对卫生事业的方针、政策、管理和发展等问题组织综合性考察和论证，提出一种或几种可行性方案；对卫生改革和发展中出现的问题，进行研究和探讨，找出原因，提出调整对策，改进工作的建议和意见；组织卫生事业发展战略的探讨和研究；研究世界各国卫生事业发展的经验和问题，为领导决策提供科学信息。① 可见，卫生部政策专家委在成立之初，就具有很强的智囊和政策咨询色彩。对此，卫生部长陈敏章在政策专家委座谈会上曾直言，"我们的专家委员会是卫生部的专家委员会，是为卫生部领导做参谋的"②。

第一届政策专家委由 24 名专家组成，任期三年，由卫生部副部长（1987 年 4 月任部长）陈敏章担任主任，政策研究室副主任罗益勤任秘书长。第一届政策专家委确立了 1987 年研究课题 21 个，其中之一就是农村医疗制度改革。③ 在此基础上，1988 年 3 月，政策专家委农村医疗保健制度研究协作组成立；专家为多次组织课题报告会，并完成了一系列研究报告、论文和著作。政策专家委的周寿祺和顾杏元提出，政策导向对于农村医疗保障制度发展至关重要，而政策导向取决于各级领导的认识；农村医疗保健制度建设，是一项系统工程，需多部门增强责任意识，加强协作。④ 第一届政策专家委秘书长罗益勤也强调多部门合作对于农村健康保障制度发展的意义；强调政府要对农民健康保障制度给予少量支持；政府财政支持重点投向县乡两级卫生机构能力建设；有条件的乡镇，还可直接拨款支持农民健康保险发展。⑤ 从下面中央政策的变

---

① 平丁：《为促进决策科学化和民主化 卫生部成立政策与管理研究专家委员会》，《中国农村卫生事业管理》1987 年第 6 期，第 11 页。

② 陈敏章：《陈敏章部长在卫生部政策与管理研究专家委员会座谈会上的讲话要点》，《中国卫生事业管理》1992 年第 3 期。

③ 平丁：《为促进决策科学化和民主化 卫生部成立政策与管理研究专家委员会》，第 12 页。

④ 周寿祺、顾杏元：《加快发展农村集资医疗保健制度》，《中国初级卫生保健》1991 年第 4 期。

⑤ 罗益勤：《我国农村实行健康保险问题的研究》，《中国初级卫生保健》1989 年第 4 期。

化可以看出，政策专家委的很多发现和政策建议，最终融入了不同时期的政策中。

2. 中国卫生经济培训与研究网络

中国卫生经济培训与研究网络（China Network for Training and Research in Health Economics and Financing, CNHEF；以下简称"卫生经济网络"）是卫生部的政策智囊团和卫生政策制定的重要支持力量。① 卫生经济网络成立于 1991 年 6 月 8 日，定位于中高层次卫生经济领导干部和管理人员培训，以及卫生资源筹集政策研究。② 该网络属政府网络，由卫生部直接领导，时任卫生部副部长何界生担任指导委员会首任主任，网络创始成员包括北京医科大学、同济医科大学、华西医科大学、上海医科大学、哈尔滨医科大学和西安医科大学 6 所大学的卫生管理培训中心，以及负责网络日常协调管理的中国卫生经济研究所。③ 经过第一个 5 年发展，网络成员从 6 所医科院校扩展至 9 所④；而后，又进一步扩展了网络成员和网络观察员单位，并吸收卫生经济领域的学者作为个人会员。

卫生经济网络通过师资培训、卫生干部培训和高层次政策研讨等培训方式，多次组织外国专家来华讲学并组织卫生管理干部出国考察，这大大促进了卫生经济理论方法在中国的发展。同时，卫生经济网络是国内卫生筹资政策研究的重要力量。农村卫生筹资是卫生经济网络首批确定的 15 个重要课题之一。贫困地区卫生保健筹资与组织研究课题的研究成果，受到卫生部等部委和国务院重视。⑤

---

① 这一评价出自时任卫生部副部长王陇德在中国卫生经济培训与研究网络第十四次协调会上的讲话，参见《中国卫生经济培训与研究网络第十四次协调会在京召开》，《卫生经济研究》2004 年第 2 期。

② 中华人民共和国卫生部：《中国卫生经济培训及研究网络（1991—1995）五年计划要点（摘录）》，《中国卫生经济》1991 年第 9 期。

③ 张文鸣：《中国卫生经济培训及研究网络宣告成立》，《中国卫生经济》1991 年第 9 期。

④ 刘新明：《勤奋敬业 勇于进取 为卫生改革和发展多做贡献——中国卫生经济培训与研究网络第一个五年计划（1991—1995）总结报告》，《中国卫生经济》1996 年第 7 期。

⑤ 同上。

（三）"软化"：政策倡导与"提法"的缓慢变化

卫生部与政策专家委、卫生经济网络等卫生政策研究群体之间的紧密关系，为政策研究群体通过与政府部门的互动推动政策变迁创造了有利条件。以卫生经济网络为例，其组织原则规定，由卫生部分管副部长担任网络领导小组组长，计划财务司等部门主要负责人为领导小组成员。卫生经济网络每年至少举行一次协调会，卫生部分管副部长、计划财务司、政策法规司等相关部门负责人均会出席会议；同时，卫生经济网络还不定期地举行课题汇报会和论证会，传播网络在卫生政策领域的研究成果。《中国卫生经济》专门辟出"网络通讯"专栏，专题报道卫生经济网络动态和研究成果。政策专家委通常由卫生部部长担任主任，副部长担任副主任①，主要通过研究报告、课题报告会、专题研讨会等方式传播其政策研究成果。如 1995 年初政策专家委和上海医科大学联合在苏州举办的中国贫困农村地区健康保健研讨会，邀请了国务院政策研究室、政策专家委专家、地方相关卫生厅局以及新闻媒体等 50 余人参加。② 卫生经济网络还多次与其他部委联合举办高层政策研讨活动，例如在 1992 年，卫生经济网络与国家计委、财政部、农业部共同举办了农村卫生筹资研讨会。③ 这些活动推动了其研究成果和政策建议的分享。

从传统农合体系解体到新农合政策框架出台前，中央政府出台了一系列有关农村卫生保健制度的文件。这些文件对农村卫生筹资机制和组织管理等方面的"提法"逐渐发生了一些细微变化。这传递出中央政府对于农村合作医疗的认识变化和政策变迁的信号。其中，最重要的变化有两点：第一，逐步强化了对政府筹资责任的认识，1997 年中央文

---

① 胡焕庭：《卫生部召开政策与管理研究专家委员会第 4 届委员成立大会——张文康部长作重要讲话》，《中国卫生资源》2002 年第 1 期。

② 张敏杰：《全国贫困农村地区医疗保健制度研讨会综述》，《中国初级卫生保健》1995 年第 4 期。

③ 刘新明：《勤奋敬业 勇于进取 为卫生改革和发展多做贡献——中国卫生经济培训与研究网络第一个五年计划（1991—1995）总结报告》，《中国卫生经济》1996 年第 7 期。

件提出政府要适当支持合作医疗①，尽管对具体支持方式语焉不详，但这已成为对传统农合筹资机制的回归和超越；第二，2001 年文件明确提出了以县（市）为单位进行"大病统筹"来抵御大病风险的思路（见表 4 - 6）。② 这两点，恰恰是农村卫生保健制度一系列政策试验项目的重要发现，这构成了新农合政策的思想基础。

表 4 - 6　　中央文件对农村合作医疗筹资机制"提法"的变化

时间	文件名称	对筹资机制和管理体制的表述
1979	《农村合作医疗章程（试行草案）》	"国家积极支持、发展合作医疗事业"，"对于经济困难的社队，国家给予必要的扶植"，"合作医疗基金由参加合作医疗的个人和集体（公益金）筹集"③
1991	《国务院批转卫生部等部门关于改革和加强农村医疗卫生工作请示的通知》	"合作医疗保健制度系指在集体经济支持下，以农民互助合作为基础，按照自愿、受益和适度的原则，筹集医疗预防保健费用的多种形式的医疗保健制度"，应当"继续提倡，正确指导，改革完善，稳步推行"④
1997	《中共中央国务院关于卫生改革与发展的决定》	"坚持民办公助和自愿参加的原则"，"筹资以个人投入为主，集体扶持，政府适当支持"；"力争到 2000 年在农村多数地区建立起各种形式的合作医疗制度，并逐步提高社会化程度"⑤
1997	《国务院批转卫生部等部门〈关于发展和完善农村合作医疗若干意见〉的通知》	"要坚持民办公助、自愿量力、因地制宜的原则"，重申了"筹资以个人投入为主，集体扶持，政府适当支持"的原则，并进一步明确，"农民个人交纳的费用是农村合作医疗资金的主要来源"，"乡、村集体经济的投入是农村合作医疗资金的重要组成部分，起到扶持的作用"，"村提留公益金中应有一定数额用于农村合作医疗"；"地方各级人民政府应根据各自财力，以不同方式引导、支持农村合作医疗的建立和发展。对于农村优抚对象和特困户，由"农村集体经济组织应适当资助"；"农民自愿交纳的农村合作医疗费用，属于农民个人消费性支出"⑥

① 中共中央、国务院：《中共中央、国务院关于卫生改革与发展的决定》，《中国农村卫生事业管理》1997 年第 2 期。

② 国务院办公厅：《国务院办公厅转发国务院体改办等部门关于农村卫生改革与发展指导意见的通知（国办发〔2001〕39 号）》，《中华人民共和国国务院公报》2001 年第 21 期。

③ 卫生部：《农村合作医疗章程（试行草案）（1979 年 12 月 15 日卫生部发布）》。

④ 国务院：《国务院批转卫生部等部门关于改革和加强农村医疗卫生工作请示的通知（国发〔1991〕4 号）》，《中华人民共和国国务院公报》1991 年第 3 期。

⑤ 中共中央、国务院：《中共中央、国务院关于卫生改革与发展的决定》，《中国农村卫生事业管理》1997 年第 2 期。

⑥ 国务院：《国务院批转卫生部等部门关于发展和完善农村合作医疗的若干意见的通知（国发〔1997〕18 号）》，《中华人民共和国国务院公报》1997 年第 18 期。

续表

时间	文件名称	对筹资机制和管理体制的表述
1998	《中共中央关于农业和农村工作若干重大问题的决定》	要"完善农村医疗卫生设施，稳步发展合作医疗，提高农民健康水平"①
2001	《国务院办公厅转发国务院体改办等部门〈关于农村卫生改革与发展指导意见〉的通知》	要求地方政府重视农民因病致贫和因病返贫问题，"加强组织引导，支持实行多种形式的农民健康保障办法，建立适合农村经济状况的筹资机制和管理体制"，但对于筹资机制并无具体提法；地方政府要加强对合作医疗的组织领导，"按照自愿量力、因地制宜、民办公助的原则，继续完善与发展"；在筹资机制上，沿袭"合作医疗筹资以个人投入为主，集体扶持，政府适当支持"的提法，但提出了以"大病统筹"抵御大病风险的思路，"有条件的地区，提供以县（市）为单位实行大病统筹，帮助农民抵御个人和家庭难以承担的大病风险"

资料来源：笔者根据中央政府出台的文件整理。

四 科层路径：跨部门政策议程设置的共识困境

（一）部门议程设置

20世纪90年代两次试图重建农村合作医疗的努力，最终都无功而返，农村医疗卫生面临着更为严峻的挑战。在这样的背景下，1998年卫生部成立了基层卫生与妇幼保健司（以下简称基妇司）。此前，农村卫生和城市卫生的管理职能，都主要由医政司承担；但医政司关注的重心，是城市里的大医院，而农村卫生在医政这个大的工作盘子中，难免会排不上队。② 因此，以农村卫生管理为主要职能的基妇司的成立，有利于提升农村卫生工作在卫生部中的地位。

基妇司成立伊始就组织开展了深入的农村卫生调研工作，为农村卫生政策制定做准备。1999年卫生部暑期工作会召开之际，时任卫生部

---

① 中共中央：《中共中央关于农业和农村工作若干重大问题的决定（1998年10月14日中国共产党第十五届中央委员会第三次全体会议通过）》，《中华人民共和国国务院公报》1998年第26期。

② 卫生部基妇司前主要领导访谈，2013年1月17日。

长安排基妇司负责人基于基层调研的资料，在会议上用半天时间来讨论农村卫生工作。这份调研报告，集中讨论了农村卫生存在的问题以及农村合作医疗、三级卫生保健网和赤脚医生这三大法宝在新环境下风光不在的原因——这个报告在卫生部内引起了强烈反响；经过这轮讨论，在卫生部内部，初步就加强农村卫生工作达成了共识。①

由基妇司组织撰写的关于农村卫生问题和发展建议的调研报告，由卫生部报送给国务院分管卫生工作的副总理。分管副总理对此非常重视，对卫生部的调研报告做出了批示。他认为，中国 13 多亿人口，多数在农村，卫生部应把农村卫生工作放在第一位；他批示，由国务院经济体制改革办公室（以下简称国务院体改办）会同卫生部、农业部等部门，就农村卫生发展和改革问题进行联合调研。②

（二）部门间共识困境与模糊共识

由国务院多个部门组成的联合调研组在全国多个省就农村卫生问题开展了专题调研；由国务院体改办牵头，完成了关于农村卫生体制改革的调研报告。调研报告的内容，涉及农村卫生服务体系存在的问题、农民因病致贫的情况以及城乡卫生的不均衡等。③

卫生部一位参与调研的司局级领导认为，三个部委办的联合调研取得了非常好的效果：此前，农业部和卫生部负责具体工作的同志在发展农村合作医疗上一直"顶牛"；通过深入农村开展联合调研，全面了解了农村卫生问题的严重性，对农民的痛苦都感同身受，对加强农村卫生工作初步达成了共识。④ 2001 年 9 月，分管副总理详细听取了联合调研组的汇报，指示国务院体改办会同卫生部、农业部、国家发展计划委员会（以下简称国家计委）、财政部等有关部门，在调研报告基础上，起

---

① 卫生部基妇司前主要领导访谈，2013 年 1 月 17 日。
② 卫生部基妇司前主要领导访谈，2013 年 1 月 17 日；卫生部农卫司前主要领导访谈，2013 年 1 月 21 日。
③ 卫生部农卫司前主要领导访谈，2013 年 1 月 21 日。
④ 卫生部基妇司前主要领导访谈，2013 年 1 月 17 日。

草一个关于农村卫生体制改革与发展的指导意见；文件起草具体工作，由时任国务院体改办副主任李剑阁牵头；起草组成员主要是五个部委办的司局长和部分处长。①

在起草农村卫生体制改革与发展指导意见的过程中，起草组在农村合作医疗相关问题上争论得非常激烈。最终争论的焦点，主要集中在农村合作医疗的政府责任上。即政府是否要明确支持农村合作医疗发展，财政部门是否要明确地承担起农民健康保障的筹资责任。

经过多轮讨论，来自国务院体改办、农业部、国家计委和卫生部的人员就上述问题基本达成了共识；但参与此项工作的财政部门的同志则对由中央财政出钱支持农村合作医疗提出了反对意见。他提出反对意见的理由，主要是担忧数亿农民的健康保障，对于国家来说，可能是一个无底洞。由于财政部具体负责同志的反对，由中央财政支持农村合作医疗发展这一点未能在五个相关部委办之间取得共识。因此，这一点最终未能写进指导意见。②

为避免整个指导意见因农民健康保障的政府责任问题无法达成共识而搁浅，在上报国务院的文件中，对农民健康保障问题进行了模糊化处理，采取了"实行多种形式的农民健康保障办法"的提法。2001 年 5 月，国务院体改办等五部门起草的《关于农村卫生改革与发展的指导意见》（简称《指导意见》）报送至国务院，5 月 24 日，国务院办公厅以国办发〔2001〕39 号转发了这一文件。最终对农民健康保障问题的表述为："地方各级人民政府要加强组织引导，支持实行多种形式的农村健康保障办法，建立适合农村经济状况的筹资机制和管理体制，并通过宣传教育，提高农村自我健康保障意识，从而解决农民因病致贫和因病返贫问题。"③

---

① 卫生部农卫司前主要领导访谈，2013 年 1 月 21 日。
② 卫生部基妇司前主要领导访谈，2013 年 1 月 17 日。
③ 国务院办公厅：《国务院办公厅转发国务院体改办等部门关于农村卫生改革与发展指导意见的通知（国办发〔2001〕39 号)》，《中华人民共和国国务院公报》2001 年第 21 期。

（三）部门间共识困境的原因简析

《指导意见》在农村健康保障上的模糊化表述，折射出科层路径下跨部门政策出台的共识困境。一个复杂的社会政策，往往会涉及多个政府部门；而在中国以业务主管部门为基础的决策机制下，跨部门政策要顺利出台，通常需在多个部门之间取得共识，再上报给国务院最终决策。简言之，这是一个部门间自下而上的意见收敛、努力达至共识的过程。

由于不同业务主管部门在政府体系中居于同等地位，如农村卫生体制改革与发展涉及的卫生部、财政部、农业部等都是正部级单位，在缺乏有效的协调机制和决策规则的条件下，任何一个部门持反对意见的事项上，都难以达成共识。也即，这是一种所有参与主体讨价还价、一致同意才能通过的简单共识规则，相当于每一个参与的部委办对共同决策的事项都具有否决权。这种简单共识规则（如表4-7所示），加大了应对复杂社会问题的跨部门社会政策出台的难度。

为使文件不至于因某些方面无法达成共识而搁浅，作为一种折中的办法，政策酝酿过程中对于无法达成共识的某些事项，只好采用模糊化表述来处理。但以模糊化表述来柔化意见分歧的做法，一方面使一些关键问题未能纳入政策议程，如农村合作医疗就未能纳入指导意见；另一方面也大大增加了政策的模糊性。这种模糊性在增加了政策执行难度的同时，也给政府部门在执行中制定政策留下了巨大的空间。

表4-7　　　　　　　　　简单共识模型示例

A \ B	同意	不同意
同意	1	0
不同意	0	0

注：1表示"通过"，0表示"不通过"。

五 上书最高决策层①

如前所述，卫生部等政府部门支持开展的一系列农村卫生保障试验，对新农合政策出台产生了积极影响。其中，哈佛大学公共卫生学院刘远立等在亚洲开发银行（Asian Development Bank，ADB）和国家计委支持下开展的中国农村卫生保障研究（以下简称 ADB 研究）是一个非常典型的案例。

这一研究项目始自 2001 年 1 月，除了哈佛大学公共卫生学院团队外，还聘请卫生部统计信息中心饶克勤和复旦大学胡善联作为咨询顾问。他们都是国内颇有影响力的卫生经济专家。这一研究关注的核心问题是：第一，农村人口缺少医疗保险带来的主要问题是什么；第二，中国农村缺少可行的医疗保险制度，主要原因是什么；第三，建立农村医疗保险体系必要且可行的政策建议是什么。

ADB 研究最终形成了一份 70 页的研究报告，提出了"三个世界，三种模式"（three models for the three worlds）的政策建议，即对于东部沿海高收入地区（第一世界）推行住院保险制度（hospital insurance system，Insurance）、中部中等收入地区（第二世界）推行强化的农村合作医疗制度（enhanced RCMS system，RCMS Plus）、西部低收入地区（第三世界）推行医疗救助制度（medical assistance system，Medicaid）。

报告同时建议，在社会主义市场经济条件下，中央政府应承担起贫困人口医疗保障筹资的主要责任。在农村医疗保障体系建立过程中，中央政府应借鉴在西藏的做法，为国家贫困县提供财政补贴（12 元/人·年，西藏为 30 元/人·年），为中等收入地区提供制度建设的启动资金；而在经济发达的东部地区，政府则主要发挥组织作用。

ADB 研究项目的报告完成后，国家计委于 2001 年 7 月北京举行了

---

① 本节内容主要根据：Liu，Yuanli and Keqin Rao，"Providing Health Insurance in Rural China：From Research to Policy"，*Journal of Health Politics，Policy and Law*，Vol. 31，No. 1，2006，源自本文献的内容，不再一一标注。

国际研讨会。研讨会的主要目的是呈现并讨论本书的主要发现及政策建议，目标受众则是业界最优秀的专家以及中国能影响到最高决策层的智囊们。最终共有 70 余人参加了研讨会，他们主要是来自世界卫生组织、哈佛大学等机构的国际专家、国内顶尖的经济学家和相关领域专家、中国主要部委（包括国务院研究室、国务院体改办、卫生部、财政部、农业部、国家计委等）的司局级领导以及来自省级政府的官员。

　　研讨会后，ADB 研究项目的报告作者和会议组织者吸收了与会者的建议，进一步修改完善了研究报告。会后，他们还撰写了政策简报，由国家计委相关人员报送至总理办公室。但政策简报并没有很快得到总理的回应。[①]

　　时任卫生部长以私人身份上书最高领导人，打破了科层路径议程设置的僵局。在担任卫生部长前，其职业生涯中一段相当长的履历是在上海第二军医大学。他是 ADB 项目研究报告最早的读者之一，并对研究报告给予了很高的评价。7 月的研讨会之后不久，卫生部长约见了饶克勤。饶克勤是 ADB 研究项目的咨询顾问和最终研究报告的作者之一。他安排饶克勤做了三件事情：首先，将研究报告送至卫生部规划财务司和基妇司负责人；其次，将 70 页的研究报告压缩至 5 页之内；在此基础上，张与饶克勤等合作，将 5 页纸的报告改写成卫生部长写给时任中国最高领导人的私人信件；最后，这封信经卫生部长字斟句酌地亲自修改之后，由专人送至最高领导人办公室。

　　第二天，最高领导人即打电话给卫生部长。电话中，最高领导人坦言，部长信中所说的农村卫生的状况，特别是因病致贫占到农村贫困的 1/3 这一点，让他感到非常震惊；部长表示，他引用的是一个独立研究的成果，可就这一问题展开进一步研究，并直言政府在农民健康保障方面，做的工作还远远不够，农村卫生远远落后于当前卫生系统的总体发展。

---

　　①　刘远立和饶克勤认为，这份关于农村医疗保障体系的政策简报并没有很快得到总理的回应，是因为总理其时关注的焦点是经济问题，而卫生问题在其议程中优先级是比较低的。参见 Liu, Yuanli and Keqin Rao, "Providing Health Insurance in Rural China: From Research to Policy", *Journal of Health Politics, Policy and Law*, Vol. 31, No. 1, 2006。

几天后，中共中央政策研究室的人员拜访了饶克勤和 ADB 项目的其他研究人员，询问了 ADB 研究的很多细节以及数据来源等——最高决策层开始认真思考如何构建农村健康保障体系。

六　高层座谈会"直谏"

2013 年 1 月，中华医学会将 2012 年首次设立的卫生政策奖授予了李剑阁，以表彰他"对建立新型农村合作医疗制度的关键、独特的贡献"①。李剑阁是一个典型的学者型官员，曾三次获得国内经济学的最高奖——孙冶方经济学奖。20 世纪 80 年代，他在国务院发展研究中心从事政策研究工作，尔后进入国家经济计划委员会和国家经济贸易委员会从事政策法规工作，1998 年出任国务院经济体制改革办公室副主任，成为年轻的副部级官员。20 世纪 90 年代，李剑阁就中国农村卫生问题进行了广泛的调研，得出了"农村卫生昔日的繁荣犹在，但已破败不堪"的初步结论，作为"中央的笔杆子"，李剑阁将农村卫生问题"捅到了中央"。②

2001 年 12 月，在最高领导人亲自主持召开的关于农村发展问题的小型座谈会上，李剑阁基于卫生部提供的翔实数据和赴各省调研的感受，提出了对中国农村卫生问题的警示。这次研讨会主要是为 2002 年 1 月即将召开的中央农村工作会议做准备。研讨会安排每个人的发言时间是 15 分钟。

按照预先的安排，李剑阁的发言主要是讲农民就业和农村金融问题。但李剑阁认为，农村卫生问题很重要，但可能没有人讲；他决定将农村卫生问题作为发言的重点，并向卫生部要了翔实的素材。这次研讨会的发言提纲，后收入了《李剑阁改革论集》。③

---

① 昝馨：《李剑阁：身在魏阙心忧江湖》，《新世纪周刊》2013 年第 4 期。

② 卫生部基妇司前主要领导访谈，2013 年 1 月 17 日。

③ 这是基于对发言提纲内容、标注的发言时间以及记者采访文章等多方资料做出的判断。

在题为《关于农民就业、农村金融和医疗卫生事业问题的几点意见》的发言提纲中，李剑阁将当时中国农村卫生的突出问题，总结为三个方面：一是"农村健康水平较低，城乡居民健康差距越来越大"，中国城市居民的健康状况已接近发达国家水平，而农村居民健康指标自20世纪90年代中期以来改善幅度明显减缓，甚至陷入停滞；二是"传染病、地方病仍然严重危害着农村居民的健康"；三是"农民因病致贫、因病返贫情况日益突出"，农村贫困户中因病致贫和返贫的占21.6%，河南等省甚至高达40%—50%。[1]

对于农村卫生存在问题的原因，李剑阁将其归结到三点：第一，长期以来农村卫生投入严重不足，1998年占全国人口3/4的农村人口卫生费用仅占全国卫生总费用的1/4，政府用于农村卫生的投入仅占政府卫生总投入的15.9%，农村居民人均卫生事业费不足10元；第二，农村卫生服务机构能力低下，乡村卫生机构设施简陋陈旧，医务人员水平较低，超过1/3的乡卫生院的卫技人员是高中及以下学历，本科及以上学历者仅占1.4%；第三，合作医疗解体，"春建秋黄"，覆盖率仅10%左右的合作医疗也难以为继，缺乏有效的健康保障体系，使农民难以抵御大病风险。[2]

继而，针对如何解决农村卫生问题，李剑阁提出了四条政策建议。政策建议的核心是明确和强化政府对农村卫生的责任，加大农村卫生投入，积极探索建立农民健康保障办法，并通过深化改革促进农村卫生资源利用。[3]

李剑阁从维护稳定和体现党的宗旨的角度，对农村卫生问题的严重性和紧迫性提出了振聋发聩的警示，"农民健康问题已经成为非常尖锐的社会问题。我们有些同志长期蹲在城市，对待农民的疾苦常常采取一种麻木的甚至傲慢的态度。农民对现状感到无助和无奈，于是勾起他们

---

① 李剑阁：《关于农民就业、农村金融和医疗卫生事业问题的几点意见（2001年12月18日）》，李剑阁《李剑阁改革论集》，中国发展出版社2008年版，第115—116页。

② 同上书，第116—117页。

③ 同上书，第119—120页。

的怀旧情结。农民的不满情绪在贫困地区正在日积月累，搞不好甚至会
激起民变"；他进一步提出，"关心广大农民的健康问题，是一个体现
党的宗旨、树立党的威望、深得群众拥护的大事情"，"应引起全社会
和各级政府的足够重视，切实负起责任，痛下最大的决心，努力使农民
获得基本的医疗保健服务"。①

李剑阁在内部座谈会上的大胆"直谏"，引起了最高领导人的高度
重视。最高领导人亲自打电话给时任卫生部长核实李剑阁言及的问题，
卫生部长又将自己了解的情况如实做了汇报，最高领导人向分管卫生工
作的副总理表示，卫生工作要把农村卫生放在首位，在农村卫生方面，
要以中央名义出一个文件，开一个会。② 党和国家最高领导人的亲自推
动，大大提升了农村卫生保障问题在中央政策议程中的地位。最终，新
农合成功进入了国家议程。

七　本章小结

（一）新农合议程设置中的政策子系统结构

从新农合议程设置过程来看，作为一个全国性、开创性、需中央财
政持续支持的重大社会政策，这一政策最终决策者是党和国家最高领导
层，即中共中央、国务院。这一点也集中地体现在最终文件的发文单位
上——《进一步加强农村卫生问题的决定》2002 年 10 月是由中共中央
和国务院联合下发的。

政策方案的酝酿则主要是国务院体改办、卫生部以及国家计委、财
政部、农业部等相关部委层面；农村卫生问题关涉多部门和体制改革，
因此由国务院体改办牵头，其副主任作为项目负责人居中协调；卫生部
则因其是卫生主管部门，在信息资源等方面具有明显优势，在政策方案
酝酿中扮演着重要角色。具体到政策酝酿层内部，从事政策方案酝酿的

---

① 李剑阁：《李剑阁改革论集》，中国发展出版社 2008 年版，第 118 页。
② 卫生部基妇司前主要领导访谈，2013 年 1 月 17 日。

主要与农村卫生问题有关部门的司局长和部分处长，以及作为牵头人的副部长。新农合议程设置的政策子系统结构如图4-2所示。

在部门议程设置的层面上，司局长也在政策酝酿中扮演着重要角色，而部长则成为议程设置的决策者。如独立的基妇司成立后提升了农村卫生问题在卫生部工作中的地位，将加强农村卫生提上了卫生部的重要议事日程。

新农合政策的影响层，最核心的是卫生部政策专家委和卫生经济培训，他们都具有官方智囊身份，并由卫生部主要领导担任主任，具有影响卫生政策制定的便利渠道。同时，卫生经济网络还与世界卫生组织、世界银行等国际机构保持了紧密联系。

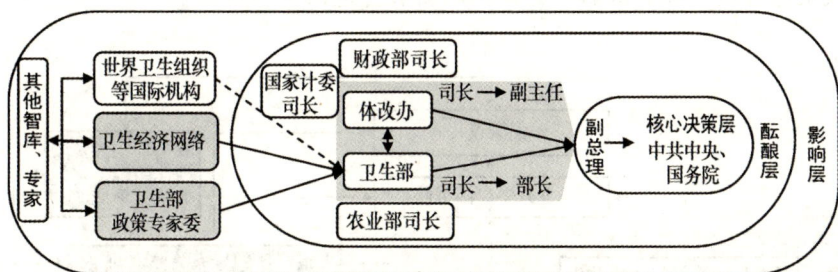

图4-2　新农合议程设置的政策子系统结构

（二）政策议程设置的三种路径：科层路径、协商路径和上书路径

新农合政策议程设置来看，政府部门并非铁板一块的整体，而是存在各种分殊。在一个条块关系①交织的中国政府内部，至少存在三种不同的政策议程，即地方议程、部门议程和国家议程。三种不同议程，分别表示某一政策问题分别被列入地方政府、中央政府主管部门和整个中央政府优先考虑解决范围，并决定采取行动。对于像农民健康保障制度这样涉及多个中央政府主管部门职权范围的复杂社会问题，通常需要国

---

①　条是指职能相对应的政府部门之间形成的上下级关系，块则是指各级地方政府，条条和块块相互结合，则形成了复杂的条块关系，这构成了中国府际关系的基础。参见谢庆奎《中国政府的府际关系研究》，《北京大学学报》（哲学社会科学版）2000年第1期。

家层面的行动来应对。因此，这一问题须进入国家议程设置。

从新农合政策议程设置过程来看，农村卫生问题进入国家议程有三条路径：一是科层路径，经由政府部门正式的制度流程和公文体系，通过逐级报告方式，使政策问题进入国家议程；二是协商路径：在最高领导人主持召开的内部座谈会上，向最高领导人直陈农村卫生问题的严峻性，并就加强农村卫生工作提出政策建议；三是上书路径：高级官员利用与最高领导人的私人关系，将专家对农村卫生问题的研究成果以私人信件方式寄送给最高领导人。三种路径过程如图4-3所示。

上述三种路径中，第一种路径是基于政府作为科层组织的正式通道；而后两种路径都是直接影响最高领导人，进而利用最高领导人对于政策议程设置强大的影响力，推动新农合进入了政策议程。

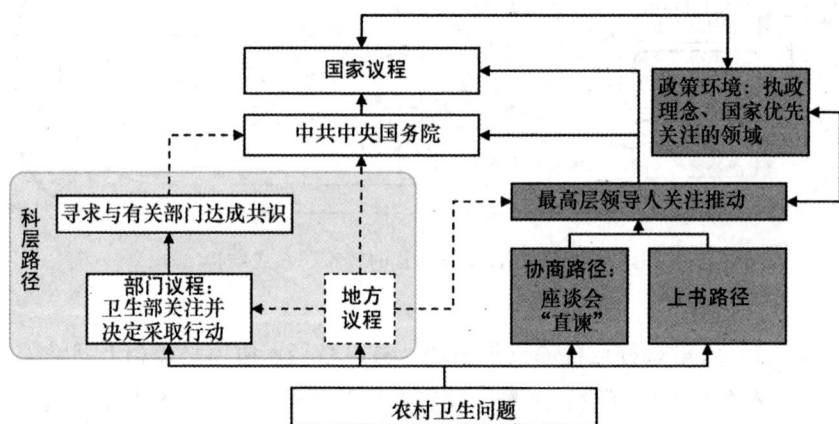

图4-3 新农合议程设置路径和过程概览

（三）科层路径分析

国家议程设置的科层路径，又可分为经由地方议程进入国家议程，以及经由部门议程进入国家议程两种模式。

1. 经由地方议程进入国家议程

农村健康保障制度建设此前成功进入了一些地方政府的议程，并出台和实施了相关政策，但地方议程并没有成功地上升为国家议程。在传统农合解体后，在苏南、上海郊区和湖北武穴等少数地区，仍存在农民健康保障制度的地方实践；在合作医疗发展最低谷的 20 世纪 90 年代中期，全国大致维持着约 5% 的覆盖率。在中央集权体制和中国政治文化下，地方政府工作的侧重点在很大程度上会受到中央政府文件以及中央领导人态度的影响。在中央政府对于发展农村合作医疗态度不明朗的背景下，地方政府缺乏将农民健康保障制度列入地方政策议程的有效激励。更重要的是，与经济领域的政策创新相比，农民健康保障等社会政策领域的创新实践，不会在短期内推动本地 GDP 增长和财政收入增加，而在中央政府不关注这一问题时，这种政策创新很难成为"政绩"。而当合作医疗仅限于少数地区的自发实践而未扩散至其他地区时，地方议程对中央政府议程设置的影响是有限的。

这些地方实践未能引起中央政府关注从而上升为国家议程，另一方面的原因在于，20 世纪 80—90 年代，中央政府面临着严峻的财政挑战，同时主要关注点在城市改革。20 世纪 80 年代中后期开始，中国改革的重点领域从农村转向城市，核心理念是以经济建设为中心，推动经济快速增长。特别是朱镕基任国务院总理的五年间（1998—2003），是国有企业改革的攻坚阶段；在相当长时间内还直面 1997 年亚洲金融危机的冲击，改革困难重重。社会保障制度建设，当时是作为国企改革的配套制度予以考虑的，重点覆盖对象是城镇职工。[①] 在资源约束下，农民并非重点覆盖人群。这一时期，中央农村政策的核心则是增收减负；增加农民收入的主要政策是推行粮棉流通体制改革，而减轻农民负担的主要政策是推行农村税费改革，规范农村收费行为。[②] 而对于农村卫生问题，最高领导层则关注较少。地方政府在农民健康保健制度上的实践

---

① 时任国务院副总理朱镕基 1994 年曾表示"党中央、国务院确定明年改革的重点是现代企业制度改革，这是一个根本。但是国有企业改革必须有社会保障制度的支持，没有这个制度，就谈不上企业改革"。参见朱镕基《建设有中国特色的社会保障体制（1994 年 9 月 8 日）》，《朱镕基讲话实录》编辑组《朱镕基讲话实录》（第二卷），人民出版社 2011 年版。

② 《朱镕基讲话实录》为理解这一时期中国改革和发展的侧重点以及农村政策提供了一个很好的素材：朱镕基的重要讲话主要是针对国有企业改革、财税体制改革和金融改革，而关于农村问题讲话数量较少，并集中于粮食流通体制改革。

经验，难以引起最高决策层重视。

基于上述分析，一项政策要经由地方议程进入国家议程，需要满足一些重要条件。首先，某些地方政府要有动力将某一政策问题纳入地方政策议程，出台并实施相关政策；其次，地方政府的政策实践要引起中央政府密切关注。要做到这一点，一方面可能是政策创新可给地方政府带来"好处"，政策迅速扩散，从而推动中央政府将其纳入国家议程；另一方面可能是地方政府的政策创新，契合了中央政府或最高领导层在这一时期的执政理念和要优先解决的问题，从而进入国家议程。从前面的分析可以看出，农民卫生保障体系政策显然并不满足这些条件。

2. 经由部门议程进入国家议程

卫生部作为主管全国卫生的中央政府组成部门，尽管早些年内部对是否恢复重建农村合作医疗以及如何恢复重建在认识上存在争论①；但面对政府财政投入不足和市场化改革冲击下农村三级卫生保健网网面临"网破、线断、人散"的严峻挑战，以及实现对国际社会作出的"2000 年人人享受卫生保健"的承诺，卫生部不得不将农村卫生问题提上议程，先后出台了卫生三项建设②等政策举措，挽救濒临倒闭的乡镇卫生院等农村医疗保健网络，但这些对供方投资的政策效果并不理想，存在一方面缺乏医疗设施设备，另一方面有限的设施设备又利用率极低的状况。③ 卫生部门逐渐认识到，要解决农村卫生问题，不能仅仅停留在补供方上，要从补需方上做文章，重建合作医疗等农民健康保障制度。

1998 年农村卫生管理职能从医政司分离出来，成立独立的基妇司。

---

① 卫生体系对农村合作医疗的争论，参见曹普《1978—2002：关于农村合作医疗存废的争论与实证性研究的兴起》，《中共云南省委党校学报》2010 年第 1 期；张自宽《对合作医疗早期历史情况的回顾》，《中国卫生经济》1992 年第 6 期。

② 三项建设是指针对 20 世纪 80 年代末中国卫生城乡失衡、农村三级卫生网络面临生存困境的情况，由国家计委、财政部、卫生部设立农村卫生和医疗保健专项投资，在"八五"和"九五"期间支持农村乡镇卫生院、县级卫生防疫站和妇幼保健院设施的改造建设。

③ 基妇司前主要领导访谈，2013 年 1 月 17 日。

这一机构的成立，提高了农村卫生问题在卫生部内部的话语权，有利于促进部门议程设置。

20 世纪 90 年代，卫生部在曾先后两次尝试恢复重建农村合作医疗体系。这两次重建过程中，卫生部在资金筹集等方面与农业部等相关部门未达成共识，政策相互抵牾，重建无功而返①；从宏观环境的角度来看，恢复重建过程中以农民缴费为基础的筹资机制，与当时中央减轻农民负担的总体思路存在直接冲突②——尽管也有中央文件强调农民自愿缴纳的合作医疗费用不算加重农民负担，但在中央政策并不清晰的条件下，地方政府很少有动力冒着触碰"增加农民负担"这一红线的政治风险来推进短期内难以带来政绩的农村合作医疗体系建设。

2000 年，经国务院分管副总理批示，由国务院体改办牵头，联合卫生部、农业部三部委在全国就农村卫生展开专题调研。联合调研促进了三部门推进农村卫生改革、以财政支持农村合作医疗体系发展的共识。但尽管有国务院体改办居中协调，但仍无法与财政部门就投入财政资金支持农村合作医疗发展达成共识。因此，农村合作医疗制度建设2001 年未能将作为农村卫生体制改革发展政策的一部分进入国家议程。最终由国务院办公厅转发的《关于农村卫生改革和发展的指导意见》（国办发〔2001〕39 号）用了"实行多种形式的农民健康保障办法"这一语焉不详的表述，并无明确的、可执行的政策措施。

从农村合作医疗政策议程设置过程来看，对于涉及多个部门的政策问题，要经由部门议程成功进入国家议程，须满足两个条件：首先，涉及这一政策问题的主要部门在内部达成共识，将其列入部门议程；其次，该部门能与其他部门就这一政策问题达成共识，进而以联合报告的

---

① 曹普：《20 世纪 90 年代两次"重建"农村合作医疗的尝试与效果》，《党史研究与教学》2009 年第 4 期。

② 2000 年朱镕基在谈农村"费改税"试点工作时曾表示："减轻农民负担就是最大的政策措施"。参见朱镕基《建设有中国特色的社会保障体制（1994 年 9 月 8 日）》，《朱镕基讲话实录》编辑组《朱镕基讲话实录（第二卷）》，人民出版社 2011 年版。

方式，将这一政策问题向国务院/中共中央报告，使这一政策从部门议程上升到国家议程。

在实际运行过程中，由于中央政府不同部门有各自的政策偏好和部门利益①，同时正式的制度安排中又缺乏有效的消除部门间分歧的机制②（比如投票），实际运行过程基本遵循简单共识原则。也即，对于涉及多部门的政策问题，只要任一部门反对，该问题都难以进入国家议程。为了避免陷入僵局，操作上不得不将一些关键的实质性问题模糊化以化解反对的声音。这就增加了跨部门政策问题进入国家议程的困难。2001 年，以财政投入支持合作医疗体系重建，正是因财政部反对而未能写入报送给国务院的文件。

协商路径和上书路径是不经由政府部门正式的公文体系而是通过直接影响最高领导层，进而借助最高领导层的推动，使政策问题列入国家议程。很多研究已表明，最高领导层，或者说政治领袖，"是最基本的政策议程创始者"，"当代中国的许多重大决策，特别是关系到全局的、长远的和根本性的决策，一般都是由党的领袖创始的"。③ 由于最高领导层在整个决策系统中处于核心地位，"他们常常扮演政策议程主要决定者的角色，其政策建议几乎可以自动地提上政府议程"④。本书也表明，跨部门的政策问题会因不同政府部门难以达成共识而无法通过科层路径进入国家议程，从另一个方面凸显了最高领导层在国家议程设置中的重要地位。通过协商和上书路径直接影响最高领导层，成为政策问题，特别是跨部门的政策问题进入国家议程的重要通道。

---

① 例如，20 世纪 90 年代，卫生部力推合作医疗体系建设，而农业部则认为缴纳合作医疗费用会增加农民负担，不同部门在农村合作医疗基金提留认识上的不统一，使不同部门的政策相互冲突。

② 2013 年 3 月 23 日印发的《国务院工作规则》（国发〔2013〕16 号）第九章第 42 条规定："各部门报送国务院的请示性公文，凡涉及其他部门职权的，必须主动与相关部门充分协商，由主办部门主要负责人与相关部门负责人会签或联合报国务院审批。部门之间有分歧的，主办部门主要负责人要主动协商；协商后仍不能取得一致意见的，主办部门应列明各方理据，提出办理建议，与相关部门负责人会签后报国务院决定。"

③ 胡伟：《政府过程》，浙江人民出版社 1998 年版，第 197 页。

④ 朴贞子、金炯烈：《政策形成论》，山东人民出版社 2005 年版，第 72 页。

（四）协商路径分析

李剑阁利用在最高领导人亲自主持召开的座谈会上发言的宝贵机会，向其直陈农村卫生面临的严峻挑战，这本质上是一种协商路径。这条路径主要是借助于李剑阁作为学者型官员和"中央的笔杆子"这一特殊的身份，有机会参加高层座谈会并直接建言。他建言的动力，主要是他在农村卫生调研过程中形成的对农民健康问题深切的社会关怀和知识分子的道义担当。

从更宽广的视角来看，无论是在制度还是运行层面，作为执政的中国共产党遵循的民主集中制组织原则，实际上已成为中国公共政策制定的基本原则[①]；基于这一原则，在重要事项和重大决策前进行民主协商、充分酝酿，已日渐成为一种制度化的安排。在提出建立社会主义市场经济体制的过程中，时任中共中央总书记江泽民在 1991 年下半年曾亲自主持召开 11 次座谈会，对中国经济体制改革的目标进行深入讨论和研究，最终形成了社会主义市场经济这一倾向性提法。[②] 另据新华社统计，在中共十八大报告起草过程中，时任中共中央总书记胡锦涛曾亲自主持召开 7 次座谈会，就十八大报告征求意见稿，当面征求省（市、区）党政主要负责人、军队大单位军政主要负责人，以及各民主党派中央、全国工商联和无党派人士的意见建议。[③] 中共十八大报告确认了"协商民主"的概念，将其作为"人民民主的重要形式"，并提出"完善协商民主制度和工作机制，推进协商民主广泛、多层、制度化发展"。[④] 2013 年 9 月，中共中央政治局常委、全国政协主席俞正声主持召开十二届全国政协第六次主席会议，审议通过《政协全国委员会双

---

① 王学杰：《我国公共政策制定要健全和完善协商民主机制》，《中国行政管理》2006 年第 10 期。

② 陈君、洪南：《江泽民与社会主义市场经济体制的提出》，中央文献出版社 2012 年版。

③ 新华社十八大报道编写组：《十八大报告诞生记》，新华出版社 2012 年版。

④ 胡锦涛：《坚定不移沿着中国特色社会主义道路前进　为全面建成小康社会而奋斗——在中国共产党第十八次全国代表大会上的报告》，人民出版社 2012 年版。

周协商座谈会工作办法（试行）》；10 月 22 日，俞正声主持召开了首次
"双周协商座谈会"，正式重启了 1950 年创始并曾持续了 16 年之久的
"双周协商座谈会"①。

针对重要事项和重大问题召开的座谈会，为最高领导层开辟一条官
僚体系以外的了解重大政策问题及政策建议的路径；同时，座谈会参与
者往往既包含了相关部门的主要官员，又包括了部分相关领域的专家。
这更使得座谈会为某一领域政策问题的跨部门讨论和信息整合提供了一
个平台。

（五）上书路径分析

上书路径是时任卫生部长将 ADB 项目研究报告的摘要作为私人信
件直接送至最高领导人的办公室，并引起了最高领导人的关注。这一路
径，主要利用的是他与最高领导人之间多年交往中形成的良好的私人关
系。② 这一路径，使得关键信息可不经过科层路径的层层过滤，直接传
递给最高领导人。

显而易见，在科层制的政府体系中，处于金字塔顶端的最高领导
人的时间和精力都是极为稀缺的资源，同时能够抵达最高领导层的通
道也是极为有限的；为保证最高领导层专注于处理国是，在实际运行
过程中建立了各种信息过滤机制，以避免混杂信息分散最高领导层的
宝贵精力，同时也有安全层面的考虑。因此，经过层层过滤以后，最
终能将抵达最高领导层的信件是极为有限。这种过滤机制的存在，决
定了以上书开启政策议程设置的路径，仅限于少数具有强大社会网络
的精英。

---

① 什么是全国政协"双周协商座谈会"？求是理论网：http：//www. qstheory. cn/hqwg/
2014/201406/201403/t20140325_333578. htm，2014 年 6 月 1 日访问。

② 时任卫生部长与时任中国最高领导人都曾多年在上海工作；来北京前，张在位于上
海的解放军第二军医大学从事教学、科研和管理工作，参见 Liu, Yuanli and Keqin Rao, "Provi-
ding Health Insurance in Rural China: From Research to Policy", *Journal of Health Politics, Policy
and Law*, Vol. 31, No. 1, 2006。

（六）上书和协商中的问题建构

无论是座谈会，还是上书，这两种路径中提出的政策问题和建议，对于最高领导层而言，都不是必须关注并做出正面回应的。因此，要通过这两种路径将政策问题传递给最高领导层的过程，一方面要有和最高领导层书面或面对面沟通的渠道，另一方面又要能第一时间抓住最高领导层。这其中的关键，就是要将进行成功的问题建构。

农村卫生作为一个政策问题，具有依存性（independence）、主观性（subjectivity）、人为性（artificiality）和动态性（dynamics），这些属性决定了对政策问题的建构，并不是简单的感知，而是一个充满创造性的过程。[①] 为抓住最高领导层的注意力，高层内部座谈会上的发言者或上书者，须将问题建构为与最高领导层关注的重大战略问题相关联的问题，即提升政策问题的战略性。从感知到政策问题，到建构为最高领导层关注的战略性问题，要求政策议题的推动者（用金登的术语，可称之为政策企业家）不仅要有深切的社会关怀（对农民健康问题的关切），还需要对最高领导层某一时期内关注和要优先解决的问题有准确的把握。

时任卫生部长的私人信件之所以引起最高领导人的关注，除了其与最高领导人良好的私人关系外，很大一部分原因在于其将农村卫生问题的核心建构为因病致贫和因病返贫问题：缺乏有效的农民健康保障制度，是导致农村贫困最重要的原因。而一直以来，扶贫工作始终是中央工作的一个重要主题。

李剑阁在座谈会上的建言，之所以让最高领导人感到震惊，也得益于其对农村卫生问题的成功建构——农村卫生和农民健康问题，已不是单纯的卫生问题，而是一个突出的社会问题，影响到国家稳定和中共的执政宗旨。将农村卫生问题建构为事关贫困、影响社会稳定和党的宗旨

---

① Dunn, William N., *Public Policy Analysis: An Introduction*, 中国人民大学出版社 2004 年版。

的重大问题，对最高领导层造成了强烈震撼，促使其通过最高领导层的直接推动而进入了国家议程。

（七）进一步的讨论

1. 全球和历史视界下的协商路径和上书路径

复杂的社会问题与基于职能划分的、科层化的官僚体系之间，存在明显的张力。不同政府部门间共识机制的缺失，更使很多复杂的社会问题因难以在部门间建立共识而无法进入国家议程。协商和上书路径，为缓解这一张力提供了有效的途径。

以座谈会为代表的协商路径，打破了碎片化的官僚体系的界限，为最高领导层提供了一个围绕核心议题的跨部门、跨领域的协商平台。这暗合了20世纪90年代末以来全球范围内对"整体性政府"的思考和实践。20世纪80年代兴起的新公共管理运动倡导以企业精神改革政府，建立"竞争性政府"。[①] 这股运动在促进公共部门效率改善的同时，忽视了部门之间的合作与协调，助长了官僚体系的碎片化。为应对由此带来的问题，1997年英国首相布莱尔首次引入"协同政府"（joint-up government，JUG）作为政府改革的核心理念和框架。[②] 这一框架推动了英联邦国家新一轮政府改革[③]，进一步发展为"整体政府"（whole-of-government，WOG），并扩展至挪威等国家。[④] 近年来，国内对大部制改革的关注似乎远超过了对其他跨部门问题协调机制。事实上，座谈会等协商路径对于跨部门、跨领域政策议程设置，乃至后续的政策规划的价值，都值得进一步研究。

---

① ［美］奥斯本、盖布勒：《改革政府：企业家精神如何改革着公共部门》，周敦仁等译，上海译文出版社2006年版。

② Clark, T., "New Labour's Big Idea: Joined-up Government", *Social Policy and Society*, Vol. 1, No. 2, 2002, pp. 107 – 117.

③ Ling, Tom, "Delivering Joined-up Government in the U. K.: Dimensions, Issues and Problems", *Public Administration*, Vol. 80, No. 4, 2002, pp. 615 – 642.

④ Christensen T., Lgreid P., 张丽娜、贺何俊：《后新公共管理改革——作为一种新趋势的整体政府》，《中国行政管理》2006年第9期。

从历史渊源来看，协商路径（座谈会）可以追溯到古代的廷议和谏议制度。廷议是遇有军国大政，由皇帝（或委托丞相、大将军）以廷臣会议讨论；廷议在汉代走向制度化，其参与者通常有公卿、列侯、二千石、大夫和博士等，以便皇帝在兼听基础上独断。① 同时，中国具有谏议的长期传统，秦汉时已设立谏议大夫，至唐朝则在中书和门下省设有大量以谏为职的谏官。② 所谓谏议，指的是"古代臣下向君主提出建议或规劝，以减少决策失误和改正谬误"，即所谓"匡正君主，谏诤得失"。③ 廷议和谏议作为中国两大传统的协商制度，为皇帝进行重大决策提供了智力支撑。

上书路径则为最高领导层提供了一个未经官僚体系层层过滤的信息渠道。从历史渊源来看，上书带有清代奏折政治的痕迹。清代奏折最初仅限于特许亲信密报以了解地方情况。④ 此前，清朝承袭明朝的章奏制度，即上行文书分为题本和奏本；前者用于公事，须用印，而后者用于私事，不需用印；无论是地方官员还是中央部院的题本，都要经过复杂的转呈手续才能呈送皇帝批阅，这大大影响了决策效率，同时因信息无法保密而使臣工们难以畅所欲言。⑤ 而奏折则为皇帝提供了一种快捷、保密的信息渠道。到雍正年间，上折的权利扩展至布政使、道员和知府等地方官员（基本上覆盖了当时的四品以上官员），同时设立了奏事处专司奏折收发，并坚持对臣工所上奏折御批；至乾隆朝，废止奏本，奏折的重要性进一步提升。⑥ 纵观康雍乾三朝，奏折发挥了信息收集、咨询、协商、沟通、监控以及指导命令等职能，克服了科层制对信息的层层过滤，成为疆域辽阔的中央集权国家统治的重要工具。⑦

---

① 林乾：《论中国古代廷议制度对君权的制约》，《社会科学战线》1992 年第 4 期。
② 姚澄宇：《唐朝的谏官制度》，《南京师范大学学报》（社会科学版）1984 年第 3 期。
③ 晁中辰：《中国古代谏议思想与谏议制度刍议》，《东岳论丛》2010 年第 9 期。
④ 鞠德源：《清代题奏文书制度》，清史论丛（第三辑），中华书局 1982 年版。
⑤ 傅礼白：《康雍乾时期的奏折制度》，《文史哲》2002 年第 2 期。
⑥ 王悦：《康雍乾时期奏折制度》，哈尔滨师范大学 2012 年硕士学位论文。
⑦ 傅礼白：《康雍乾时期的奏折制度》，《文史哲》2002 年第 2 期。

2. 对多源流框架的再讨论

从大的轮廓来看，农村卫生问题日渐凸显、应对这一问题的政策方案渐趋清晰以及最高领导层的关注，这三个源流交流打开了政策窗口，使新农合政策得以提上国家议程。这显示了多源流框架在宏观上对中国政策议程设置的解释力。但多源流框架本质上是一个对议程设置的外部观察，关注的是议程设置过程的投入和产出，即在投入端的三个源流是如何演进的，以及产出端是否进入了政策议程；而对于打开政策窗口的具体路径则关注不多。应该说，其框架关注的侧重点是与多元、开放的美国政治体制相适应的。

本书则在中国场域下，打开政策议程设置过程的"黑箱"，在多源流框架基础上提出了国家议程设置的三条路径，即科层路径、协商路径和上书路径，其理论意义在于，进一步阐释了多源流框架尚未回答的"政策机会窗口的开启路径和机制"；而现实意义则在于，本书可为更有效的政策倡导提供知识基础。

第五章

政策框架构建与执行中的政策制定：
中央层面的观察

党和国家最高领导人的关注和推动，促成了新农合政策议程设置。2002 年 10 月，中共中央、国务院《关于进一步加强农村卫生工作的决定》和 2003 年国务院办公厅转发的卫生部等部门《关于建立新型农村合作医疗制度的意见》这两个文件，构成了新农合制度中央政策的基本框架。而后，在国务院新农合部际联席会议推动下，国务院及其组成部门又相继出台了一系列文件。这些文件以上述框架为基础，汲取了地方试点经验，逐渐形成了一个相对完善的政策体系。本章观察的起点是 2002 年初新农合政策的国家议程设置，终点是 2010 年卫生部向国务院上报《新型农村合作医疗条例（送审稿）》。

一 中央政策框架的构建与合法化

2002 年全国卫生厅局长会议前夕，国务院分管副总理对农村卫生工作做出重要指示："农村卫生的重要性越来越清楚。卫生部要把农村卫生工作放在第一位，年内要出台力度更大的中共中央、国务院关于发展农村卫生的决定，并召开全国农村卫生工作会议，促进农村卫生问题的解决。"这一指示，改变了全国卫生厅局长会议多年来以城镇卫生问题为中心的惯例，将重心转向农村卫生问题。按照将农村卫生工作放在首位的基调，由国务院体改办牵头，卫生部、农业部、财政部和国家计委等部门开始着手起草中央关于加强农村卫生工作的决定。这标志着，在最高领导人的推动下，中央层面的政策框架制定正式启动。

（一）政策框架起草中的部门共识机制：最高领导层直接推动

中央关于加强农村卫生工作决定政策文本的起草，主要是以《关于农村卫生改革与发展的指导意见》① 文件起草的写作班底和前期调研积累为基础。国务院体改办负责牵头和协调，卫生部基妇司自1998年成立以来就农村卫生问题开展了大量的调研工作，积累了很多基础性的数据和资料，在文件起草过程中发挥了重要作用。决定在定位上是一个关于加强农村卫生工作的综合性政策，涉及农村卫生发展的各个方面。与前一个文件（39号文）相比，决定的主要突破点和亮点是提出了建立新型农村合作医疗制度，由政府、集体和农民多方筹资来建立农民健康保障体系；这是中央文件中第一次明确提出由中央财政出钱对农民健康保障予以直接投入——这也是决定起草过程中各部门争议和分歧最大的部分。②

1. 部门冲突、协调机制与筹资方案的形成

对于农民健康保障到底如何解决，采取什么方式，性质是什么，这些问题在政策框架起草过程中经过了反复争论。20世纪90年代以来的地方实践和政策试验都表明，失去集体经济支撑的农村合作医疗体系，必须有政府财政的支持才能重建和持续发展。对此，一位当时参与该政策起草过程的卫生部农卫司前主要领导表示：

> 按照城镇职工医保的方式，很难建立起来，因为国家很难有那么大的力度来支持农民健康保障制度建立；采用商业保险的方式，也不可能，因为农民没有那么高的收入水平；到底怎么办呢？最后还是要总结过去，在我们传统合作医疗的基础上，让政府给予适当的投入；过去的合作医疗就是集体出一块儿、个人出一块儿建起来的，现在集体的没有了，光靠个人投入完全是一个互助，这个制度

---

① 国务院办公厅：《国务院办公厅转发国务院体改办等部门关于农村卫生改革与发展指导意见的通知（国办发〔2001〕39号）》，《中华人民共和国国务院公报》2001年第21期。

② 卫生部农卫司前主要领导访谈，2013年1月21日。

就很难持续；那么就需要有相应的一个财政资金支持来建立起多渠道筹资，风险共担的制度……它是有一定保障的，但是又没有把它作为那种规范意义上的医疗保障制度。[①]

在政府、集体和农民多方筹资模式方面，相关部门关注重点各不相同。在政策酝酿过程中，农业部主要强调，新农合一定要兼顾农民意愿，农民要自愿参加，不能搞强迫命令——因为一旦要求强制参加，在地方上就很可能发展为乱收费。[②] 最终出台的决定做了折中，既强调要"坚持自愿原则，反对强迫命令"，又明确"农民为参加合作医疗、抵御疾病风险而履行缴费义务不能视为增加农民负担"。[③] 财政部的担心主要在于：一是财政投入支持8亿农民的健康保障体系建设，会不会成为一个无底洞[④]；二是中央财政的钱投入以后，会不会被挪用，能不能实际产生效果。[⑤]

各部门之间的冲突，最初由国务院体改办作为牵头单位来统筹协调。[⑥] 由于党和国家最高领导人亲自关注和推动，分管副总理亲自听取相关部门汇报并积极推动，是否应以财政投入来支持合作医疗筹资，这一此前相关部门间最严重分歧，在文件起草过程中终于得以建立共识——卫生部提出的3个10元钱的筹资方案，即中央财政投入10元、地方财政投入10元、农民缴费10元共同构成新农合基金，得到了财政部和其他相关部门的认可。[⑦] 当然，筹资方案的最终确立，要待国务院常务会议研究决定。

在决定起草过程中，分管副总理在听取汇报时建议，将这一在传统

---

① 卫生部农卫司前主要领导访谈，2013年1月21日。
② 同上。
③ 中共中央、国务院：《中共中央 国务院关于进一步加强农村卫生工作的决定（中发〔2002〕13号）》，《中华人民共和国国务院公报》2002年第33期。
④ 卫生部基妇司前主要领导访谈，2013年1月17日。
⑤ 卫生部农卫司前主要领导访谈，2013年1月21日。
⑥ 同上。
⑦ 卫生部基妇司前主要领导访谈，2013年1月17日。

农合基础上有所创新的农村卫生保障体系称为"新型农村合作医疗"，传承历史的同时为今后的体制机制创新留下空间。①

2. 分管体制与主管部门的确立②

作为一个涉及全国 8 亿农民的庞大健康保障体系，多方筹集的新农合资金到底由哪个政府部门来主管负责，这是中央出台的政策框架必须要明确的一个核心问题。

最初的设想，是由劳动和社会保障部③（简称社保部）来管理新农合基金。这一安排主要是考虑到，中国城市正在运行的城镇职工医疗保险一直由社保部负责管理，已初步形成覆盖全国的管理体系，社保部在健康保障体系管理上已积累了一定经验。但讨论过程中，社保部明确表示不愿意管理新农合基金。社保部给出的理由主要包括：一是新农合是以县为单位统筹的，因此性质上不是社会保障制度，而社保部负责管理的是全国的社会保障制度；二是中国城镇职工医疗保险还没有完全做好，并且社保部门在乡镇一级并没有管理机构，因此社保部并没有足够的力量来管理新农合体系。

众所周知，卫生部最终被确立为全国新农合的主管部门。新农合制度建立之初的筹资规模非常有限，以 30 元/人·年计，全国筹资总额不过 200 多亿元，并且将分散在全国 2000 多个县级行政单元；作为一个覆盖全国 8 亿农民的庞大体系，其管理难度和政治风险都非常高。因此，尽管卫生部当时一直力推在全国建立新农合体系，以拯救陷于困境的农村医疗卫生体系，但对于管理新农合体系的积极性并不高。最终，卫生部之所以被指定为新农合的主管部门，这一方面固然因其有过传统农合的管理经验，但更重要的是，当时负责协调推动新农合政策起草的国务院副总理分管卫生部但并不分管社保部。在协调由社保部主管新农合体系进展不畅时，新农合的主管责任和相应权力就落到了卫生部。

---

① 卫生部基妇司前主要领导访谈，2013 年 1 月 17 日。

② 本节基于对卫生部基妇司前主要领导访谈，2013 年 1 月 17 日。

③ 根据 2003 年 3 月 15 日第十一届全国人大一次会议批准的国务院机构改革方案，原劳动和社会保障部与人事部整合为人力资源和社会保障部。

2003 年 1 月 16 日《国务院办公厅转发卫生部等部门关于建立新型农村合作医疗制度意见的通知》（国办发〔2003〕3 号）进一步明确，由卫生主管部门来具体实施新农合的组织管理，规定各省成立新农合协调小组，其办事机构（办公室）设于省级卫生行政部门，各县则成立新农合管理委员会，下设经办机构。①

（二）中央政策框架的合法化与动员

1. 国务院常务会议原则通过《决定》

关于农村卫生发展的政策文件由国务院体改办牵头起草、国务院办公厅征求意见和修改后②，要提交国务院会议讨论通过才能正式出台。按照《中华人民共和国国务院组织法》第四条之规定，"国务院工作中的重大问题，必须经国务院常务会议或者国务院全体会议讨论决定"③。按照最高领导层的安排，要在中共十六大之前出台中共中央、国务院关于加强农村卫生工作的决定，并组织召开全国农村卫生工作会议。这将是中共十六大之前，中央组织召开的最后一次重要的全国性会议。

2002 年 10 月初，国务院常务会议研究关于进一步加强农村卫生工作的决定，由卫生部长向国务院常务会议做汇报。会议上对于决定的争论非常激烈，其中争论的焦点，还是中央财政是否应出钱支持建立农民健康保障体系。比较有利的条件是，国务院分管卫生工作的副总理大力支持这一决定，分管农业工作的副总理对决定也持支持态度，并积极协调。最终，国务院常务会议原则通过了这一文件。④

2002 年 10 月 19 日，《中共中央 国务院关于进一步加强农村卫生工

---

① 国务院办公厅：《国务院办公厅转发卫生部等部门关于建立新型农村合作医疗制度意见的通知（国办发〔2003〕3 号）》，《中华人民共和国国务院公报》2003 年第 6 期。

② 除了征求地方卫生厅局长意见外，国务院办公厅还征求了相关中央部门的意见。因主要涉及的国务院体改办、卫生部、农业部和财政部都是起草部门，社保部因不承担管理责任亦表示无意见，征求中央部门意见相对比较顺利。

③ 《中华人民共和国国务院组织法》，1982 年 12 月 10 日第五届全国人民代表大会第五次会议通过，1982 年 12 月 10 日全国人民代表大会常务委员会委员长令第十四号公布施行。

④ 卫生部基妇司前主要领导访谈，2013 年 1 月 17 日。

作的决定》（中发〔2002〕13 号）正式出台。《决定》强调"农村卫生工作是我国卫生工作的重点"，正式提出"建立和完善农村合作医疗制度和医疗救助制度"，并明确了中央和地方政府筹资责任。① 这是"政府第一次在农民医疗保障上承担起主要责任，在中国社会发展史上具有划时代意义"②。

2. 召开全国农村卫生工作会议进行动员

2002 年 10 月 29—30 日，国务院在北京召开全国农村卫生工作会议。这是新中国成立以来第一次由国务院组织召开的以农村卫生为主题的全国性会议，是建立新农合制度高规格的动员会。时任中共中央总书记、国家主席江泽民致信会议，就切实做好农村卫生工作做出重要指示；卫生部、财政部、农业部、国家计委和教育部等国务院部委办的主要领导分别就本部门加强农村卫生工作的意见和措施做了工作报告。③

中共中央政治局常委、国务院副总理李岚清出席了这次全国农村卫生工作会议，并做了题为《大力加强农村卫生工作 全面提高农民健康水平》的讲话。李岚清在讲话中强调，农村卫生工作中须切实抓好九项重点工作："第一，必须坚持预防为主的方针"，"第二，深化乡（镇）卫生院改革"，"第三，加强农村基层卫生机构基础设施建设"，"第四，加强农村卫生医疗队伍建设"，"第五，进一步建立和完善新型农村合作医疗制度、医疗救助制度"，"第六，健全农村合作医疗管理机构"，"第七，加大政府财政对农民的医疗补助"，"第八，建立农村巡回医疗制度"，"第九，深化农村医药体制改革，强化药品市场监管"。④ 在这九项重点工作中，有三项，即第五项、第六项和第七项，都是紧紧围绕建立新农合

---

① 中共中央、国务院：《中共中央 国务院关于进一步加强农村卫生工作的决定（中发〔2002〕13 号）》，《中华人民共和国国务院公报》2002 年第 33 期。

② 李长明：《发展与启迪：新农合十年回顾》，青岛：新农合制度实施十周年"政策与实践"管理研讨会，2012 年。

③ 白剑峰：《全国农村卫生工作会议在京召开——江泽民致信对农村卫生工作作出重要指示》，《人民日报》2002 年 10 月 30 日。

④ 李岚清：《大力加强农村卫生工作 全面提高农民健康水平》，《中国农村卫生事业管理》2002 年第 11 期。

制度展开的，凸显了新农合在农村卫生工作中的重要性。

（三）中央政策框架构建中的地方参与：正式和非正式路径

作为一个覆盖全国的社会政策，新农合政策框架是由中央政府来制定的；但地方政府也作为一个重要的政策主体充分参与到中央框架制定中，并发挥了重要作用。具体而言，地方政府的参与，包括正式和非正式两种路径。

地方政府参与中央新农合政策制定的正式途径，是通过国务院办公厅组织的座谈会来表达意见。如第四章所论及的，座谈会是已成为一种不断走向制度化的协商民主形式。国务院体改办牵头起草的政策文件进入国务院办公厅以后，负责具体协调工作的国务院副秘书长先后组织召开了多场座谈会听取中央有关部门和地方政府的意见。其中，有两场座谈会专门听取各省（市、区）卫生厅局长对决定征求意见稿的意见。

第一次座谈会邀请了全国各省市十多位卫生厅局长；与会卫生厅局长们对国务院办公厅组织修改后的征求意见稿提出了很多意见。在这样的背景下，国务院办公厅又根据座谈会反馈的意见对文件进行了一轮修改。进而，再次组织座谈会，征求省市区卫生厅局长意见。修改后的稿子，得到了与会卫生厅局长的认可。[①] 可见，在中央制定社会政策基本框架的过程中，地方政府可通过座谈会这种渠道来表达意见；从国务院办公厅采纳其意见来修改文件，并进一步征求地方意见这一程序安排来看，地方政府在中央政策框架制定中具有较大的发言权和影响力。这可视为民主集中制下中央政策框架制定的一个重要特点。

非正式的参与途径，是通过与卫生部等部门的官员沟通来表达意见。其时，中国还有一些地区在坚持发展传统农合。卫生部基妇司会通过调研和座谈，向其了解合作医疗筹资和运行等情况。与此同时，一些市县卫生局长以及乡镇卫生院院长等基层卫生部门的人员来北京出差，有时也会拜访基妇司官员，表达其对农村合作医疗和农村卫生发展的看

---

① 卫生部基妇司前主要领导访谈，2013 年 1 月 17 日。

法。例如，新农合筹资安排中中央财政、地方财政和参合农民各出 10
元钱的标准，在很大程度上就是来自乡镇卫生院长们的经验判断：有乡
镇卫生院院长对卫生部基妇司负责人表示，即使筹资总额只有每人 10
元，合作医疗体系也可以建立并运行起来①——当然，在这种筹资规模
下的保障水平是比较低的。这也从一个侧面折射出乡镇卫生院对于建立
新农合体系的迫切愿望。这些地方卫生系统非正式渠道表达的意见，通
过影响卫生部等部门参与政策起草酝酿的官员，最终或多或少地融入中
央政策框架中。

二　新农合政策演进的环境分析：换届、
非典与执政理念转变

2002 年 10 月《中共中央 国务院关于进一步加强农村卫生工作的
决定》（中发〔2002〕13 号）正式出台和全国农村卫生工作会议的召
开，标志着新农合政策框架正式确立。而后一系列有利的政策环境的变
化，有力地促进了新农合政策的发展。

（一）最高领导层换届

国务院全国农村卫生工作会议召开不久，2002 年 11 月 8—14 日，
中共十六大在京召开。大会提出了全面建设小康社会的宏伟目标，明确
提出要逐步扭转"工农差别、城乡差别和地区差别"这三大差别扩大
趋势，将"统筹城乡经济社会发展，建设现代农业，发展农村经济，
增加农民收入"，列入"全面建设小康社会的重大任务"。② 2002 年 11

---

① 卫生部基妇司前主要领导访谈，2013 年 1 月 17 日。事实上，中国卫生经济培训与研
究网络于 1993 年开始受卫生部委托开展的《中国农村贫困地区卫生保健筹资与组织》课题曾
做过测算，在中国贫困农村地区，包括围产期保健、计划免疫接种和基本医疗服务，人均资
金需求为 30 元/年。参见魏颖、罗五金、胡善联、傅卫《中国农村贫困地区卫生保健筹资与
组织研究总报告》，《卫生软科学》1999 年第 1 期。
② 江泽民：《全面建设小康社会，开创中国特色社会主义事业新局面——在中国共产党
第十六次全国代表大会上的报告（2002 年 11 月 8 日）》，新华社　北京　2002 年 11 月 17 日
电。

月 15 日召开中共十六届一中全会，选举产生了以胡锦涛为总书记的新一代中央领导集体。

2003 年 3 月，十届全国人大一次会议在京召开，朱镕基代表国务院做的《2003 年政府工作报告》提出，"继续把发展农业和农村经济、增加农民收入，作为经济工作的重中之重"，"要统筹城乡经济社会发展，切实做好'三农'工作"①；会议决定，温家宝任国务院总理——此前，国务院常务会议讨论加强农村卫生工作时，时任副总理的温家宝扮演了积极推动者的角色。②

（二）抗击非典疫情

2002 年 11 月 16 日，广东省佛山市发现第一例后来称为非典的病例；到了 2003 年 3—4 月，非典疫情已蔓延至全国大部分省市。2003 年 4 月 2 日，国务院第 3 次常务会议专题研究非典防治工作，建立了非典型肺炎防治工作领导小组和部际联席会议，分别由卫生部长和国务院副秘书长牵头。③ 随着非典疫情进一步蔓延，4 月 23 日，国务院第 6 次常务会议决定成立防治非典型肺炎指挥部，由吴仪副总理任总指挥。④ 而后，国务院常务会议又多次专题讨论非典防治和公共卫生问题，并于 7 月 28 日在京召开了全国防治非典工作会议。

非典疫情暴露了中国公共卫生，特别是农村公共卫生存在的严峻挑战，引起了中央高度重视，成为推动卫生事业发展乃至政府管理方式和执政理念转变的契机。可以说，尽管非典疫情将新农合试点时间推迟了整整半年，但其推动了中央对卫生工作的高度重视和执政理念转变，为新农合发展创造了有利条件。

---

① 朱镕基：《政府工作报告：2003 年 3 月 5 日在第十届全国人民代表大会第一次会议上》，人民出版社 2003 年版。

② 卫生部基妇司前主要领导访谈，2013 年 1 月 17 日。

③ 《温家宝主持国务院常务会　研究非典型肺炎防治工作》，中华人民共和国中央人民政府网站：http：//www.gov.cn/misc/2005－08/22/content_25396.htm，2013 年 10 月 30 日访问。

④ 《国务院决定成立防治非典指挥部　吴仪任总指挥》，中华人民共和国中央人民政府网站：http：//www.gov.cn/misc/2005－08/22/content_25383.htm，2013 年 10 月 30 日访问。

（三）执政理念转变：科学发展观与和谐社会

中共十六大以后，全面建设小康社会的发展阶段促使党和政府更深入地思考科学发展和社会和谐问题。2003 年 10 月，中共十六届三中全会在京召开，时任中共中央总书记胡锦涛在讲话中强调，"树立和落实全面发展、协调发展和可持续发展的科学发展观"[①]；正是这次全会，鲜明地提出了科学发展观的重要战略思想，以及五个统筹的新要求，即"统筹城乡发展、统筹区域发展、统筹经济社会发展、统筹人与自然和谐发展、统筹国内发展和对外开放"[②]。2004 年 3 月，进一步明确科学发展观的内涵是"坚持以人为本，全面、和谐、可持续的发展观"。

2005 年中共十六届五中全会通过《中共中央关于制定国民经济和社会发展第十一个五年规划的建议》，强调"以科学发展观统领经济社会发展全局"，提出建设社会主义新农村，"建立以工促农、以城带乡的长效机制"。[③] 2006 年 10 月，十六届六中全会通过了《中共中央关于构建社会主义和谐社会若干重大问题的决定》，将社会和谐作为"我们党不懈奋斗的目标"，更加强调以人为本的科学发展。[④]

2007 年，胡锦涛在中共十七大报告中进一步阐述了科学发展观，明确提出"科学发展观，第一要义是发展，核心是以人为本，基本要求是全面协调可持续，根本方法是统筹兼顾"[⑤]；大会通过决议，将科学发展观写入中国共产党章程。科学发展观和和谐社会理念的提出，为新农合政策创造了良好的政治舆论环境。

[①] 胡锦涛在 2003 年 10 月中共十六届三中全会的讲话，参见胡锦涛《树立和落实科学发展观》，中共中央文献研究室：《十六大以来重要文献选编（上）》，中央文献出版社 2011 年版。

[②] 《中共中央关于完善社会主义市场经济体制若干问题的决定（2003 年 10 月 14 日中国共产党第十六届中央委员会第三次全体会议通过）》，新华社北京 10 月 21 日电。

[③] 中共中央：《中共中央关于制定国民经济和社会发展第十一个五年规划的建议（2005 年 10 月 11 日中国共产党第十六届中央委员会第五次全体会议通过）》，《求是》2005 年第 20 期。

[④] 中共中央：《中共中央关于构建社会主义和谐社会若干重大问题的决定（2006 年 10 月 11 日中国共产党第十六届中央委员会第六次全体会议通过）》，《求是》2006 年第 20 期。

[⑤] 胡锦涛：《高举中国特色社会主义伟大旗帜，为夺取全面建设小康社会新胜利而奋斗——在中国共产党第十七次全国代表大会上的报告（2007 年 10 月 15 日）》，人民出版社 2007 年版。

三　中央层面的政策制定和执行机构建设

（一）建立部际联席会议制度：构建跨部门协调机制

从《指导意见》到《决定》的起草过程，折射出政策制定过程中协调不同部门以建立共识的巨大挑战。新农合政策试点，涉及卫生、财政、农业等诸多政府部门，协调工作机制的建立和完善，具有极为重要的意义。

新型农村合作医疗部际联席会议制度是由国务院副总理兼卫生部长吴仪推动建立的，目的是协调国务院有关部门来推进新农合制度建设。[①] 2003 年 9 月，国务院同意建立国务院新农合部际联席会议制度，成员单位包括卫生部、财政部、农业部、民政部等 11 个部门，由吴仪副总理担任组长，以卫生部为联席会议牵头单位，卫生部有关负责人任常务副组长，财政部、农业部和民政部三部门有关负责人任副组长；联席会议在卫生部设办公室，负责日常工作。[②] 可见，部际联席会议，本质上是一个围绕新农合这一跨部门事务的议事协调机构。

从部际联席会议的职责分工可以看出，尽管新农合制度涉及 10 余个部门，但职责主要集中于卫生部、财政部和农业部三个部门，民政部也位列副组长单位，但其职责相对单一，集中于通过医疗救助制度支持贫困人口参加合作医疗。卫生部作为联席会议常务副组长单位，同时部际联席会议负责日常事务的办公室又设于卫生部，这使卫生部获得了发展新农合制度的主导权，并有了协调其他部门的正式平台。事实上，新农合部际联席会议办公室并没有单独的办公地点，日常工作就是由卫生部基妇司来承担。[③] 2005 年 9 月，国务院办公厅在发文增补保监会、中

---

① 卫生部基妇司前主要领导访谈，2013 年 1 月 17 日。

② 国务院：《国务院关于同意建立新型农村合作医疗部际联席会议制度的批复（国函〔2003〕95 号）》，《中华人民共和国国务院公报》2003 年第 29 期。

③ 卫生部基妇司前主要领导访谈，2013 年 1 月 17 日。

国残联和红十字总会为成员单位的同时，将成员单位或成员调整的审批权授权给部际联席会议组长。① 联席会议成员单位职责如表5-1所示。

表5-1　　　　　　　**国务院新农合部际联席会议成员单位职责**

部门	职责
卫生部a	新农合主管部门和常务副组长单位，负责联席会议制度日常工作，负责新农合试点工作方案制订，宏观指导和协调试点及推广工作
财政部a	负责安排中央财政对中西部地区参加新农合农民的补助资金，研究制定相关政策，加强资金管理和监管
农业部a	负责配合做好新农合的宣传推广工作，协助对筹资的管理，监督资金使用
民政部a	负责农村医疗救助制度有关工作，支持新农合的建立和完善
发展改革委a	负责新农合纳入国民经济和社会发展规划有关工作，促进新农合与经济社会的协调发展；推动加强农村卫生基础设施建设，完善农村医药价格监管政策
教育部a	负责农村卫生机构的人才培养与相应改革有关工作
人事部a	负责农村卫生人才情况调研及农村卫生人才政策的制定，推进农村卫生机构人事制度改革有关工作
人口计生委a	负责配合做好新型农村合作医疗的宣传动员工作
食品药品监管局a	负责新型农村合作医疗药品的流通供应，加强农村药品监管
中医药局a	负责在新农合中发挥中医药的特色与优势，培养农村卫生机构的中医药技术人员
扶贫办a	负责扶贫开发与新农合的协调，支持贫困地区农民积极参合
保监会b	协调保险业参与新农合，制定保险业参与新农合的有关制度和规范，引导和监督保险公司依法合规参与新农合
中国残联b	配合做好新农合宣传推广工作，以及残疾人参加新农合工作
红十字总会b	参与对农村贫困人口的医疗救助工作，支持新农合建立和完善

资料来源：a为成立之初的成员单位，据国务院办公厅《国务院办公厅转发卫生部等部门关于建立新型农村合作医疗制度意见的通知（国办发〔2003〕3号）》，《中华人民共和国国务院公报》2003年第6期；b为2005年新增成员单位，据国务院办公厅《国务院办公厅关于增补和调整国务院新型农村合作医疗部际联席会议成员的复函（国办函〔2005〕81号）》，《中华人民共和国国务院公报》2005年第31期。

---

① 国务院办公厅：《国务院办公厅关于增补和调整国务院新型农村合作医疗部际联席会议成员的复函（国办函〔2005〕81号）》，《中华人民共和国国务院公报》2005年第31期。

部际联席会议在新农合制度建立过程中发挥了重要作用。首先，国务院批准建立的部际联席会议制度，提供了一个协调不同部门关系的正式平台，大大提高了政策制定的效率。在没有建立部际联席会议时，涉及多部门的联合发文必须由牵头部门一个部门、一个部门地逐一协调，直到所有部门都达成共识，才能完成文件的起草工作。即使是牵头部门组织开会，如各部门各自坚持，互不相让，很多时候只能无果而终，宣布散会。以新农合制度为例，其中涉及的卫生部、财政部和农业部等都是正部级单位，彼此平起平坐，牵头部门很难去协调另外的部门。很多时候，为了达成多部门联合发文，在起草过程中往往需要协调相当长的时间，甚至协调无果。① 有了副总理为组长的部际联席会议这个平台，各部门的不同意见就可以摆到桌面上来，在会议上相互争论，副总理作为组长居中协调，最终通常以副总理拍板的意见为准。②

（二）强化管理机构：成立农村卫生管理司和新农合研究中心

1. 成立农村卫生管理司

2004 年 3 月，卫生部将基层卫生与妇幼保健司中农村卫生管理的职能独立出来，成立农村卫生管理司（以下简称农卫司）。③ 农卫司行政编制 16 人，下设 4 个处即综合处、农村基本卫生保健处、合作医疗处、卫生服务规划管理处。④ 从成立的时间节点和机构设置中不难看出，承担新农合部际联席会议办公室日常工作，强化卫生部对新农合政策的制定和宏观管理，是卫生部组建农卫司最重要的原因。农卫司的成立，夯实了新农合中央层面政策制定的组织基础，也进一步强化了卫生部在新农合政策制定中的地位。

---

① 卫生部基妇司前主要领导访谈，2013 年 1 月 17 日。

② 同上。

③ 卫生部农村卫生管理司：《农村卫生管理司成立》，《农村卫生工作简讯》2004 年第 1 期。

④ 原卫生部网站，网址为：http：//wsb. moh. gov. cn/mohncwsgls/pjgzn/lm. shtml，2013 年 10 月 10 日访问。

2. 设立新型农村合作医疗研究中心

农卫司成立，强化了新农合政策制定、宏观管理和部际联席会议的日常工作职能；但仅凭 16 个行政编制的农卫司，仍难以承担新农合庞大的事务性管理工作。随着新农合逐渐扩大试点，成立一个中央级的承接新农合事务性管理和研究工作的专门机构，显得尤为必要。基于卫生部党组会议的意见，卫生部于 2005 年 6 月正式设立新型农村合作医疗研究中心（以下简称研究中心）。

研究中心设于卫生部卫生经济研究所，业务上接受卫生部农卫司和规划司业务指导，由所长兼任中心主任。[①] 其职能主要包括新农合的事务性管理、业务指导和培训、信息管理、调查研究以及国际交流与合作等几个方面。研究中心的成立，加强了卫生部对新农合进行事务性管理和业务指导的力度。

（三）构建知识传递机制：成立技术指导组

尽管《决定》和《指导意见》为新农合发展提供了一个融资和管理的基础框架，但对于新农合制度发展中很多非常关键的技术性问题，如基金管理、补偿方案、报销流程、经办机构建设等，并没有给出具体答案；而且，无论是专家，卫生部还是地方政府，都没有现成的答案。[②] 这些都有待通过试点工作一边实践，一边总结，逐步做出回答。这需要大量来自实践和理论的知识作为支撑。因此，是否能建立相关知识的创造和传递机制，对于新农合政策能成功与否至关重要。

1. 技术指导组主要职能

2004 年 4 月 1 日，卫生部新型农村合作医疗技术指导组（以下简称技术指导组）正式成立。技术指导组由卫生行政人员及相关教育和科研机构专家组成，成立之初共有 12 名专家，专家背景以卫生经济为主（占 5/6），"技术指导组接受国务院新型农村合作医疗部际联席会议

---

① http://www.ccms.org.cn/sub1.aspx? id = 83.

② 卫生部基妇司前主要领导访谈，2013 年 1 月 17 日。

办公室和卫生部农村卫生管理司的领导和管理"。① 随着试点工作的开展，卫生部进一步调整充实了技术指导组专家，专家实行聘任制，聘期两年；经过 2005 年、2007 年、2009 年和 2011 年四轮调整和增补，至 2011 年，技术指导组的专家数量增至 30 名，在原来卫生经济方面的专家基础上，增加了部分财政、社会保障、农业经济等领域的专家，由卫生部基妇司原司长李长明担任组长。②

技术指导组的职责主要包括四个方面：一是试点工作的技术指导，促进重大政策和措施落实；二是专人定期对浙江、湖北、吉林和云南四省试点进行调研、指导和评估，与地方政府一起总结经验，完善方案；三是及时报告试点工作的重大问题，提出政策建议；四是参与培训和研究工作。③

在新农合政策建立和完善过程中，技术指导组是连接中央政府、地方政府和学术界的重要知识传递机制。成立之初，技术指导组的工作主要是围绕四个重点联系省的试点展开，实行专家包省机制。④ 以技术指导组专家为组长，组成 4 人固定联系组；每个省推荐 2 个试点县⑤，作

---

① 卫生部办公厅：《关于成立卫生部新型农村合作医疗技术指导组的通知（2004 年 4 月 1 日　卫办农卫发〔2004〕46 号）》，《新型农村合作医疗文件汇编（2002—2011）》，卫生部农村卫生管理司、卫生部新型农村合作医疗研究中心 2011 年版。

② 卫生部办公厅：《关于调整充实新型农村合作医疗技术指导组专家的通知（2005 年 4 月 13 日　卫办农卫发〔2005〕79 号）》，《新型农村合作医疗文件汇编（2002—2011）》，卫生部农村卫生管理司、卫生部新型农村合作医疗研究中心 2011 年版；卫生部办公厅：《关于卫生部新型农村合作医疗技术指导组 2007—2008 年度有关工作的通知（2007 年 4 月 11 日　卫办农卫发〔2007〕69 号）》，《新型农村合作医疗文件汇编（2002—2011）》，卫生部农村卫生管理司、卫生部新型农村合作医疗研究中心 2011 年版；卫生部办公厅：《关于卫生部新型农村合作医疗技术指导组 2009—2010 年度有关工作的通知（卫办农卫发〔2009〕47 号）》。

③ 卫生部办公厅：《关于成立卫生部新型农村合作医疗技术指导组的通知（2004 年 4 月 1 日　卫办农卫发〔2004〕46 号）》，《新型农村合作医疗文件汇编（2002—2011）》，卫生部农村卫生管理司、卫生部新型农村合作医疗研究中心 2011 年版。

④ 卫生部基妇司前主要领导访谈，2013 年 1 月 17 日。

⑤ 首批确定的技术指导组重点联系试点县名单：浙江省嘉兴市秀洲区和开化县，湖北省公安县和长阳县，吉林省蛟河市和镇赉县，云南省弥渡县和禄丰县。参见卫生部办公厅《关于成立卫生部新型农村合作医疗技术指导组的通知（2004 年 4 月 1 日　卫办农卫发〔2004〕46 号）》，《新型农村合作医疗文件汇编（2002—2011）》，卫生部农村卫生管理司、卫生部新型农村合作医疗研究中心 2011 年版。

为重点调研指导的联系县；固定联系组每季度至少下去调研一次，每次不低于两周，并形成书面报告提交技术指导组会议讨论①。2005 年 4 月，固定联系组增至 5 个，将四川纳入重点联系范围②；根据试点工作推进情况，技术指导组加强了分类指导，以两年为周期，确定每个周期的重点联系省，由固定联系组专家定期调研指导，完善方案，总结经验。③

2. 知识创造和传递机制

技术指导组每季度最后一个月定期召开会议，这是促进知识传递，进而优化政策设计的重要平台。部际联席会议办公室成员、四个试点省卫生厅局的基妇处长、重点联系的试点县的卫生局长，以及技术指导组专家均要参加会议，听取试点工作汇报，研讨工作进展和主要问题，并提出相应的建议。④ 总之，不论是经验，还是问题，都会拿到技术指导组专家讨论。这为中央政府形成新农合具体政策打下了基础。⑤

开展新农合专业培训和课题研究，也是创造和传递知识的重要机制。传统农合已解体多年，在试点之初，地方政府对于新农合怎么办，怎么管，都知之甚少，经办机构人员都是临时抽调组成的；这就凸显了新农合相关课题研究和专业培训的重要性。这也是卫生部赋予技术指导组的重要职能。技术指导组专家受部际联席会议办公室委托开展了大量

---

① 卫生部办公厅：《关于成立卫生部新型农村合作医疗技术指导组的通知（2004 年 4 月 1 日 卫办农卫发〔2004〕46 号）》，《新型农村合作医疗文件汇编（2002—2011）》，卫生部农村卫生管理司、卫生部新型农村合作医疗研究中心 2011 年版。

② 卫生部办公厅：《关于调整充实新型农村合作医疗技术指导组专家的通知（2005 年 4 月 13 日 卫办农卫发〔2005〕79 号）》，《新型农村合作医疗文件汇编（2002—2011）》，卫生部农村卫生管理司、卫生部新型农村合作医疗研究中心 2011 年版。

③ 卫生部办公厅：《关于卫生部新型农村合作医疗技术指导组 2009—2010 年度有关工作的通知（卫办农卫发〔2009〕47 号）》，《新型农村合作医疗文件汇编（2002—2011）》，卫生部农村卫生管理司、卫生部新型农村合作医疗研究中心 2011 年版。

④ 卫生部办公厅：《关于成立卫生部新型农村合作医疗技术指导组的通知（2004 年 4 月 1 日 卫办农卫发〔2004〕46 号）》，《新型农村合作医疗文件汇编（2002—2011）》，卫生部农村卫生管理司、卫生部新型农村合作医疗研究中心 2011 年版。

⑤ 卫生部基妇司前主要领导访谈，2013 年 1 月 17 日。

调研和课题研究，并组织全国性的培训，根据实践编写教材，推广经验。[①] 2008 年，根据全国新农合工作会议要求，技术指导组围绕"以地市级为统筹层次""大病统筹与门诊统筹相结合"以及"新农合与城镇居民基本医疗保险相衔接"三项试点工作，确定了 23 县（市、区）作为卫生部重点联系地区，组织开展了三项重点课题研究，以课题促进试点工作开展，总结经验，探索规律。[②]

（四）中轴辅助结构与卫生部主导地位的强化

在新农合政策制定和执行过程中，逐渐形成了中轴辅助型[③]的组织机构（具体参见图 5-1）。分管卫生工作的副总理（2003 年 4 月—2005 年 4 月兼任卫生部长）担任联席会议组长、由卫生部副部长担任常务副组长、部际联席会议办公室设在卫生部，以及成立专司农村卫生工作的农卫司来承担部际联席会议办公室的主要职能，这使得卫生部在新农合政策制定和执行中占据了主导地位，而卫生部相继成立负责事务性管理工作的新型农村合作医疗研究中心和承担政策咨询酝酿职能的技术指导组（多为卫生领域专家，并与卫生部关系密切），卫生部进一步强化了在新农合政策制定和执行中的地位，成为整个体系的中轴；而其他相关部门在新农合整体政策方案酝酿和决策职能逐渐淡化，主要起到在各自负责领域为新农合政策提供支持，扮演辅助性角色。中轴辅助型新农村合作医疗政策的组织结构如下页图 5-1所示。

---

① 卫生部基妇司前主要领导访谈，2013 年 1 月 17 日。

② 卫生部办公厅：《关于确定新型农村合作医疗有关试点重点联系地区的通知（2008 年 8 月 27 日　卫办农卫发〔2008〕163 号）》，《新型农村合作医疗文件汇编（2002—2011）》，卫生部农村卫生管理司、卫生部新型农村合作医疗研究中心 2011 年版。

③ 周望在研究议事协调机制时最早提出了"中轴依附"的概念，认为议事协调机制的权力重心在"领导成员—牵头部门—办事机构"这条线上，而其他部门则"依附"于这条轴线。参见周望《中国"小组机制"研究》，天津人民出版社 2010 年版。在新农合部际协调会议制度建立初期，财政部和农业部扮演着重要角色，并非简单依附。而后，卫生部作用逐渐强化，财政部等部门的作用则主要体现在各自的职能领域，对新农合发展起辅助作用。

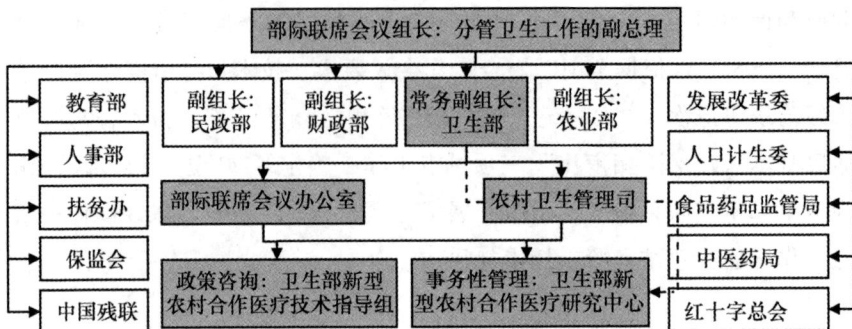

图 5 - 1　中轴辅助型新型农村合作医疗政策组织机构

四　中央推动政策执行的主要政策工具

学者在考察了政府运作过程中提出，中国政府运行采用的是逐级代理制度；这一制度的核心，是上级政府将治安、经济发展等属地管理的事权，委托给下一级政府同时，留有对直接下级或隔级的下一级政府官员的任命、考核和管理之权力。① 这一制度，周黎安称为"行政逐级发包"②。在这一体制下，中央政府不仅在法律上保留干预下级政府的绝对权力，同时可通过人事变动、项目安排和政治动员等正式或非正式手段对地方政府的工作进行其认为必要的干预，改变地方政府工作的优先级安排。③ 从新农合政策推进过程来看，是由中央提出政策创议，并制定政策框架，但具体执行是由省市县三级地方政府，特别是县一级政府来具体承担。对于这类中央和地方政府合作的社会政策，中央通过怎样的体制和机制设计，即采用哪些政策工具，使地方政府有动力执行这一政策，并确保政策得到有效执行，是政策

---

① 周雪光：《权威体制与有效治理：当代中国国家治理的制度逻辑》，《开放时代》2011 年第 10 期，第 74 页。

② 周黎安：《转型中的地方政府：官员激励与治理》，格致出版社、上海人民出版社 2008 年版。

③ 周雪光：《权威体制与有效治理：当代中国国家治理的制度逻辑》，《开放时代》2011 年第 10 期，第 74 页。

过程中非常关键的问题。这里所称的政策工具，"是指政府可以用来实现某种政治目标的手段"。①

（一）以财政转移支付促进地方政府合作

2002 年 10 月出台的《决定》，明确了中央政府对建立新农合制度的财政投入责任，提出"中央财政通过专项转移支付对贫困地区农民贫困家庭医疗救助给予适当支持"，"从 2003 年起，中央财政对中西部地区除市区以外的参加新型合作医疗的农民每年按人均 10 元安排合作医疗补助资金"。② 而后，中央政府进一步加强了中央财政投入力度，逐步提高中央财政的补助标准，扩大中央财政的补助范围，将中西部地区农业人口占比超过 70% 的市辖区、农业人口占比超过 50% 的市辖区纳入中央财政补助范围，并对东部省份亦按中西部省份的一定比例予以补助，最终将中央财政补助的范围扩展至全国范围；同时，以公共卫生专项资金支持新农合能力建设，开展管理人员和经办人员培训，资助县级新农合数据中心和监测点建设。

中央政府对新农合制度大规模的财政补助，提高了地方政府开展新农合试点工作的积极性。由于参合农民的医疗服务主要是由县医院和乡镇卫生院来提供，建立新农合体系，通过补需方的方式，给当地卫生系统注入大量资金。因此，地方卫生主管部门有很强的积极性去推动新农合试点工作的开展。同时，中央财政补助的投入以及相应的资金管理办法，使得中央政府以资金管理为抓手，强化了中央政府对新农合政策执行过程的管理。吴仪副总理曾表示，新农合从本质上，是政府支付方式的一种改革；它不是直接的给卫生口钱，而是给农民钱，农民再利用医院的服务，医院把钱赚回来——这样的话，双方都活了。③

---

① 唐贤兴：《政策工具的选择与政府的社会动员能力——对"运动式治理"的一个解释》，《学习与探索》2009 年第 3 期。

② 中共中央、国务院：《中共中央国务院关于进一步加强农村卫生工作的决定（中发〔2002〕13 号）》，《中华人民共和国国务院公报》2002 年第 33 期。

③ 卫生部基妇司前主要领导访谈，2013 年 1 月 17 日。

（二）以全国性会议为基础的动员机制

召开高规格的全国性会议，是中央政府推动新农合的重要动员机制。2002 年 10 月 29—30 日，全国农村卫生工作会议在京召开，这是新中国成立以来第一次以国务院名义召开的农村卫生工作会议。国务院副总理吴仪担任部际联席会议组长期间，几乎每年都以国务院名义召开一次全国新农合试点工作会议[①]，她亲自参加会议并讲话。一位副总理就卫生工作中的一项工作每年以国务院名义组织召开一次全国性的会议，这在新中国的历史上是从来没有过的。[②] 吴仪副总理的重视和出色的领导力，对于新农合的顺利推进至关重要。

每次试点工作会议召开前，部际协调会议都要提前开会，研究部署相关工作安排，并向国务院汇报。[③] 每年以国务院名义召开新农合试点工作会议，向地方政府传递了中央政府高度重视新农合工作的信息，促使各省都高度重视新农合试点工作；分管副省长携新农合试点工作相关部门参加会议并汇报工作，一方面有利于各省领导了解全国和本省新农合工作进展，提高了省级领导推进新农合试点工作的积极性；另一方面有利于各省级政府的领导协调省内相关部门，形成新农合发展的合力，起到了很好的推动作用。

（三）检查、通报等传统治理机制

中央政府和主要领导人对新农合的高度重视和中央财政补助的投入，促使地方政府高度重视新农合工作。基于政绩考量，一些县在新农合试点工作过程中制定了参合覆盖率等指标，并制定相应的针对县乡政府及领导的奖惩办法；为完成县级政府制定的指标，乡镇政府往往又将指标层层分摊到乡镇干部和卫生院；乡镇干部和卫生院为完成指标，不

---

① 2006 年没有召开全国新型农村合作医疗试点工作会议，卫生部召开了农村卫生工作会议。

② 卫生部基妇司前主要领导访谈，2013 年 1 月 17 日。

③ 同上。

得不采取垫付等"灵活措施"。这些"变通"的做法，尽管促进了新农合迅速启动，但违背了中央文件规定的原则和精神。

中央将上述有违中央政策框架和试点工作指导原则的做法归纳为三个方面：一是盲目定指标，赶进度，虚报试点工作成绩；二是违反农民自愿参加原则，用摊派、包干、贷款、垫付等手段代替农民自主选择，变相强制农民参合；三是虚报本地参合农民人数，套取上级财政对新农合的补助资金。①

为了避免新农合试点工作偏离中央政府制定的政策框架，周期性地组织自上而下的督察，并对存在的问题进行整改和通报，是中央政府采用的主要政策工具之一。2003 年以来，中央通报了多起新农合试点过程的违规行为，追究了所涉机构和人员责任，取消了有组织骗取新农合基金的定点医疗机构资格，对参与骗取套取新农合基金国家公职人员和医务人员给予了行政处分，并将触犯刑律的个人移交司法机关。

试点工作初期，违反中央政策和原则的问题比较多，有多起典型事件被媒体曝光。鉴于此，2004 年 5 月，卫生部和财政部下发紧急通知，对全国新农合试点工作进行检查。检查重点包括：是否存在农民不知情的情况下为其垫资参合；各级政府资金到位情况；试点基金收支、结存情况；管理机构经费落实情况，是否挤占挪用了新农合试点基金；农民受益情况；在操作方式上，由各省组织自查自纠并上报；进而，由卫生部和财政部对各地自查自纠情况进行抽查。②

2004 年下半年，经部际联席会议研究和国务院同意，决定对 2003

---

① 卫生部：《转发湖南省人民政府关于桂阳县新型农村合作医疗试点工作有关问题通报的通知（2003 年 11 月 14 日　卫基妇发〔2003〕317 号）》，《新型农村工作医疗文件汇编（2002—2011）》，卫生部农村卫生管理司、卫生部新型农村合作医疗研究中心 2011 年版。卫生部、财政部：《关于开展新型农村合作医疗试点有关工作检查的紧急通知（2004 年 5 月 24 日　卫发电〔2004〕37 号）》，卫生部农村卫生管理司、卫生部新型农村合作医疗研究中心 2011 年版。

② 卫生部、财政部：《关于开展新型农村合作医疗试点有关工作检查的紧急通知（2004 年 5 月 24 日　卫发电〔2004〕37 号）》。

年启动的新农合试点县（市、区）展开检查评估；评估工作按《新型
农村合作医疗试点工作检查评估方案》展开，以各省（自治区、直辖
市）新农合协调领导小组组织自查评估为主，进而由部际联席会议办
公室组织检查组，对中西部省份的试点县（市、区）进行抽查。文件
强调，对于试点县（市、区）存在严重问题经各省（自治区、直辖市）
责令纠正，而部际联席会议检查组核实中发现上述的问题，"原则上取
消其所在省份 2005 年扩大试点的资格"。① 2005 年下半年，又要求开展
了类似的检查评估和整改工作②；尔后，部际联席会议办公室成员单位
又多次组成联合督导组，对各地新农合试点工作进行督导和检查。2005
年，国家审计署针对全国 15 个省（市、区）的 20 个新农合试点县
（市、区）进行了审计，发现某些地区还存在基础管理薄弱和政策执行
不到位等问题。③

综上，为推动新农合政策在地方政府得到有效执行，部际联席会议
和卫生部多次组织对地方政府的试点工作进行紧急检查和督察，并对违
规行为进行通报和整改。但由于新农合试点范围覆盖全国，而部际联席
会议单位的人力物力有限，督察和整改等工作主要依托各省卫生厅展
开，在此基础上进行核实和抽查。从中央文件通报的几起情况来看，约
半数问题都是媒体曝光和群众举报发现的，多于自上而下的检查发现的
问题。可见，检查这种治理工具的实际效果，是比较有限的。究其原
因，主要在于，在中央政府组织对新农合的检查过程中，不同层级地方
政府在很大程度上会成为利益共同体，有动力采取"共谋行为"来应
对中央政府，避免问题被发现。对于这种"共谋行为"及其制度逻辑，

---

① 国务院办公厅：《国务院办公厅关于做好 2004 年下半年新型农村合作医疗试点工作
的通知》，《中华人民共和国国务院公报》2004 年第 27 期。

② 财政部、卫生部：《关于做好新型农村合作医疗试点有关工作的通知（2005 年 8 月
10 日　卫农卫发〔2005〕319 号）》，《新型农村合作医疗文件汇编（2002—2011 年）》，卫生
部农村卫生管理司、卫生部新型农村合作医疗研究中心 2011 年版。

③ 财政部、卫生部：《关于调整中央财政新型农村合作医疗制度补助资金拨付办法有关
问题的通知（2007 年 1 月 31 日　财社〔2007〕5 号）》，《新型农村合作医疗文件汇编
（2002—2011 年）》，卫生部农村卫生管理司、卫生部新型农村合作医疗研究中心 2011 年版。

周雪光①做了非常精彩的分析。

（四）引入信息系统作为创新的管理工具

作为一个中央推动下的中央—地方合作的社会政策，中央政府相对于地方政府在信息上处于劣势。中央政府试图通过信息系统建设，来努力实现对新农合政策执行过程的管理。

试点之初，卫生部即要求中西部地区将试点县名单、农业人口数和试点方案等报卫生部和财政部，东部地区亦需将试点情况报卫生部备案。② 2004 年卫生部农卫司编制了《新型农村合作医疗基本信息报表（试行）》③，2006 年进一步修改④，于 2007 年形成完整的《全国新型农村合作医疗统计调查制度》。由新农合试点县填报，各省新农合管理机构汇总后，按季度和年度报送给卫生部农卫司，并抄送给卫生部新农合研究中心。⑤ 2009 年，中央进一步强化了对信息报送工作的规范，要求进一步完善和规范统计指标口径，及时补充完善参合人员的基础信息。⑥

在报送宏观统计数据基础上，2005 年 5 月，卫生部办公厅制定并印

---

① 周雪光：《基层政府间的"共谋现象"——一个政府行为的制度逻辑》，《社会学研究》2008 年第 6 期。

② 卫生部办公厅：《关于做好新型农村合作医疗试点工作的通知（2003 年 3 月 24 日 卫办基妇发〔2003〕47 号）》，《新型农村合作医疗文件汇编（2002—2011）》，卫生部农村卫生管理司、卫生部新型农村合作医疗研究中心 2011 年版。

③ 卫生部办公厅：《关于填报〈新型农村合作医疗基本信息报表（试行）〉的通知（2004 年 12 月 31 日 卫办农卫发〔2004〕222 号）》，《新型农村合作医疗文件汇编（2002—2011）》，卫生部农村卫生管理司、卫生部新型农村合作医疗研究中心 2011 年版。

④ 卫生部办公厅：《关于印发〈新型农村合作医疗基本信息报表（2006 年修订试行）〉的通知（2006 年 4 月 12 日 卫办农卫发〔2006〕68 号）》，《新型农村合作医疗文件汇编（2002—2011）》，卫生部农村卫生管理司、卫生部新型农村合作医疗研究中心 2011 年版。

⑤ 卫生部：《关于印发〈全国新型农村合作医疗统计调查制度〉等的通知（2007 年 12 月 28 日 卫农卫发〔2007〕304 号）》，《新型农村合作医疗文件汇编（2002—2011）》，卫生部农村卫生管理司、卫生部新型农村合作医疗研究中心 2011 年版。

⑥ 人力资源和社会保障部、卫生部、财政部：《关于规范各项基本医疗保障制度信息报送工作的通知（2009 年 10 月 20 日 人社部函〔2011〕263 号）》，《新型农村合作医疗文件汇编（2002—2011 年）》，卫生部农村卫生管理司、卫生部新型农村合作医疗研究中心 2011 年版。

发了《新型农村合作医疗信息系统基本规范（试行）》，统一新农合信息报告口径，规范新农合信息系统设计、开放和平台建设，并决定建立全国新农合数据交换中心。① 2006 年卫生部提出了"在 2—3 年内建立起与新农合制度发展相适应、与建设中的国家卫生信息系统相链接、较为完备和高效的全国新农合信息系统"的目标，并明确了以国家和省两级平台为主，多级业务网络并存的模式，要求业务网络至少覆盖到乡镇经办机构和相应定点医疗机构，最终依托国家和省级信息平台和数据库，实现通过虚拟专网实时捕获基层管理部门或定点医疗机构业务数据。② 2008 年，卫生部印发《新型农村合作医疗管理信息系统基本规范（2008 年修订版）》，进一步明确了信息系统的基本架构、原则和建设规范。③

为推动全国统一的新农合管理信息系统建设，卫生部将县级数据中心建设列入新农合管理能力建设项目，由中央财政的公共卫生专项资金予以支持。该项目对西部和中部每个项目县的新农合数据中心建设分别给予 20 万元和 15 万元的补助金，在项目省的总体规划下由省和县合作推进④；该能力建设项目分三年实施，2008 年安排了中西部地区 22 个省 1/3 的县率先展开，2009 年继续支持 1/3 的县开展此项工作。⑤

① 卫生部办公厅：《关于加强新型农村合作医疗定点医疗机构医药费用管理的若干意见（2005 年 11 月 7 日 卫办人发〔2005〕243 号）》，《新型农村合作医疗文件汇编（2002—2011）》，卫生部农村卫生管理司、卫生部新型农村合作医疗研究中心 2011 年版。

② 卫生部：《关于新型农村合作医疗信息系统建设的指导意见（2006 年 11 月 22 日 卫农卫发〔2006〕453 号）》，《新型农村合作医疗文件汇编（2002—2011）》，卫生部农村卫生管理司、卫生部新型农村合作医疗研究中心 2011 年版。

③ 卫生部办公厅：《关于印发〈新型农村合作医疗管理信息系统基本规范（2008 年修订版）〉的通知（2008 年 6 月 24 日 卫办农卫发〔2008〕127 号）》，《新型农村合作医疗文件汇编（2002—2011）》，卫生部农村卫生管理司、卫生部新型农村合作医疗研究中心 2011 年版。

④ 卫生部办公厅：《关于印发〈2009 年中西部地区新型农村合作医疗管理能力建设项目管理方案〉的通知（2009 年 12 月 22 日 卫办农卫发〔2009〕228 号）》，《新型农村合作医疗文件汇编（2002—2011）》，卫生部农村卫生管理司、卫生部新型农村合作医疗研究中心 2011 年版。

⑤ 卫生部办公厅：《关于印发〈2009 年中西部地区新型农村合作医疗管理能力建设项目管理方案〉的通知（2009 年 12 月 22 日 卫办农卫发〔2009〕228 号）》，《新型农村合作医疗文件汇编（2002—2011）》，卫生部农村卫生管理司、卫生部新型农村合作医疗研究中心 2011 年版。

五 本章小结

（一）新农合政策制定总体上是在执行中动态调适的学习过程

从中央层面来看，新农合政策的制定是一个不断推进和观察地方试点，进而动态调适的学习过程。中央政府是新农合政策议程的设置者，并为政策执行制定了基本框架；这一框架的知识在很大程度上来源于卫生部等部门世纪之交在一些省份展开的调研。而对于补偿方案设计等更具体的政策设计，则授权给了省级及以下地方政府。同时，在中央集权体制下，中央政府密切关注着地方政府的政策制定和执行，并保留着随时对地方政策试点进行纠偏的权力。简言之，中央政府在鼓励地方政府就具体政策方案进行探索和创新的同时，力图将整个试点工作置于中央政府的有效控制之下。

尽管有传统农合和小范围的受控试验作为基础，但中央政策制定者对于具体政策设计仍缺乏充分的知识；同时，多部门间讨价还价、寻求共识的政策制定模式，也使粗线条的政策框架更易于在多部门之间达成共识，抓住政策机会窗口得以出台。因此，无论是以技术层面还是政治层面观之，由不同试点地区的地方政府对具体方案进行试验，就成为中央政府的现实选择。

通过对地方政府的政策试验[1]进行调研，中央政府在2003—2005年小范围的地方试点中逐渐积累了有关新农合组织管理、基金管理和补偿方案设计等方面的知识。因此，从2006年开始中央政府相继在新农合基金管理和补偿方案设计等方面出台相应的文件，对地方政府试点工作予以规范；同时，根据地方政府试点的反馈，中央政府对政策不断进

---

[1] 韩博天将政策试验（policy experimentation）定义为试验单位尝试各种各样的方法和过程，以找到有创造性的解决方案来完成预设的任务或应对试验活动中出现的新挑战。此处语境下的政策试验内涵与韩博天的界定相同。参见 Heilmann, S., "Policy Experimentation in China's Economic Rise", *Studies in Comparative International Development*, Vol. 43, No. 1, 2008, pp. 1–26。

行修正。

技术指导组是在中央政府和地方政府之间传递知识，进而优化政策设计的主要桥梁。在试点工作初期，技术指导组中4个固定联系组的专家们每季度在4个重点联系省的试点县至少调研一次，每次长达两周以上，在指导地方试点的同时，及时发现鲜活经验。新农合部际联席会议办公室成员、四个试点省卫生厅局的基妇处处长、重点联系县卫生局长和技术指导组专家共同参加的技术指导组工作会议，为知识传递提供了有效的平台。这些试点中创造的新知识，又通过两种机制进一步扩散：一种是技术指导组在全国广泛开展的培训，一种是融入中央政府的文件中来指导地方政府试点。每年一度的新农合试点工作会议，也是知识传递和扩散的重要机制。会议前会召开部际联席会议，在总结各地试点经验基础上提出新一轮试点的思路和政策；而被中央政府肯定的试点地区会在工作会议上以大会发言或书面发言方式介绍其成功经验（如图5-2）。这些知识传递机制，促进了有效的政策学习。

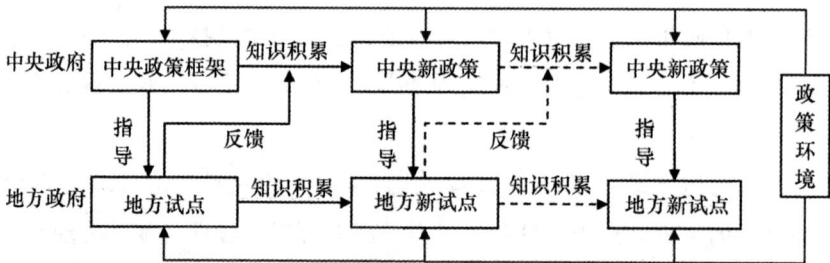

反馈机制：技术指导组调研、试点方案备案、试点工作会议汇报交流
指导机制：下发文件、检查督导、培训等

图5-2 动态调适的政策制定和执行过程

（二）中央政策框架是短暂政策机会窗口下出台的原则性文件

简而言之，新农合政策框架制定，是一个短暂的政策窗口下的应急响应；率先出台的仅是一个原则性的文件。中央政策框架的概要性，为中央和地方政府在执行中制定政策提供了相当大的自由空间。

　　从时间来看，2002年初，最高领导层对农村卫生问题做出重要批示，开启了新农合政策制定的机会窗口；而到2002年11月初即要召开中共十六大，完成最高领导集体换届。这短短几个月时间，不仅要制定新农合政策的基本框架，还要通过一系列审议，完成政策框架的合法化。这种应急环境下制定出的政策，只能是就本政策最重要的原则问题取得共识的概略框架。事实上，中共中央、国务院联合下发的《关于进一步加强农村卫生工作的决定》论及新农合和医疗救助制度的部分仅700余字。对于这项复杂的社会系统工程，《决定》只是明确了农民自愿参与、以大病统筹为主、中央和地方财政资助和先行试点等几项原则①；作为落实《决定》精神的《关于建立新型农村合作医疗制度的意见》，也只是在组织管理、筹资标准、资金管理、医疗服务管理等方面给出原则性意见，但对于任何一项医疗保障制度都至关重要的参合资格、补偿方案和待遇报销等方面，都鲜有规范。

　　新农合中央政策框架的概要性，在一定程度上也是由政策酝酿层的知识和主要关注点决定的。② 新农合政策框架主要是由国务院体改办牵头，会同卫生部、财政部、农业部和国家计委四个部门前期参与调研的官员完成起草的。他们构成了新农合政策的酝酿层。从技术层面来看，农村卫生传统上一直是地方政府的责任，对传统农合的管理，也主要在地方政府层面；制定新农合政策的中央政府部门尽管前期做了不少调研工作，但仍缺乏对新农合制度进行详细设计所必需的翔实数据；限于时间等因素限制，一些前期参与农村卫生保障受控试验项目的专家，并未直接参与到政策制定之中；同样，地方卫生部门官员对于政策框架制定的正式参与，主要是在政策框架进入国务院办公厅征求意见阶段而不是起草阶段，参与主体也主要限于各省的卫生厅局长；作为新农合基本统筹单位的县一级卫生部门官员并没有正式参与。受上述技术因素限制，在短暂的政策窗口中制定出政策，只能是原则性的框架。

---

　　① 中共中央、国务院：《中共中央 国务院关于进一步加强农村卫生工作的决定（中发〔2002〕13号）》，《中华人民共和国国务院公报》2002年第33期。
　　② 中央政策框架的概要性，也是中国中央政策的一个普遍特点。

更重要的是，当政策窗口打开时，中央政府相关部门的主要关注点并不是补偿方案等技术细节。卫生部作为新农合制度的主要推动者，其核心诉求是通过中央和地方财政的支持，为陷入困境的乡镇卫生院和县医院发展注入资金，即通过补需方来补供方，促进农村医疗服务体系发展。而财政部关注的焦点是中央政府是否应承担起农民医疗保障的责任，以及如何保护资金安全；农业部的核心诉求则是建立新农合不能增加农民负担，强调须坚持农民自愿原则。简言之，相关部委在制定新农合政策框架时，技术细节并不是优先考虑的问题，这些都留待在运行过程中逐步完善。

（三）跨部门政策制定的协调机制：分管体制、部际联席会议和领导力

作为一个跨部门的复杂社会政策，抓住短暂的政策窗口来制定新农合政策框架时，由最高领导人委托分管卫生工作的副总理直接协调相关部门；借助最高领导人和分管副总理（同时是中共中央政治局常委）的权威，有效地化解了中央财政是否支持农村合作医疗制度这一部门间最大的分歧，推动政策框架得以顺利起草。但这一非制度化的协调机制在协调其非分管部门时同样面临着一定的挑战。受副总理分管部门的限制，最终卫生部——而不是社保部，成为主管全国新农合的部门。从而，形成了中国城市医疗保障和农村医疗保障由不同部门分管的独特格局。

与在短暂的政策窗口中制定政策框架不同，新农合制度从 2003 年试点到 2010 年基本覆盖全国将会历时八年之久①，以更加制度化的协调机制来促进不同部门达成共识，成为更现实的选择。经国务院同意建立、由分管卫生工作的副总理任组长的新农合部际联席会议，成为新农

---

① 这是中共中央、国务院联合下发的《关于进一步加强农村卫生工作的决定》（中发〔2002〕13 号）最初设定的时间表。参见中共中央、国务院《中共中央 国务院关于进一步加强农村卫生工作的决定（中发〔2002〕13 号）》，《中华人民共和国国务院公报》2002 年第 33 期。

合政策执行过程中居于核心的协调机构。从这一机构的性质来看，部际联席会议是一个针对专项事务的跨部门议事协调机构。

作为一种"小组机制"①，部际联席会议组长的领导力，对于小组实际作用的发挥具有重大影响。尽管有国务院正式文件的授权，但作为"尚未成为制度的组织"②，部际联席会议的权威在很大程度上仍依托于组长的权威和领导力，特别是其对建立新农合制度的重视程度。吴仪副总理是在她离任前的最后五年主抓了新农合建设，"既没有升官问题，也没有发财问题"，她是"抱着高度的事业心来做这个（新农合）的"，并认为如果失败了无法向农民交代。③ 在她的担任组长期间，几乎每次都亲自主持召开部际联席会议，就部门间存在分歧的问题进行协调和拍板。这使得新农和部际联席会议切实做到统筹全局，防止各部门自说自话和"政策打架"。④ 吴仪副总理连续五年以国务院名义召开新农合试点工作会议以保持地方政府对新农合的热情，还曾就新农合应暂缓扩大试点专门致信总书记和总理⑤，以保证试点工作有序开展。可见，对于跨部门政策制定和执行中的部际联席会议等协调机制，其有效性与牵头领导的领导力密不可分。

（四）主管部门逐步强化政策制定主导权，催生政策部门化风险

从中央层面来看，新农合政策框架构建阶段，基本上是分管副总理直接协调下的多部门协商；2002 年末到 2003 年初出台的政策框架，基本上是多部门妥协后的原则性规定。从 2004 年下半年国务院新农合部际联席会议制度建立开始，卫生部作为主管部门逐步强化了

---

① "小组机制"或"小组政治"是由南开大学朱光磊教授领导的研究团队概念化的，参见周望《中国"小组机制"研究》，天津人民出版社 2010 年版。

② 李侃如在论及中国治理结构时提出，"中国的政治体制中充满了尚未成为制度的组织"。参见［美］李侃如《治理中国：从革命到改革》，胡国成、赵梅译，中国社会科学出版社 2010 年版。

③ 卫生部基妇司前主要领导访谈，2013 年 1 月 17 日。

④ 李长明：《发展与启迪：新农合十年回顾》，青岛：新农合制度实施十周年"政策与实践"管理研讨会，2012 年版。

⑤ 卫生部基妇司前主要领导访谈，2013 年 1 月 17 日。

政策制定的主导权。首先，部际联席会议作为议事协调机构，整体上呈中轴辅助结构：卫生部副部长担任部际联席会议常务副组长，同时部际联席会议办公室设在卫生部，这种安排使卫生部获得了协调其他相关部门的正式平台。其次，2004 年在基妇司基础上成立农卫司这一专门的司局，承担部际联席会议办公室的主要职能，这进一步强化了卫生部在新农合政策制定中的行政力量。再次，2005 年负责新农合事务性管理工作的卫生部新农合研究中心的成立，使卫生部得以更好地开展检查评估、业务培训和信息统计等工作，进一步强化了在信息资源等方面的优势。最后，承担着新农合技术指导和政策咨询等重要职能的新农合技术指导组主要由卫生部农卫司来管理，且多为与卫生部关系密切的卫生领域专家，使卫生部在调查研究、新政策酝酿与起草以及社会舆论等方面占据了制高点。上述变化，使卫生部成为主导新农合政策制定的中轴；而其他部门在政策方案酝酿和决策等方面的职能则逐渐淡化，扮演在各自领域支持新农合发展的辅助性角色。

卫生部逐渐主导政策制定，增加了新农合政策受部门利益影响而偏离最初构想的风险。中央政策层面支付方式改革的滞后，可视为政策部门化风险的一个佐证。在新农合试点之初，国务院办公厅转发的《关于建立新型农村合作医疗制度的意见》即将加强医疗服务管理、完善相关制度，有效控制医疗费用增长，作为建立新农合制度的应有之义[1]；卫生部当时也提出，试点过程中要注意以适宜的支付方式来促使医疗机构提高服务质量，控制医疗费用增长[2]。但直到两年多以后，卫生部才于 2005 年 11 月出台了首个强化医药费用管理的文件，即《关于加强新型农村合作医疗定点医疗机构医药费用管理的若

---

[1]　国务院办公厅：《国务院办公厅转发卫生部等部门关于建立新型农村合作医疗制度意见的通知（国办发〔2003〕3 号）》，《中华人民共和国国务院公报》2003 年第 6 期。

[2]　卫生部办公厅：《关于做好新型农村合作医疗试点工作的通知（2003 年 3 月 24 日卫办基妇发〔2003〕47 号）》，《新型农村合作医疗文件汇编（2002—2011）》，卫生部农村卫生管理司、卫生部新型农村合作医疗研究中心 2011 年版。

干意见》①。该《意见》提出了若干控制医药费用增长的举措，如制定基本药物目录和诊疗项目目录，探索住院单病种付费，以及对定点医疗机构基于合约的警示告诫制度。②

2006 年，新农合试点工作评估组在评估报告中强调，要重视以按病种付费和控制医疗机构收入总量增长速度等措施，强化对医疗机构的激励和约束机制。③ 直到次年的 3 月，卫生部才在文件中正式提出支付制度改革，"采取单病种定额付费、按人头付费、医药费用清单制、加强结算审核、补偿报销情况公示等多种措施"来控制医药费用④，但无更具体的政策出台；2010 年 7 月由卫生部报送国务院审议的《新型农村合作医疗管理条例（送审稿）》更没有论及支付方式改革。直到 2009 年 3 月新医改启动后，"积极开展支付方式改革"，才写入有关的文件。⑤

可见，尽管支付方式作为医疗服务机构激励约束机制的核心，对参合农民潜在利益和实际政策效果具有极为重要的影响，但在整个试点过程中，支付方式改革在中央政策的层面上，相当长时间内都被忽视了。在这一定程度上和卫生部作为政策主导部门长期以来补供方的思维惯性

———————————

①　卫生部办公厅：《关于加强新型农村合作医疗定点医疗机构医药费用管理的若干意见（2005 年 11 月 7 日　卫办人发〔2005〕243 号）》，《新型农村合作医疗文件汇编（2002—2011）》，卫生部农村卫生管理司、卫生部新型农村合作医疗研究中心 2011 年版。

②　卫生部办公厅：《关于加强新型农村合作医疗定点医疗机构医药费用管理的若干意见（2005 年 11 月 7 日　卫办人发〔2005〕243 号）》，《新型农村合作医疗文件汇编（2002—2011）》，卫生部农村卫生管理司、卫生部新型农村合作医疗研究中心 2011 年版。

③　吴明：《新型农村合作医疗服务提供方评估报告》，新型农村合作医疗试点工作评估组：《发展中的中国新型农村合作医疗：农村合作医疗试点工作评估报告》，人民卫生出版社 2006 年版。

④　财政部、卫生部：《关于调整中央财政新型农村合作医疗制度补助资金拨付办法有关问题的通知（2007 年 1 月 31 日　财社〔2007〕5 号）》，《新型农村合作医疗文件汇编（2002—2011 年）》，卫生部农村卫生管理司、卫生部新型农村合作医疗研究中心 2011 年版。

⑤　参见卫生部、民政部、财政部、农业部、中医药局《关于巩固和发展新型农村合作医疗制度的意见（2009 年 7 月 2 日　卫农卫发〔2009〕68 号）》，《新型农村合作医疗文件汇编（2002—2011）》，卫生部农村卫生管理司、卫生部新型农村合作医疗研究中心 2011 年版；卫生部办公厅：《卫生部办公厅关于规范新型农村合作医疗基金使用管理的通知（2010 年 4 月 6 日　卫办农卫发〔2010〕53 号）》，《新型农村合作医疗文件汇编（2002—2011）》，卫生部农村卫生管理司、卫生部新型农村合作医疗研究中心 2011 年版。

密切相关。作为全国卫生主管部门，同时也主要是由医疗卫生背景的技术官员组成的部委①，卫生部一直以来优先考虑的，是如何应对各种外部环境的挑战，建立和保持医疗卫生服务体系，支持医疗卫生机构和人力资源发展。在制定新农合政策时，卫生部优先考虑的是中央和地方财政对新农合的投入以及由此撬动的医疗需求对农村医疗卫生体系发展的推动作用，而支付方式改革等代表这需方利益的政策则被无意或是有意忽视了。缺乏支付方式改革等控制医疗卫生费用过快增长，这将会影响到新农合缓解因病致贫和因病返贫问题的政策目标。

（五）政策工具：从传统动员型工具到信息系统等创新型工具

在新农合政策制定和执行过程中，中央政府采用了一系列的传统和创新型的政策工具来推动新农合政策在地方层面的有效执行。一直以来，会议机制是中央政府进行政治动员的重要机制。在中央集权体制下，中央政府举办会议的规格，往往集中传递了其对于某项工作的重视程度，从而改变该工作在地方政府工作安排中的优先级。2002年10月召开的全国农村卫生工作会议，是新中国成立以来首次以国务院名义的农村卫生工作会议。时任中共中央总书记、国家主席江泽民亲自致信会议，对农村卫生工作做出重要批示；时任中共中央政治局常委、国务院副总理李岚清和中共中央政治局委员、国务院副总理温家宝出席会议并发表讲话。这些都集中体现了中央政府对农村卫生工作的重视。中央国家机关相关部门、全国各省（自治区、直辖市）、新疆生产建设兵团、计划单列市的负责同志都参加了这次农村卫生工作会议。如此高规则的会议安排，将农村卫生工作从单一部门的层面提高到中央和地方政府中心议题的层面，是对新农合试点工作的政治总动员。而吴仪副总理抓住新农合试点工作的五年间，几乎每年都以国务院名义召开一次新农合试点工作会议，每次均由各省（直辖市、自治区）分管省级领导带领卫

---

① 卫生部还是中华医学会、中国预防医学会和中国医师协会等医务人员专业团体的主管部门。

生等厅局负责人参加会议，此举保持了新农合在地方政府工作安排中具有较高的优先级。2007 年，中央政府进一步要求，地方政府在新农合扩大试点过程中要考虑将新农合"纳入政府工作重要议事日程，纳入地方经济社会发展和新农村建设的总体规划，纳入干部考核内容"①，从制度层面强化了地方政府和官员对新农合工作的重视。同时，中央政府通过突击检查、审计和评估等方式发现地方政府新农合试点中的问题，并进行通报批评和整改，力图减少地方政府的策略性行为。

中央政府对地方政府新农合试点工作的不断扩大的财政资助，使新农合成为全国范围的中央—地方合作项目。中央财政补助资金，不仅调动了地方政府开展新农合试点工作的积极性，同时为中央政府强化新农合政策的过程管理提供了新工具。一方面，中央政府可以通过对中央财政资助资金的审核和审计，深入新农合政策的执行过程中；另一方面，中央政府还可以通过设置中央财政资金的拨款条件，"迫使"地方政府服从中央政府的工作安排。从新农合中央财政资金拨付办法来看，中央政府逐渐加大了对地方政府的约束力度，将地方政府财政资金到位情况与中央财政拨付资金比例挂钩，并要求地方财政补足中央财政少拨付的部分。②

推进全国统一的新农合信息系统建设，是信息时代中央政府强化新农合政策过程管理的创新工具。在小范围试点阶段，卫生部就制定印发了《新型农村合作医疗信息系统基本规范》，规范新农合信息系统设计、开发和平台建设，以保证新农合数据在全国范围内的互联互通；进而，卫生部不断完善了信息系统规范，并将县级新农合数据中心建设纳入新农合能力建设项目，由中央财政予以资金补助，以尽快建设成全国统一的信息系统。借助全国新农合数据交换中心、省级信息平台和数据

---

① 财政部、卫生部：《关于调整中央财政新型农村合作医疗制度补助资金拨付办法有关问题的通知（2007 年 1 月 31 日　财社〔2007〕5 号）》，《新型农村合作医疗文件汇编（2002—2011 年）》，卫生部农村卫生管理司、卫生部新型农村合作医疗研究中心 2011 年版。

② 财政部、卫生部：《关于调整中央财政新型农村合作医疗补助资金拨付办法有关问题的通知（2010 年 5 月 4 日　财社〔2010〕46 号）》，《新型农村合作医疗文件汇编（2002—2011 年）》，卫生部农村卫生管理司、卫生部新型农村合作医疗研究中心 2011 年版。

库，卫生部可望实现对新农合基层管理部门和定点医疗机构数据的实时采集和分析，实现对新农合政策执行的过程管理。

可见，中央政府推动新农合制度建设主要包括三类政策工具：第一类是基于中央集权体制的政治动员和官员考核任命制度的传统型工具，第二类是财政分权制度下以中央财政拨付为杠杆的项目型工具，第三类是依托信息系统建设的创新型工具。

第六章

政策框架构建与执行中的政策制定：
地方层面的观察

在新农合政策框架制定之初，中央政府即将制定新农合制度管理办法、选择试点县（市）以及组织试点工作的权力赋予了省级政府；而新农合制度的建立和运行，则是以县（市）为单位进行统筹，即县级政府是新农合具体实施方案的制订和执行者。[①] 本章以陕西省及其所属的 A 县为例，采用案例研究方法，阐述地方层面新农合政策是如何制定和执行的。

一　基于中央文件精神的省级政策框架制定

在中央召开全国会议并印发文件之后，地方政府通常会根据中央精神和本地实际制定相应的实施意见，并组织落实。2002 年 10 月召开全国农村卫生工作会议并由中共中央、国务院联合印发了中发〔2002〕13 号文件后，陕西省委、省政府迅速组织省卫生厅等相关部门起草《中共陕西省委、陕西省人民政府贯彻〈中共中央国务院关于进一步加强农村卫生工作的决定〉的实施意见》（陕发〔2003〕7 号）（以下简称《实施意见》）。

2003 年 2 月 27 日，陕西全省农村卫生工作会议在省会西安市召

[①]　国务院办公厅：《国务院办公厅转发卫生部等部门关于建立新型农村合作医疗制度意见的通知（国办发〔2003〕3 号）》，《中华人民共和国国务院公报》2003 年第 6 期。

开。这次会议是以省政府名义组织召开的，核心是讨论《实施意见》，加强全省农村卫生工作。省委副书记张保庆、副省长潘连生出席会议并讲话；省卫生厅、省发展计划委员会、省财政厅、省农业厅、省扶贫办、省教育厅和省水利厅等相关厅局领导出席会议，并做表态性发言。

2003 年 4 月 4 日，陕西省委、省政府联合印发了《实施意见》①。该《实施意见》与中共中央和国务院联合下发的《决定》（中发〔2002〕13 号）结构几乎完全相同，主要是根据陕西的实际情况做了细化的工作，文件的主要亮点是明确了增加农村卫生投入的指标②，确定首批新农合试点县及地方财政补助分配方案（省∶市∶县 = 4∶3∶3）；同时，根据本省孕产妇死亡率高于全国平均水平的实际情况，将住院分娩纳入大病补偿的范畴。③

《实施意见》确定了陕西加强农村卫生工作的总体框架，而新农合试点工作的政策框架制定，则是由省卫生厅负责。2003 年 5 月 15 日，陕西省卫生厅印发了新农合试点工作的规范性文件——《陕西省新型农村合作医疗制度试点工作原则指导意见》④。《试点指导意见》与《实施意见》一起，构成了陕西新农合试点地方政策的基本框架。

---

① 中共陕西省委、陕西省人民政府：《贯彻〈中共中央国务院关于进一步加强农村卫生工作的决定〉的实施意见（2003 年 4 月 4 日陕发〔2003〕7 号）》。
② 这些指标包括：（1）2010 年卫生投入占财政支出比重超过 8%；（2）县级财政预算全额安排乡镇卫生院长、妇幼和防疫专干的工资，以及离退休人员的离退休费，对其他卫生人员按比例补助人头费（陕北 100%、陕南 80%、关中 60%）；（3）设立农村卫生工作专项业务经费和基本建设专项资金；（4）落实农村卫生机构经费，加大定额和定向补助力度。参见中共陕西省委、陕西省人民政府《贯彻〈中共中央国务院关于进一步加强农村卫生工作的决定〉的实施意见（2003 年 4 月 4 日陕发〔2003〕7 号）》。
③ 中共陕西省委、陕西省人民政府：《贯彻〈中共中央国务院关于进一步加强农村卫生工作的决定〉的实施意见（2003 年 4 月 4 日陕发〔2003〕7 号）》。
④ 陕西省卫生厅：《陕西省新型农村合作医疗制度试点工作原则指导意见（2003 年 5 月 15 日陕卫基发〔2003〕202 号）》。

二　省级政策的制定主体分析

（一）协调小组由主管副省长牵头

按照国务院要求，陕西省新型农村合作医疗协调小组（以下简称省新农合协调小组）于 2003 年 5 月正式成立。协调小组由 9 人组成，由主管卫生工作的副省长任组长[①]，省政府副秘书长和省卫生厅长任副组长，成员包括卫生、财政、民政、农业、民政、审计和扶贫部门的领导；协调小组办公室（以下简称省合疗办）设在卫生厅，负责日常工作；办公室主任由省卫生厅副厅长担任。[②]

在试点工作之初的省级政策制定中，起主导作用的是主管卫生工作的副省长和卫生厅长，副省长亲自主抓和协调这项工作。[③] 此前（2002年），这位副省长曾亲赴陕南 5 县 43 个医疗机构进行调研。[④]

省级政府的部门间协调，主要是在卫生、财政和民政这三个部门间。核心是落实新农合财政补助金和医疗救助金，明确省市县三级政府的财政责任；由于中央文件已定下基本的框架，加之当时陕西的省级财政已有明显改善[⑤]，在主管省领导的大力协调下，财政资金安排很快得以落实。

（二）卫生厅主导《试点指导意见》制定

《试点指导意见》是由陕西省卫生厅制定的，卫生厅长起到了主导作用。他对新农合政策的方向非常认同，在政策制定中表现出极大的参与热情。

---

① 这位副省长分管的工作包括计划生育、卫生、体育和文化工作。

② 陕西省人民政府办公厅：《关于成立陕西省新型农村合作医疗协调小组的通知（2003年 5 月 22 日陕政办函〔2003〕104 号）》。

③ 陕西省卫生厅前主要领导访谈，2013 年 1 月 23 日。

④ 李鸿光：《在全省各市卫生局长会议上的讲话（2003 年 2 月 28 日）》，陕西省卫生厅网站：http://www.sxhealth.gov.cn/ztbd/lhg.htm，2013 年 12 月 1 日访问。

⑤ 这主要得益于煤炭和石油资源的开发。

"（我）感觉到这（建立新农合制度）是一个很好的事，（本质上）就是买服务。这是能够成功的；这个钱也是会逐步增加的。它的路子是对的，它不是建机构的路子，是买服务的路子。"① 据了解，这位厅长在农村卫生领域有 30 余年丰富经验。早在传统农合大发展的时期，他就做过 3 年赤脚医生；后经卫生局推荐上了医学院。1975 年毕业以后，即分配到省卫生厅工作。在担任厅长之前，他在省卫生厅的基层卫生和妇幼保健相关领域做了 7 年干事，12 年处长。因此，他对农村卫生的问题和方向，都有着非常清晰的认识，对新农合以财政补助农民购买医疗服务的方向非常认同。

他对于推动新农合建设的热情，更源自这一制度若能成功并推广至全省，有望拯救濒危的陕西农村卫生系统。作为西部省份，陕西省各级财政对卫生领域长期投入不足，县乡两级医疗卫生机构已陷入困境。很多机构设备设施简陋，专业人才匮乏，医疗服务能力低下。陕西省的乡镇卫生院则有约 75% 不能开展正常接生工作，农村孕产妇和婴儿死亡率均高于全国平均水平，而死亡的孕产妇中，有超过 2/3 是死在家中或路途中。② 按新农合试点工作要求，中央和地方政府财政对每个参合农民提供每年 20 元的财政补助，对于一个参合农民 40 万的县来说，相当于以补需方的方式为医疗卫生机构增加每年 800 万的财政投入。加上每人每年 10 元的个人缴费，以及报销带来的杠杆效应，将会大大增加县乡两级卫生机构收入，助其脱困。

确定新农合试点县的决策权，主要集中于省卫生厅。省卫生厅主要关注试点县的卫生基础和代表性——既要保证最初的试点工作取得推进，又要为扩大试点积累经验。陕西按地理地貌和经济发展，大致可分为三个区域，即陕南（汉中、安康、商洛）、关中（西安、铜川、宝鸡、咸阳、渭南）和陕北（延安、榆林）。在各地申报基础上，省卫生

---

① 陕西省卫生厅前主要领导访谈，2013 年 1 月 23 日。

② 潘连生：《齐心协力　扎实工作　努力开创全省农村卫生工作新局面——2003 年 2 月 27 日在全省农村卫生工作会议上的讲话》，陕西省卫生厅网站：http://www.sxhealth.gov.cn/ztbd/pszjh.htm，2013 年 2 月 1 日访问。

厅决定每个地区选一个县作为试点。最终陕南选择了商洛市镇安县，关中选择了咸阳市彬县，陕北选择了延安市洛川县。这三个县卫生基础都较好，基层卫生组织较健全，管理能力较强；同时三个县距离省城不是特别远，有利于卫生厅对试点工作进行指导。

（三）省级相关部门的参与

除了省卫生厅外，省财政厅和省民政厅是省级新农合政策制定过程中两个参与比较多的主体。这两个部门的参与，基本上集中于在新农合和医疗救助筹资方案制定方面①，这也是两个部门本身的工作职责。

省财政厅主要强调财政部门在基金管理中的权力和责任。省财政厅副厅长表示：

> 农村合作医疗制度是根据农民自愿参加原则建立的，筹集的资金属于民办公助性质的社会性基金，应由有关方面组成的基金管理委员会自我管理，直接对参保农民负责。但是，必须看到新型合作医疗制度是在政府倡导下建立的，合作医疗资金中也有很大一部分是政府资助的……如果因管理不严出现损失浪费等问题，将直接影响参保群众的医疗保健，损害党和政府的形象，难以向广大农民交代。因此，财政部门要与有关部门认真研究制定农村合作医疗资金管理的具体办法，切实加强资金监管。②

省民政厅主要负责牵头制定和实施农村医疗救助政策，支持五保户、特困户参合。2004年8月，省民政厅、卫生厅和财政厅共同印发了《陕西省农村医疗救助暂行办法》，由医疗救助金负担五保户参合的全部个人筹资部分，负担贫困户部分或全部个人筹资，资金年初一次性

---

① 陕西省卫生厅前主要领导访谈，2013年1月23日。

② 王中新：《认真履行财政职责　积极支持做好农村卫生工作——2003年2月27日在全省农村卫生工作会议上的讲话》，陕西省卫生厅网站：http：//www.sxhealth.gov.cn/ztbd/czt.htm。2013年2月1日访问。

划拨给新农合经办机构；此外，医疗救助资金还为已参合农民报销后的自付部分提供一定的补助。①

以整体观之，在省级新农合政策制定过程中，不同厅局之间并未出现类似于中央层面曾出现的共识障碍。究其原因，主要有三个方面：首先，中央已明确政府对新农合的筹资责任，并出台了筹资框架；这为省卫生厅争取省级财政支持提供了政策依据；其次，由于中央高度重视，开展新农合试点，已成为地方政府具有高度政治意义的重要工作，而不仅是卫生部门的日常工作，地方党政一把手亲自过问，主管副省长统筹协调，这使地方财政等部门予以积极配合；最后，试点工作启动之初，陕西仅三个试点县，按每个参合农民 10 元/年的标准，地方财政补助资金总体规模不大。此外，与新农合配套建立的农村医疗救助制度，增加了民政部门的预算，使之成为新制度的受益者，自然乐于配合开展新农合工作。

三 试点工作初期的政策制定：省卫生厅直接 指导和参与试点县方案设计

《试点指导意见》结合陕西实际对试点工作提出了更具体的要求。最早开展试点的三个县的实施方案，是在省卫生厅的直接指导下完成的。

以商洛市镇安县为例，在省卫生厅指导下，县卫生局对全县过去三年县乡两级医疗卫生机构的农民就诊、住院、应住院而未住院人次，以及单病发病率和县乡两级单病住院次均费用和费用构成等情况进行了详细调查；同时，将农民不同疾病在县乡两级卫生机构的住院人次和费用分布情况（最高费用、最低费用、平均费用）进行了汇总分析，从而对农民的疾病谱、发病顺位、费用顺位、单病种住院人次顺位等有了较

---

① 陕西省民政厅、卫生厅、财政厅：《关于印发〈陕西省农村医疗救助暂行办法〉的通知（2004 年 8 月 24 日陕民发〔2004〕56 号）》。

清晰的认识。这为试点方案设计奠定了基础。

在最初三个试点县的方案制订过程中，省卫生厅主要领导对方案制订具有重要影响力。前已提及，这位卫生厅长曾做过 3 年赤脚医生，并一直从事农村卫生管理工作，对参合农民的需求非常了解。他认为，新农合要得到农民支持，必须在简化报销手续和控制医药费用两个方面下功夫。这两个方面，成为陕西省新农合试点过程中着力创新的主要环节，得到了吴仪副总理和卫生部的高度认可。2004 年陕西省镇安县在全国新农合试点工作会议上交流了经验，2007 年全国新农合试点工作会议选在陕西省西安市召开。

（一）创新报销"直通车"

在简化报销手续方面，陕西在全国率先实行参合农民报销"直通车"。对此，省卫生厅长认为，

〔对于农民〕，他看完病，再回合疗办报销的方法，是很难操作的。一个山沟里的农民，他得了病，第一他要垫付费用，他哪来那么多钱啊，所以他垫付不了；就算他去借，借了这些钱，他付了〔医药费〕，医院给了他发票；他要拿着发票去合疗办报销，但报销又要排队，又要审批，我们还不敢说报销很容易、很透明……老百姓要二次受麻烦。我们就想，老百姓看病时能不能直接在医院时就减免了，合疗办再去〔和医院〕结算不就行了嘛……那多容易啊！我们就实行了"直通车"这个办法。我们最早在陕西三个县试点，很受老百姓欢迎。①

从试点过程来看，报销"直通车"不仅简化了业务流程，避免报销过程中的人为干预，有利于增强农民对新农合的信任，同时也有助于加强对定点医疗机构的监管。陕西省新农合报销"直通车"从试点之

---

① 陕西省卫生厅前主要领导访谈，2013 年 1 月 23 日。

初即开始实行①，遇到阻力较小。这个时机的选择非常重要，因为当时多数县乡两级医疗卫生机构都处于发展困境，建立新农合对于改善其发展环境极为重要。因此，他们能更积极地配合新农合报销"直通车"这一创新的政策。

（二）探索"单病种定额付费"制度

单病种定额付费，在陕西也被称为"单病种包干"，即对于目录范围内的病种，同一级别医疗卫生机构均按定额标准支付。这一制度，是陕西在全国率先实行的。

陕西省推行这一付费制度的初衷，是为了消除试点过程中农民对基层政府的信任危机。试点启动之初，农民在缴费时非常有顾虑。不少农民提出类似这样的质疑，"你说能给我报销一部分，可原来 100 元的东西（医药费），你给我报 50 元，可〔现在〕要卖到 150 元呢，〔我们还是花了 100 元〕，这不是骗我们吗？……过去有好多这样的例子，听着很好听，我们一套进去，什么实惠也得不到。"② 省卫生厅认为，这种顾虑不无道理。若能让参合农民明明白白地消费，将会大大降低筹集个人缴费的困难；同时，实行单病种定额，能有效控制医药费增长，让参合农民真正得到实惠。

2003 年 5 月，省卫生厅即在《陕西省新型农村合作医疗制度试点工作原则指导意见》（陕卫基发〔2003〕202 号）文件中提出了"单病种包干"的概念，要求试点县设置单病种包干标准和补助标准，并明确相应的诊断和治愈标准③；但对于单病种包干的具体操作，陕西此前并无经验；对于有没有合并症之类的技术问题，也没考虑到④。最早的三个试点县之一的镇安县非常认同省卫生厅的思路，率先在试点中将单

---

① 报销"直通车"最初限于单病种定额付费项目，当时并没有管理信息系统作为后台支撑。

② 陕西省卫生厅前主要领导访谈，2013 年 1 月 23 日。

③ 陕西省卫生厅：《陕西省新型农村合作医疗制度试点工作原则指导意见（2003 年 5 月 15 日陕卫基发〔2003〕202 号）》。

④ 陕西省卫生厅前主要领导访谈，2013 年 1 月 23 日。

病种定额付费具体化，通过实践不断完善了这一制度，并逐步扩大了病种范围；可以说，镇安县为陕西省单病种定额付费制度做出了重要贡献。[①] 2007 年，陕西省镇安县被评为全国新型农村合作医疗先进试点县（市、区）。

陕西省镇安县在 2004 年全国新农合试点工作会议上交流了"单病种定额付费"的工作经验。[②] 对于定额付费病种的确定，镇安县的基本做法是：

> 试点初期，我们按照省卫生厅的要求，对全县 2000—2002 年县、乡两级医疗机构农民就诊人次、住院人次、应住院而未住院人次、单病发病率、县乡两级单病住院次均费用以及费用构成情况进行了详细调查，并对农民住院疾病分县、乡两级逐一将住院人次、最高费用、最低费用、平均费用进行汇总分析，摸排出全县农民疾病谱、疾病发病顺位、单病住院人次顺序、住院疾病费用排序、平均住院费用等基础资料。在此基础上，我们本着重点考虑严重影响劳动生产力、发病数量较多、医药费用支出较大、诊断和治愈标准明确、病种费用分布相对集中的原则，按照"先易后难，梯次推进"的思路，确定了 38 个病种作为单病种定额付费病种。[③]

对于费用定额和补助标准的确定，则综合考虑医疗服务消费方、提供方和购买方这三方的利益，努力让参合农民得到实惠，医疗机构得到合理利益，新农合基金可持续发展。

[①] 陕西省卫生厅前主要领导访谈，2013 年 1 月 23 日。

[②] 访谈过程中，陕西省卫生厅领导详细介绍了镇安县的基本做法和经验，下面这份材料与访谈获得的信息基本一致，但数据更为翔实。

[③] 镇安县新型农村合作医疗管理委员会：《陕西省镇安县规范实施单病种定额付费确保参合农民真正受益》，国家发展和改革委员会经济体制综合改革司网站：http://www.ndrc.gov.cn/fzggz/tzgg/ggkx/201403/t20140312_732688.html，2016 年 12 月 16 日访问。

我们的基本办法是：某个病种的平均住院费用（定额）＝（某个病种住院总费用－不必要的检查费、药费＋医院漏费）×物价指数/某单病种住院总人数；合作医疗基金的补助比例＝可补助资金总额/单病种总医药费用。①

在镇安单病种定额付费方案制订过程中，医疗机构作为一个重要群体参与其中。县新型农村合作医疗管理委员会办公室（以下简称县合疗办）和医疗卫生机构分别制订方案，再进一步协商，以达至共识。这个过程中，当地医疗机构提出了不少反对意见，但由于定额标准确定采用的是各医疗机构单病种诊疗费用历史数据的均值，这里面已包含医疗机构的合理利益，方案最终得以顺利通过。② 这一制度得以顺利实施的另一个重要原因是，在未建立新农合前，镇安作为国家贫困县，其县乡两级医疗机构面临发展困境，亟须借助新农合来增加收入，因此更易于做出妥协。

四 重心逐步转向宏观管理：扩大试点中省卫生厅的角色转变

以首批新农合试点县的经验为基础，2004 年 12 月陕西省新农合协调小组印发了《进一步加强新型农村合作医疗管理工作的原则指导意见》（陕合疗组发〔2004〕17 号），较之 2003 年 5 月省卫生厅出台的《陕西省新型农村合作医疗制度试点工作原则指导意见》（陕卫基发〔2003〕202 号），进一步具体化了对试点工作的要求；2005 年 12 月底，省卫生厅又印发了《陕西省卫生厅关于加强新型农村合作医疗运行管理的原则意见》（陕卫农发〔2005〕495 号），作为全省试点县方

---

① 镇安县新型农村合作医疗管理委员会：《陕西省镇安县规范实施单病种定额付费确保参合农民真正受益》，国家发展和改革委员会经济体制综合改革司网站：http：//www. ndrc. gov. cn/fzgggz/tzgg/ggkx/201403/t20140312_732688. html，2016 年 12 月 16 日访问。

② 陕西省卫生厅前主要领导访谈，2013 年 1 月 23 日。

案设计须遵循的基本原则。

随着试点经验不断丰富和试点范围扩大，省级政府的角色逐渐从直接参与方案设计，转为宏观管理，以指导意见等文件促进省内试点方案保持相对一致。从 2006 年开始，陕西省将宝鸡、榆林和延安三市新增试点县的新农合运行（实施）方案的审批权限下放给市卫生局（市合疗办），并将试点工作进入第二年的所有试点县新农合运行方案审批权全部下放给地市级政府；然后由各市再将审批后的方案报省合疗办备案。[①] 进而，根据审批（核）2007 年扩大试点县新农合方案时发现的主要问题，进一步明确了审批原则和要求，强调补偿方案设计要严格参照《陕西省卫生厅关于加强新型农村合作医疗运行管理的原则意见》（陕卫农发〔2005〕495 号）相关精神的要求执行。[②] 具体参见表 6 - 1。

表 6 - 1　　　　　　　**新农合新增试点县试点方案审批要求**

项目	要求
参照标准	《陕西省卫生厅关于加强新型农村合作医疗运行管理的原则意见》（陕卫农发〔2005〕495 号）
经办机构	合作医疗管理办公室具有独立法人资格，性质是全额拨款事业单位，由卫生局代管
参合对象	县域内全部农业人口，以户为单位参加
个人缴费	每年 12 月 31 日为下年度缴费截止时间；新增试点县延至 2 月 15 日，1 月 1 日—2 月 15 日缴费者 30 后获补偿资格
定点医疗机构管理	参合住院病人药品费用占住院总费用比例：二级及以下医院不超过 45%，三级医院不超过 38%，自付药品费不超药品总费用的 10%；定点医疗机构每月参合住院患者设备检查阳性率不低于 75%；基于上述指标对定点医疗机构动态管理

---

① 陕西省新型农村合作医疗协调小组办公室：《关于全省新型农村合作医疗各试点县新农合运行（实施）方案审批要求的通知（2006 年 11 月 13 日陕合疗组办发〔2006〕15 号）》。

② 陕西省新型农村合作医疗协调小组办公室：《关于各试点县新农合实施方案（管理办法）审批中几个原则问题的紧急通知（2006 年 12 月 14 日陕合疗组办发〔2006〕18 号）》。

续表

项目	要求
补偿制度	单病种定额付费和门诊慢病：明确单病种定额、新农合补助和自付部分，补助标准高于非单病种；设门诊慢病诊断或确认机构，补偿标准参考一般住院患者平均补偿水平 报销方案：起付线建议：乡镇卫生院 50—100 元，县级医院 300 元，市级医院 800—1200 元，省级医院 1200—1500 元；补偿分段建议分三段：起付线—2000 元，2001—8000 元，8001 元以上，高费用段补偿比例越大；封顶线建议：10000 元/人·年；家庭账户（含健康储蓄）：不超过个人筹资 60%； 二次补偿：兼顾相对公平，不要一味向大病倾斜 健康体检：不宜预留或划分体检基金；不提倡家庭全员或逐年体检；确有资金沉淀县对连续两年没享受住院和慢性病补助的家庭推荐一人体检或专项、专病体检； 转诊：有自由选择定点医院权利，县内不需审批，县内就诊住院不需在县合疗办备案

资料来源：根据陕西省新型农村合作医疗协调小组办公室：《关于各试点县新农合事实方案（管理办法）审批中几个原则问题的紧急通知》（陕合疗组办发〔2006〕18 号）整理。

2007 年下半年，随着新农合从扩面转向制度化运行，以及各市管理和经办机构能力的提升，所有新农合试点方案审批全部下放给市级政府，省合疗办则主要专注于新农合政策研究和指导、技术性指导、监管制度和机制完善以及运行和信息评价等。[1] 围绕新农合的总体运行[2]、运行方案设计[3]、单病种定额付费[4]、报销药物目录[5]、定点

---

[1] 陕西省新型农村合作医疗协调小组办公室：《关于全省各新农合县新农合各类方案审批管理要求的通知（2007 年 7 月 30 日陕合疗组办发〔2007〕11 号）》。

[2] 参见陕西省人民政府《关于巩固和发展新型农村合作医疗制度的通知（2009 年 11 月 19 日陕政发〔2009〕62 号）》；陕西省人民政府办公厅《关于进一步加强全省新型农村合作医疗制度建设的原则指导意见（2008 年 4 月 16 日陕政办发〔2008〕36 号）》；陕西省卫生厅办公室《关于规范新农合运行管理有关问题的通知（2010 年 4 月 20 日陕卫合发〔2010〕83 号）》；陕西省新型农村合作医疗协调小组《关于加强全省新型农村合作医疗制度管理的原则意见（2007 年 9 月 10 日陕合疗组发〔2007〕2 号）》。

[3] 陕西省新型农村合作医疗协调小组办公室：《关于全省新农合运行方案调整的几点意见（2008 年 4 月 29 日陕合疗组办发〔2008〕3 号）》。

[4] 参见陕西省卫生厅办公室《关于进一步规范新农合住院单病种定额付费工作的通知（2010 年 9 月 7 日陕卫办合发〔2010〕238 号）》；陕西省新型农村合作医疗协调小组办公室《关于进一步加强单病种定额付费模式规范管理的通知（2007 年 10 月 17 日陕合疗组办发〔2007〕12 号）》。

[5] 陕西省卫生厅办公室：《关于规范使用全省新农合报销药物目录的通知（2010 年 10 月 29 日陕卫办合发〔2010〕284 号）》。

医疗机构管理①等方面相继出台一系列政策，对地方试点工作进行规范。

五 政策过程中的政策工具

（一）以层层政治动员推动试点

如前所述，新农合试点工作启动前，陕西省委、省政府于 2003 年 2 月组织召开了高规格的全省农村卫生工作会议。试点县名单确定以后，省新农合协调小组于 2003 年 8 月举行扩大会议，协调小组成员单位领导、各设区市的卫生局主管领导以及首批三个试点县的县长、卫生局长、经办机构负责人参加了会议，学习中央和省委、省政府的政策文件，明确部门职责，落实资金安排。②

彬县等试点县所在市组织召开了全市农村卫生工作暨新农合启动会，省卫生厅长和市领导亲自出席并讲话。试点工作启动的第一年，主管副省长先后四次带领卫生厅等部门领导前往试点县开展专项调研，强调试点工作的政治性、历史性和战略性意义以及试点县的重要责任，推动筹资等重点工作的落实；陕西省长也多次亲赴试点县进行调研，就各市县须将新农合财政补助资金列入本级财政预算提出明确要求。③ 而

①　参见陕西省新型农村合作医疗协调小组办公室《关于印发陕西省新型农村合作医疗省级定点医疗机构管理办法的通知（2006 年 5 月 23 日陕合疗组办发〔2006〕6 号）》；陕西省新型农村合作医疗协调小组办公室《关于下发〈陕西省新型农村合作医疗省级定点医疗机构管理暂行办法〉的通知（2008 年 4 月 28 日陕合疗组办发〔2008〕4 号）》；陕西省新型农村合作医疗协调小组办公室《关于印发〈陕西省新型农村合作医疗省级定点医疗机构大型医疗仪器设备检查管理办法（试行）〉的通知（2008 年 6 月 23 日陕合疗组办发〔2008〕10 号）》；陕西省新型农村合作医疗协调小组办公室《关于印发〈陕西省新型农村合作医疗省级定点医疗机构一次性医用材料使用管理办法（试行）〉的通知（2008 年 6 月 23 日陕合疗组办发〔2008〕11 号）》。

②　陕西省新型农村合作医疗试点工作正式启动，陕西卫生网：http://www.sxhealth. gov. cn/xxxx. asp? no1 =1951，2003 年 8 月 8 日发布，2013 年 2 月 1 日访问。

③　陕西省卫生厅前主要领导访谈，2013 年 1 月 23 日；另可参见《站在政治性历史性战略性高度认识新型农村合作医疗制度的意义——潘连生副省长考察彬县新型合作医疗试点》，陕西卫生网：http://www.sxhealth. gov. cn/newstyle/ pub_ newsshow. asp? id = 1028434&chid = 100223，2003 年 12 月 3 日发布，2013 年 2 月 1 日访问；《潘连生副省长深入新型农村合作医疗试点县检查指导工作》，陕西卫生网（http://www.sxhealth. gov. cn/newstyle/pub_ newsshow. asp? id = 1028751&chid = 100223），2004 年 4 月 6 日发布，2013 年 2 月 1 日访问。《陈德铭省长调研新型农村合作医疗》，陕西省新型农村合作医疗协调小组编《陕西新型农村合作医疗》第 1 期（2005 年 3 月 16 日）。

后，每年由省政府组织召开全省新型农村合作医疗试点工作会议。省政府要求各县将推行新农合工作纳入地方政府重要议事日程，实行一把手负责制。① 2006 年，陕西省长在省政府常务会议上强调，"宁可把其他项目压一压，也要把关系到两千多万农民切身利益的事情办好。希望地方各级政府和财政部门站在政治的、全局的高度，将合作医疗配套资金纳入年度财政预算，及时足额落实到位"②。

这些由各级政府而不是卫生部门组织召开的动员会以及上级领导的专项调研和讲话，传递出省政府对新农合试点工作高度重视的信息，并将其作为践行"三个代表"思想的政治任务进行了自上而下的动员，提高了新农合试点在省级各部门和下级政府工作安排中的优先级。

与此同时，陕西省通过电视台录播节目、发放宣传单、组织现场宣讲会等方式，对试点工作进行广泛宣传。陕西省政府明确，对试点工作的宣传，要作为社会公益宣传，而不是商业广告，电视台等有关媒体和管理部门应予以支持，不能收取费用。③ 广大卫生干部、农经干部和乡镇干部则深入村镇，对农民参合进行社会动员。

（二）以方案审批审核促进省内政策相对统一

在新农合政策制定过程中，尽管具体的试点工作实施方案由县级政府来制订，但省市两级政府保留了对实施方案审批和修改的权力。启动之初，在各市县逐级申报的基础上，省卫生厅确定了三个试点县，并直接指导和参与了其试点方案制订，并明确提出各试点县的新农合管理办

---

① 潘连生：《在 2005 年全省新型农村合作医疗试点工作会议上的讲话（2005 年 12 月 6 日）》，陕西省卫生厅《关于印发潘连生副省长在 2005 年全省新型农村合作医疗试点工作会议上讲话的通知（2005 年 12 月 7 日陕卫农发〔2005〕449 号）》。

② 潘连生：《在 2004 年全省新型农村合作医疗试点工作会议上的讲话（2004 年 11 月 17 日）》，《陕政通报》2004 年第 164 期。

③ 潘连生：《在 2005 年全省新型农村合作医疗试点工作会议上的讲话（2005 年 12 月 6 日）》，陕西省卫生厅《关于印发潘连生副省长在 2005 年全省新型农村合作医疗试点工作会议上讲话的通知（2005 年 12 月 7 日陕卫农发〔2005〕449 号）》。

法要通过组织程序确认并予以公布。①

　　陕西省规定，所有试点县新农合管理方案，以及资金分配方案的微调，都须经所在地市卫生局审批，并报省合疗办备案②；市卫生局在审批过程中，会给出审批意见，甚至要求试点县就某些方面做修改③；省合疗办也会提出审核意见。指导意见配以审批要求，促进了各县试点方案的相对统一。

　　2008 年，陕西省进一步明确，各县新农合补偿方案设计中，"涉及全省有统一规定的必须执行，全市有统一规定的严格执行"，"所有方案必须经市级新农合管理部门的审批，并报省合疗办备案"，实施方案一经备案须严格执行，"年度内不得擅自修改"。④

（三）以财政拨款与审计来规范基金运行

　　2003 年初，陕西省级财政落实了新农合补助资金，同时省政府要求，新农合试点县及其所在地市这两级财政补助资金不落实的，省上将不予补助⑤；各市县须按省上确定的补助标准，把本级财政补助金纳入年度预算，并按时足额划入专户。⑥ 2004 年 12 月，陕西省印发了《关于完善省财政新型农村合作医疗资金申请及拨付办法有关问题的通知》（陕财办社〔2004〕134 号），进一步明确了财政补助资金的申请和拨

---

　　①　陕西省卫生厅：《陕西省新型农村合作医疗制度试点工作原则指导意见（2003 年 5 月 15 日陕卫基发〔2003〕202 号）》。

　　②　参见陕西省新型农村合作医疗协调小组办公室《关于各试点县新农合实施方案（管理办法）审批中几个原则问题的紧急通知（2006 年 12 月 14 日陕合疗组办发〔2006〕18 号）》；陕西省新型农村合作医疗协调小组办公室《关于全省新型农村合作医疗各试点县新农合运行（实施）方案审批要求的通知（2006 年 11 月 13 日陕合疗组办发〔2006〕15 号）》。

　　③　A 县前卫生局长访谈，2013 年 1 月 24 日。

　　④　陕西省新型农村合作医疗协调小组办公室：《关于全省新农合运行方案调整的几点意见（2008 年 4 月 29 日陕合疗组办发〔2008〕3 号）》。

　　⑤　潘连生：《齐心协力　扎实工作　努力开创全省农村卫生工作新局面——2003 年 2 月 27 日在全省农村卫生工作会议上的讲话》，陕西卫生网：http：//www.sxhealth.gov.cn/ztbd/pszjh.htm，2013 年 2 月 1 日访问。

　　⑥　潘连生：《在 2004 年全省新型农村合作医疗试点工作会议上的讲话（2004 年 11 月 17 日）》，《陕政通报》2004 年第 164 期。

付办法。2006 年开始，中央和省政府加大了对新农合和农村医疗救助的财政补助力度，在农村卫生筹集中承担了更大的政府责任，减轻了县级财政的筹资负担，使市县政府能更好地配合新农合试点工作。①

新农合试点工作启动初期，存在部分县将县级财政补助资金拨付到基金专户、待上级财政补助资金到位后又将资金划走的情况。鉴于此，陕西加强了对新农合基金的审计。省政府要求，应将新农合资金审计列入审计部门的年度审计计划②，使审计成为加强新农合管理的常规化、制度化手段。2007 年，审计厅对全省 43 个新农合试点县进行了专项审计，发现了财政配套资金不到位（到位率仅为 38.2%）、使用效率低（结余率达 24.8%）、医疗机构套取新农合补助等问题。③ 2010 年，省审计厅又对全省 104 个试点县（市、区）进行了专项审计，对滞留欠拨财政补助资金、经办机构滞留参合农民补偿款、违规超范围报销、挤占挪用基金、向定点医疗机构摊派宣传费等违规违纪和管理不规范问题对省政府做了专题报告④；针对审计中发现的问题，省合疗办对各县提出了整改要求。⑤

（四）以专项检查促进省级政策在市县层面的执行

新农合试点启动后，省合疗办等机构多次组织试点工作检查，调查核实群众举报的问题，并将不合规行为及其处理结果通报全省，以起到震慑作用。

2007—2009 年，陕西省相继处理了多次套取新农合基金的医疗机构，暂停其新农合定点医疗机构资格，追回被套取基金并向其征收了违

---

① 陕西省卫生厅前主要领导访谈，2013 年 1 月 23 日。

② 潘连生：《在 2004 年全省新型农村合作医疗试点工作会议上的讲话（2004 年 11 月 17 日）》，《陕政通报》2004 年第 164 期。

③ 陕西省审计厅：《全省 2006 年度新型农村合作医疗基金审计结果（审计结果公告 2008 年第 6 号 2008 年 5 月 7 日公告）》。

④ 陕西省审计厅：《关于加强新型农村合作医疗基金管理的意见（陕审发〔2010〕160 号）》。

⑤ 陕西省新型农村合作医疗协调小组办公室：《关于对全省新农合审计中发现问题进行整改的通知（2011 年 1 月 19 日陕合疗组办发〔2011〕1 号）》。

约金，对涉嫌造假的医务人员两年内不得申请晋升职称，对涉案医疗机构负责人、县卫生局和合疗办主要领导给予党纪和行政处分，甚至将部分涉案人员移交司法机关严肃处理。对于上述违规违法行为，均在全省予以通报。[①]

2008 年 7 月，陕西启动新农合省级定点医疗机构报销"直通车"试点工作[②]；2009 年 3 月，省合疗办对报销"直通车"情况进行专项检查，督促各市县须严格执行省上的政策，不得自立规定，不得对定点医疗机构随意压延付款或扣款罚款。[③] 从 2009 年开始，省合疗办组织对全省新农合定点医疗机构进行"三合理"检查。[④] "三合理"检查结果，将与年度评优，以及新农合能力建设项目资金分配挂钩[⑤]，并作为重要指标纳入新农合工作考核体系[⑥]。通过类似检查工作，以及与检查结果相匹配的资源投入，省合疗办力促省级政策在各县市和定点医疗机构得到有效执行。

（五）以技术指导组和培训来传递知识

最初三个试点县的新农合实施方案，是在省卫生厅直接指导下制订的；承担具体工作的，主要是基妇处（后独立成为农村卫生处）。随着新农合试点提速，单凭省卫生厅的力量，不足以指导各地实施方案制订。2006 年 4 月，省合疗办成立了省新农合技术指导组（以下简称技术指导组），由省卫生厅农村卫生处处长担任组长。

---

① 陕西省卫生厅前主要领导访谈，2013 年 1 月 23 日。

② 陕西省新型农村合作医疗协调小组办公室：《关于印发〈陕西省新型农村合作医疗省级定点医疗机构一次性医用材料使用管理办法（试行）〉的通知（2008 年 6 月 23 日陕合疗组办发〔2008〕11 号）》。

③ 陕西省卫生厅农卫处：《省合疗办要求各地严格执行省级报销直通车》，陕西卫生网：http://www.sxhealth.gov.cn/newstyle/ pub_newsshow.asp? id = 1016273&chid = 100333，2009 年 5 月 18 日更新，2013 年 2 月 1 日访问。

④ 陕西省新型农村合作医疗协调小组办公室：《关于对全省新农合定点医疗机构进行"三合理"检查活动的通知（2009 年 4 月 22 日陕合疗组办发〔2009〕3 号）》。

⑤ 陕西省新型农村合作医疗协调小组办公室：《关于对 2011 年度全省新农合定点医疗机构进行"三合理"检查活动的通知（2011 年 3 月 25 日陕合疗组办发〔2011〕2 号）》。

⑥ 陕西省卫生厅：《关于印发〈2012 年全省卫生工作要点〉的通知（2012 年 2 月 14 日陕卫办发〔2012〕50 号）》。

与卫生部新农合技术指导组相比，省技术指导组除负责新农合政策和制度运行研究、指导各县试点等工作外，另一个重要工作内容是定点医疗机构调研和督察。① 这体现了省级政策制定和执行中定点医疗机构管理的重要性。此外，陕西省技术指导组成员主要由卫生主管部门官员、医院领导，以及民政和财政厅官员组成，镇安、户县和神木等新农合试点工作突出的县卫生局官员亦在其中，而来自高校和研究机构的专家较少。这种人员结构，旨在促进实践层面的经验分享和知识传递。

陕西新农合试点的经验集中体现在报销直通车和单病种定额付费方面，省卫生厅 2004 年针对本省新增试点县进行了培训并下发参考文件作为各县实施方案设计的基础②；2005 年 5 月又举办了全国单病种定额付费培训班，有 10 多个省市派代表参加。2007 年，省合疗办组织省技术指导组专家编写并印发了《单病种定额付费模式规范手册》。该《手册》总结了全省 2003 年以来单病种定额付费的经验，作为各新农合试点县推行住院单病种定额付费的工具书。③

（六）以信息系统建设寻求对执行过程的管理

新农合制度以县为单位统筹，省政府要根据掌握试点情况来优化政策设计，必须及时、准确地获取相关信息。早在试点初期，陕西省即强调信息管理的重要性，力图保证信息的客观性、及时性、准确性和系统性④，建立和完善新农合信息报告制度⑤。省财政厅也强调，要提高新农合经办

---

① 陕西省新型农村合作医疗协调小组办公室：《关于成立陕西省新型农村合作医疗技术指导组的通知（2006 年 4 月 25 日陕合疗组办发〔2006〕3 号）》。

② 李鸿光：《在 2005 年全省新型农村合作医疗试点工作会议上的发言（2005 年 12 月 6 日）》，《陕西卫生政务通报》2005 年第 31 期。

③ 石崇孝：《单病种定额付费模式规范管理手册》，陕西人民出版社 2007 年版。

④ 陕西省新型农村合作医疗协调小组：《关于印发〈进一步加强新型农村合作医疗管理工作的原则指导意见〉的通知（2004 年 12 月 28 日陕合疗组发〔2004〕17 号）》。

⑤ 参见陕西省新型农村合作医疗协调小组办公室《关于进一步落实新型农村合作医疗试点工作情况报告制度的通知（2005 年 4 月 11 日陕合疗组办发〔2005〕8 号）》；陕西省新型农村合作医疗协调小组办公室《关于转发〈新型农村合作医疗基本信息报表（试行）〉的通知（2005 年 1 月 18 日陕合疗组办发〔2005〕2 号）》。

机构和经办人员的信息化水平，以加强基金监管。[①] 2006 年成立的省技术指导组专家名单中即包含一位来自省信息中心的信息技术应用专家。但省级新农合信息系统建设提速要迟至 2008 年卫生部办公厅印发《新型农村合作医疗管理信息系统基本规范》[②] 以后。当年 12 月，省合疗办组织召开了全省新农合信息平台应用软件启动工作会，确定镇安、临潼和旬邑为首批试点县（区）；至 2009 年 3 月，省合疗办在西安临潼召开全省新农合信息化建设试点工作启动会，明确了信息化试点和推广的时间表，力争 2009 年底之前完成新农合县级业务管理系统软件的安装。[③] 从整个试点工作来看，尽管省政府很重视通过信息管理来强化政策过程管理，但信息系统建设推进并不顺利。直到 2011 年底，全省统一、实时更新的新农合信息系统仍未真正运行起来。[④] 本章最后还将进一步讨论这一问题。

六　县级新农合政策议程设置[⑤]

新农合试点工作在全国范围是一个逐步铺开的过程。在进入普及阶段以前，是否申请成为试点县方面，县级政府是拥有选择权利的。这个选择的过程，可看作是县级政府新农合政策议程设置的过程。下面以 A 县为例研究县级政府新农合政策议程设置，以及后续的政策制定和执行过程。

---

① 周彬县：《在 2005 年全省新型农村合作医疗试点工作会议上的发言》，《陕西卫生政务通报》2005 年第 31 期。

② 卫生部办公厅：《关于印发〈新型农村合作医疗管理信息系统基本规范（2008 年修订版）〉的通知（2008 年 6 月 24 日卫办农卫发〔2008〕127 号）》，《新型农村合作医疗文件汇编（2002—2011）》，卫生部农村卫生管理司、卫生部新型农村合作医疗研究中心 2011 年版。

③ 农卫处：《我省启动新农合信息化建设》，陕西卫生网：http：//www.sxhealth.gov.cn/newstyle/pub_newsshow.asp? id=1016256&chid=100421，2009 年 2 月 28 日发布，2014 年 1 月 15 日访问。

④ A 县卫生局前局长访谈，2013 年 1 月 24 日。

⑤ 本节主要根据对 A 县卫生局前局长，现任卫生局副局长兼县合疗办主任的访谈，2013 年 1 月 24 日；以及县合疗办提供的 A 县历年新农合管理办法等政策文件；同时参考了有关 A 县新农合试点工作的公开资料。

（一）A 县的基本情况[①]

A 县 2004 年 11 月被陕西省政府确定为新农合试点县，是陕西省第二批试点县和其所在地市第一个试点县。[②] 该县在地貌上属于平原地区，且靠近中心城市，地理位置较为优越，经济和社会发展水平居全省各区县前列。

试点工作正式启动的 2005 年，A 县总人口约 60 万，其中农业人口占总人口的比例约为 80%，农业产值占地区生产总值比例约为 30%。全县农民人均纯收入近 3000 元，明显高于陕西省的平均水平。

A 县医疗卫生服务业较为发达，拥有不同主体创办的二级以上医院多家，初步形成了一定的市场竞争；每个乡镇至少有 1 所乡镇卫生院，并有村级卫生室、企事业单位卫生所和个体诊所等医疗卫生机构 500 余家。由于属于平原地区，交通发达，县级（二级）医院是 A 县医疗卫生服务的主力。在新农合试点工作启动前，县医院因有较强的诊疗水平，病人较多，发展较好；县妇幼保健院、县中医院和绝大部分乡镇卫生院则面临发展困境。

（二）县级议程设置的行为主体及动机：政绩观和底线思维

主动向省合疗办提出试点申请，是成为新农合试点县的前提条件。从 A 县的情况来看，县卫生局作为县级卫生主管部门，在新农合试点上的积极性很高；但最终议程设置的权力，则集中在县级领导班子，特别是县长；其核心关注点是政绩和稳定。

县卫生局提出申请新农合试点的意向后，县领导进行了讨论。讨论过程中，反对意见主要集中在三个方面：首先，有领导认为，现在 A 县农村和农民很稳定，如申请开展新农合试点，万一工作没有做好，群众就会有意见，反而会影响到社会稳定；其次，从县级财政层面考虑，认

[①] 根据该县的统计资料整理。

[②] 陕西省人民政府：《关于 2005 年新型农村合作医疗扩大试点县（市、区）的批复（2004 年 11 月 15 日陕政函〔2004〕148 号）》。

为 A 县经济发展还不是很好，县财政收支比较紧张，申请新农合制度试点，县级财政要负责筹集一部分资金（按当时标准是每个参合农民每年 3 元，合计需 120 万—150 万元，相当于当时县级财政卫生经费投入的 1/3），增加县级财政支出；最后，一直以来，面向小部分群体的城镇医疗保险都没有做好，涉及面更大的农民医疗保险肯定更办不好。

支持申请的意见主要集中在两个方面：首先，从长远来看，建立新农合制度是农村的发展方向，要解决农民"看病难""看病贵"的问题，最终必然要建立像新农合这样的农民健康保障制度；进一步讲，如果最终新农合一定会在全国普及，与其等到最后推广阶段被动地上马，还不如在试点之初就主动申请试点。因为"现在弄是政绩，到后面再弄就是工作，到时候你完不成，领导还收拾你"。经过县领导层面这样的争论之后，A 县的县长又召集县卫生局长、县财政局长和县政府办公室主任开会具体讨论申报事宜。县长最后拍板，A 县还是要申报 2005 年新农合试点县，"有困难我们自己克服"。

综上，在县级新农合议程的构建过程，县卫生局特别是卫生局长，是最主要的政策倡导者。而县卫生局对于新农合试点工作的热情，主要来自其对于农村卫生体系投入的增加。此前，A 县卫生系统一直面临投入不足的问题，最少时全县的卫生经费投入只有 400 万元左右，而全县卫生系统在职和退休人员加一起有近 2000 人。由于投入不足，县乡两级卫生机构发展面临很大的挑战和困难，特别是乡镇卫生院，基础设施比较落后，服务能力和业务量不足。

最初，A 县主要领导对于医疗卫生系统发展并不是很重视，认为医疗机构，包括基层医疗卫生组织，都可以放任不管，简单地推向市场自谋生存和发展。2003 年的"非典"在很大程度上改变了 A 县领导对医疗卫生发展的看法。县领导逐渐认识到，为了全县的发展和稳定大局，政府要在卫生工作中扮演积极角色，主要领导开始亲自过问卫生问题，并表示会加大政府支持的力度。领导观念的转变，为 A 县卫生局提出申请新农合试点提供了有利条件。

而对县级新农合试点的讨论和决策，则主要集中在县级领导层面，而不是部门层面。这表明，在县级政府层面，需较大的本级财政支持力度事项的决策权力，是相对集中到县领导层面，特别是党政主要领导（县长、县委书记）层面，而政府各组成部门更多是扮演事前建议和事后执行的角色。

从访谈中可以看出，促使 A 县主要领导最终决定申报新农合试点的主要动力，是对上负责的政绩观，即做好上级政府重视的事项，可带来政绩。这再次表明，在中央集权体制下，上级政府能有力地改变下级政府的工作优先级安排。

七　县级政策框架的制定[①]

为申请新农合试点县，A 县成立了县新型农村合作医疗管理委员会（以下简称县合管委），由县长亲自担任主任，成员包含了卫生、财政、民政等相关部门的负责人。县合管委办公室（以下简称县合疗办）设在县卫生局，负责新农合试点日常管理工作。实际运行过程中，县合管委主要负责一些重要政策的讨论，具体工作均由牵头部门县卫生局，特别是设于卫生局的县合疗办具体负责。

A 县上报给陕西省合疗办的新农合试点工作方案，是由县卫生局组织制订的。方案的核心是补偿方案和管理机制。具体参与人员，主要是卫生局长、分管副局长、局办公室主任和一位从医疗卫生机构抽调来的专业人员。而具体工作，则主要由这位抽调来的专业人员来负责；后来，该专业人员成为新成立的县新型农村合作医疗管理中心（以下简称合疗中心）主任。

作为陕西省第二批新农合试点县，省卫生厅的具体指导相对较少，方案主要依托县级政府自己的力量来完成。A 县试点实施方案的制订，大约用了 1 个月时间。其知识来源，主要包括四个方面：一是陕西省卫

---

① 本节素材，主要根据对 A 县卫生局前局长和现任副局长的访谈（2013 年 1 月 24 日）及其提供的历年的补偿方案等政策文件，同时参考了一些公开资料。

生厅下发的指导性文件；二是基线调查数据，主要是基于县乡两级医疗卫生机构过去三年的医疗记录来推算就诊率和疾病谱等关键数据；三是赴湖北长阳和红安考察学习新农合试点经验的所得；四是陕西省第一批三个试点县的试点经验。由于 A 县地处平原地区，与陕西省首批试点县的典型——镇安县有很大的不同。因此，A 县卫生局长强调，试点方案制订主要还是要从本县实际出发，与解决本县卫生系统的实际问题结合起来。

A 县的试点申请和实施方案，要经过市、省两级合疗办的审批，而后的实施方案调整，也须按照陕西省的规定①经过所在市新农合协调小组办公室审批。通过这一流程，省市合疗办可影响甚至修改县级新农合政策。

例如，在最初县级补偿方案政策制定时，A 县卫生局长认为，前往乡镇卫生院就医的都是最贫困的农民，因此乡镇卫生院报销比例应达到95%②，其实施方案中对乡镇卫生院报销比例设置远高于其他医疗卫生机构，但审批过程中上级合疗办要求 A 县将这一比例降下来。对于不同层级政府对于定点医疗机构报销比例的争论，在后面将进一步讨论。

八　县级政策的执行

（一）"上下对口"建设执行机构

如前面提及，在申请试点过程中，A 县即成立了由县长任主任，包括政府办公室、卫生、财政、民政、农业等多个部门负责人组成的县合管委，并进一步明确了县合管委在新农合制度规划、政策制定、基金预

---

① 参见陕西省新型农村合作医疗协调小组办公室《关于各试点县新农合实施方案（管理办法）审批中几个原则问题的紧急通知（2006 年 12 月 14 日陕合疗组办发〔2006〕18号）》；陕西省新型农村合作医疗协调小组办公室《关于全省新型农村合作医疗各试点县新农合运行（实施）方案审批要求的通知（2006 年 11 月 13 日陕合疗组办发〔2006〕15 号）》；陕西省新型农村合作医疗协调小组办公室《关于全省各新农合县新农合各类方案审批管理要求的通知（2007 年 7 月 30 日陕合疗组办发〔2007〕11 号）》。

② 也许，该卫生局长的这一观点，也隐含着拯救濒临困境的乡镇卫生院之意。

决算和监督奖惩等方面的职责，以及各成员单位的主要职责。县合管委在卫生局下设合疗办，负责新农合的日常管理工作。后来，在合疗办基础上又设立 A 县新型农村合作医疗中心（简称合疗中心或经办机构），具体经办全县新农合业务，其性质为独立法人的全额拨款事业单位，归县卫生局管理。为支持试点工作启动，A 县编制部门为新农合试点增加了 8 个编制，由财政部门拨付工资，并拨付了每年约 10 万元的业务经费。

A 县将新农合基金的运营管理制度称为"乡筹县管"。乡镇政府在资金筹集和组织管理中被赋予了重要职责；推进新农合工作，被 A 县县委、县政府列入乡镇政府工作责任目标。基于此，A 县政府要求各乡镇都须成立新农合领导小组，由乡镇主要负责人牵头，负责其辖区内新农合试点工作的组织、领导和协调；其具体工作主要包括建立健全本辖区新农合规章制度，新农合宣传和信息反馈、参合农民登记和费用收缴上解等。要求各村成立新农合管理小组，主要职责是本村新农合政策宣传、协助收缴农民参合个人缴费、监督本村新农合工作开展。

A 县同时在《定点医疗机构管理暂行办法》中明确要求，各新农合定点医疗机构须成立由院领导牵头的合作医疗管理科（简称合疗科），负责该院新农合日常事务；合疗科负责参合患者的审核登记、费用审核与报销、与县合疗中心的费用结算以及政策宣传和咨询；乡镇卫生院的合疗科，还要负责对个体诊所和村卫生室进行新农合业务监督。

可见，为推动新农合试点工作，A 县迅速建立了从县到乡镇再到村的新农合动员和组织体系。这一体系的建设高度依赖于地方党政力量，每一级政府的新农合工作都须由主要领导牵头负责，这就使得新农合试点成为自上而下的政治任务，一级抓一级。与此同时，县卫生局作为牵头部门，在启动阶段发挥了卫生主管部门的优势，推动医疗卫生机构迅速组建合疗科承担起新农合宣传、资格审核和费用报销等重要职责，使新农合体系得以在短时间内建立并运行起来。

（二）以宣传动员和行政压力推进农民参合

在新农合筹资框架和制度安排下，筹集农民个人缴费是新农合试点最关键的一步。因为县市两级财政的补助资金规模都要根据参合农民数量来厘定；并且只有当县市两级财政补助资金到位后，省级和中央财政的补助资金才会拨付到位。对此，中央和陕西都有明确的规定①，此举是为了防止试点县套取省和中央财政补助。在短时间内完成个人缴费资金筹集，使参合率达到令人满意的水平（80%—85%以上），是新农合试点县面临的最大挑战。为实现目标，A县开展了大规模的宣传动员。

1. 宣传动员

2004年11月被确定为新农合试点县后，A县即组织召开全县动员会，确定了85%的参合率目标，并随即启动了大规模的宣传活动。县合疗办组织编写新农合宣传材料2万余字，对新农合参合对象、基金来源、管理方式以及报销比例和程序等进行详细介绍，并由县报专版印发，发行量约15万份。

进入12月，A县组织"万人进村入户"大型宣传动员活动；这其中的"万人"几乎囊括了所有政府易于组织动员的"体制内"群体，主要包括县乡两级政府干部、医务工作者以及中小学教师等，进入全县每一个村庄开展面对面的宣传活动，力争要做到横幅跨街、标语上墙、传单入户。县合疗办要求县乡两级定点医疗机构在黄金地段设立咨询台，为农民提供新农合业务咨询。同时，A县要求县级各新闻媒体设立新农合专栏，详细介绍有关内容②；而后，又要求各定点医疗机构醒目位置设置内容统一的宣传栏，图解报销程序和相关政策。经过第一轮的宣传动员，农民参合率达到30%以上，但至此工作也开始陷入停顿。

面对参合率停滞不前，作为牵头部门的卫生局感觉压力很大。A县要求定点医疗机构组建联络组，深入乡镇进一步展开新农合宣传工作；针对问题较多、工作不力的乡村，A县组织人大代表和政协委员深入乡村，召开新农合座谈会，面对面沟通；县卫生局长亲自到两个工作滞后

---

① 财政部、卫生部：《关于中央财政资助中西部地区农民参加新型农村合作医疗制度补助资金拨付有关问题的通知（2003年8月25日财社〔2003〕112号）》；周彬县：《在2005年全省新型农村合作医疗试点工作会议上的发言》，《陕西卫生政务通报》2005年第31期。

② 县广播电视剧亦为县合管委成员单位。

的村走访村民，深入了解新农合推不下去的症结所在，消除农民参合的主要疑虑；三天后，这两个村的参合率超过了 85%，达到了设定的参合率目标。

2. 行政施压

县卫生局长将两个新农合筹资后进村的突破向县委书记和县长做了汇报；他认为参合率之所以停滞不前，不是因为农民不支持新农合，而在于各乡镇的宣传动员工作还不够深入。这让 A 县党政领导增强了信心，并召集各乡镇主要领导开会，再次强调了对各乡镇参合率指标的考核，谨防各乡镇借"自愿参合"原则宣传动员工作走过场。县政府与乡镇政府签订新农合目标责任书，明确各乡镇主要领导为新农合筹资的第一责任人，将参合率指标作为考核乡镇工作的重要指标。县政府还调整了新农合工作不力的某乡镇主要领导职务，对各乡镇起到了警示作用。

在这样的背景下，各乡镇都将推进新农合筹资作为中心工作，与各村签订目标责任书，实行乡镇领导牵头包片、乡村干部和村医包村等做法，层层落实筹资责任，并严格奖惩。A 县政府还要求，全县机关干部、医务人员和教师等不仅要主动承担起新农合宣传动员的责任，还要帮扶亲朋好友和困难村民缴纳新农合个人缴费部分，有的乡镇还制定了不同级别干部的帮扶指标。

3. 筹资渠道

在操作层面，A 县参合农民个人缴费部分资金的筹集，主要由县乡政府负责，乡镇卫生院和村医配合。各乡镇都组织了筹资队伍，主要由财政所和包村乡镇干部、村干部、乡镇卫生院和村卫生室人员组成，挨家挨户收取参合资金。其中，部分有一定资金积累的村，以"一事一议"的方式，由村集体统一缴纳全村的参合费用；也有部分农民企业家为本组或本村农民代缴参合费用。县民政局以救助金为 5000 多名五保户和无力缴费的贫困村民缴纳了个人参合资金，县计生局则为独女户和双女绝育户提供了参合补助；两者合计占到 2005 年个人缴费总额的1.8% 左右。

从 2005 年 10 月起，A 县启动了"滚动筹资"模式，即在参合农民报销时，按照自愿原则，由定点医疗机构从报销款中预收下年度个人参合缴费。① 2006 年以后，筹资具体工作则主要由乡镇卫生院、村干部和村医负责，乡镇政府主要负责组织动员；县合疗中心则从工作经费中给乡镇和村医以一定的筹资补贴。②

在强大的宣传攻势和行政施压下，A 县 2005 年参合率指标达到了 85.3%，顺利完成了 85% 的目标。2005 年 6 月，陕西省根据各县试点的工作经验，提出 2006 年各试点县参合率应达到 85% 的指标。③ 就某种意义而言，陕西省以此肯定了各地实际工作中设定参合率指标的做法。在对政绩的追求下，自愿参合原则势必会让位于看得见、摸得着的参合率指标。

（三）以专业审核和严格监管控制医药费用

A 县合管委规定，只要是经政府批准成立的医疗机构，不分所有制和办医主体，均可申请成为新农合定点医疗机构；县合疗办在试点工作筹备阶段就针对定点医疗机构管理制定了暂行办法。试点工作启动后，县合疗办聘请有多年从业经验的医生负责审核病例，以控制医药费用过快增长，保持对新农合的吸引力。

试点启动后，A 县合疗办组织各医疗机构的专业人员，对定点医疗机构前 17 日的所有出院病例（总计近 300 例）的合规性进行了逐一审核。结果显示，启动之初，定点医疗机构在处方和医药费用管理方面的问题非常严重。县合疗办通报了审核情况，并对有问题的医疗机构提出了处理意见：一是所有新农合已报销的不合理收费，由该医疗机构承担，合疗办将在拨款中扣除；二是参合农民支付的不合理费

---

① 按 2008 年县合疗办与定点医疗机构签署的服务合同，实现滚动筹资患者应占到新农合出院患者的 90% 以上。

② 按照县卫生局 2006 年的经费申请报告，对乡村两级参合资金收缴的补贴标准为 0.3 元/人。

③ 陕西省卫生厅、陕西省财政厅：《关于印发〈关于加强新型农村合作医疗制度管理工作的意见〉的通知（2005 年 6 月 10 日陕卫基发〔2005〕222 号）》。

用以及应报未报费用，由医疗机构限期退还给农民，并报合疗办备案。这次审查，对全县医疗卫生系统的触动很大，树立了县合疗办的监管权威。

而后的几个月，县合疗办又对各定点医疗机构的住院病例进行了逐一审核并通报审核结果。从前三个季度的审核结果来看，不合理收费等违规现象仍相当普遍（违规病例比例在 10% 左右）。为此，县合疗办制定了更严格的处罚办法，对定点医疗机构收取违约金，并要求问题严重的定点医疗机构限期整改。除了审核住院病例外，县合疗办还聘请了稽查员，对定点医疗机构进行突击式检查，并对查出严重问题的科室领导进行了免职处理。同时，县合疗办还开通了两部新农合服务监督电话和20 余个意见箱，接受参合农民投诉并进行处理。2005 年上半年，平均每月处理投诉 3 起。

从 2006 年起，各定点医疗机构，无论是公立还是民营，不分举办主体，均需与县合疗办签署服务合同，全部实现契约化管理。县合疗办作为代表参合农民的医疗服务购买方，根据合同规定，对违规的医疗机构收取相应的违约金，并暂停了一些科室甚至整个医院的定点医疗机构资格。尽管实现了契约化管理，但县合疗办在监管医疗机构上仍面临很多挑战，尤其是在对公立医院违规行为的处理上要承受很大的压力。能否真正将监管落到实处，很大程度上仍取决于卫生局长等主要领导能否顶住来自各方面的压力。

九　政策过程中省市县三级政府的合作与冲突

从近 10 年地方新农合政策制定和执行过程来看，这是一个不同层级政府互动的过程。合作是地方政府互动的主旋律。在省合疗办的指导下，首批试点县探索了单病种定额付费、报销直通车等行之有效的操作模式，而省合疗办则整合专家力量，将这些试点县的鲜活经验具体化为指导全省新农合试点的原则意见和操作规范（如《单病种定额付费模式规范管理手册》），从而为新增试点县政策制定和执行奠定了基础。

在缺乏新农合制度充分知识的背景下，这种不同层级地方政府分工合作的试验过程，降低了一次性铺开的政策风险。

不同层级地方政府之间的冲突，首先集中体现在定点医疗机构报销方案相关政策上。县是新农合的统筹单位和运营单元，县合疗办（及合疗中心）是新农合体系的真正运营者，对基金安全负责；同时，县合疗办隶属的县卫生局，又是县级医院和乡镇卫生院的举办者和管理者。因此，县合疗办有很强的激励提高乡镇卫生院和县级医院的补偿水平（高报销比例加上低起付线），同时降低县外医疗机构的补偿水平（低报销比例和高起付线/起报线），并对县外就医设置一定的限制条件。此举既有利于避免新农合基金超支，又能通过补需方的方式为本县医疗卫生机构发展注入资金。而市合疗办和省合疗办则以缓解参合农民"因病致贫"为由，希望减少参合农民转院至县以上医疗机构的障碍，将市、省级定点医疗机构进行统一管理，并要求各县遵照执行。如省合疗办要求各市县严格执行省新农合管理规定，尊重参合农民就诊的选择权，不得人为设置转院障碍。[①] 当县合管委认为基金有透支风险时，首先会调低县外就医补偿水平。如 2012 年 6 月，A 县认为新农合基金有透支风险时，将急诊非定点医疗机构报销中省三级定点医疗机构起付线从 1000 元提高至 2000 元，并将所有急诊非定点医疗机构报销比例从参照同级定点医疗机构，调低至同级定点医疗机构的 70%，并调低了外伤住院补偿水平，同时要求严格县外转诊转院审批，非急诊到市及市以上定点医疗机构就诊者，须持县定点医疗机构的转诊证明并在县合疗中心备案方可报销。

不同层级地方政府的冲突，还表现在新农合信息系统建设上。中央和省级政府一直力图通过信息平台来实现对新农合政策过程的管理，并制定了时间表。陕西以临潼为试点，大力推进信息系统建设；但从截至笔者访谈时的实践过程来看，新农合信息系统建设的整体推

---

① 陕西省新型农村合作医疗协调小组办公室：《关于确定陕西省新型农村合作医疗第二批省级定点医院的通知（陕合疗组办发〔2007〕9 号）》。

进远不及预期。究其原因在于，此前为满足本县新农合管理需要，县级政府已在本地信息系统建设上有所投入，自成体系；而当省级和全国新农合信息系统平台建设启动并要统一联网时，上级政府并没有承担起县级信息平台建设和省级的投入责任。而统一的信息平台在增加各县信息透明度①的同时并没有给县级新农合管理带来帮助，因此各县合疗办并没有以此为争取本级财政信息化建设资金的动力。这折射出"中央请客、地方买单"式政策执行的困境，因此必须将政策执行和相应的资源投入匹配起来。

十　本章小结

（一）从不同层级地方政府作用来看，省级政府是最重要的新农合政策制定者

纵观新农合政策制定和执行，省级政府在其中扮演了非常重要的角色。一方面，中央政府明确赋予了省级政府在试点过程中制定各省具体政策的职责；另一方面，同时也是更重要的是，省级政府具有自身的独特优势。首先，较之中央政府，省级政府更贴近农民和医疗机构等受政策影响的目标群体，能更好地响应不同目标群体的利益诉求，并力图达至平衡；而与市县级政府相比，省级政府又在财政资源、专业知识和专家资源整合等方面具有更大优势。基于这些资源优势，省级政府可根据本省实际细化中央政府提出的政策框架，提出更有针对性的省级政策框架，并具体指导最早一批试点县的县级政策制定。在此基础上，进一步总结提升其实践经验，不断丰富省级新农合政策。

以陕西省为例，本省对全国新农合政策演进贡献最大的两个创新，即单病种定额付费和报销直通车，省卫生厅不仅提出了政策思路，还指导最初三个试点县之一的镇安县将最初的思路在试点工作中实现可操作化，在单病种选择、费用定额核算、出入院标准等方面积累了宝贵的实

---

① 也可能会相应地暴露新农合监管上的问题。

践经验。2007年陕西实现新农合全覆盖以后，省级政府在补偿方案、基金管理和定点医疗机构管理等方面，以指导意见方式出台了不断细化的政策，框定了各试点县的新农合政策制定。随着省级政府出台的政策日趋细化，各县试点方案等政策逐渐趋同（西安市2010年各区县补偿方案参见表6-2）。越来越多的县级新农合政策成为对省级政府出台政策的转述和认可，县级新农合管理部门日趋远离政策制定者的角色，而成为政策执行者。

表6-2　　　　　　　　西安市各区县2010年补偿方案对比

区县	封顶线（万元）	不同等级定点医疗机构的起付线（元）/补偿比例（%）					
		一级	境内二级	境外二级	市三级	省二级[#]	省三级[#]
灞桥	3	80/70	200/55	500/55	1000/45	3500/40	5000/40
未央	3	80/70	200/50	500/50	1000/40	3500/40	5000/40
雁塔	3	80/65	200/55	500/55	1000/40	3500/40	5000/40
阎良	3	200/70[*]	200/60	500/60	1000/50	3500/40	5000/40
临潼	3	80/70	200/60	500/60	1000/45	3500/40	5000/40
长安	3	80/60	200/60	500/60	1000/40	3500/40	5000/40
蓝田	3	80/80	200/65	500/60	1000/40	3500/40	5000/40
周至	3	80/75	200/60	500/60	1000/40	3500/40	5000/40
户县	3	80/80	200/65	500/65	1000/40	3500/40	5000/40
高陵	3	80/70	200/60	500/60	1000/50	3500/40	5000/40

说明：[#]省二级定点医疗机构和省三级定点医疗机构为起报线；[*]200元以下报销比例为40%。

资料来源：刘世爱：《西安市新型农村合作医疗市级统筹可行性探析》，西北大学2011年硕士学位论文。

在政策制定过程中，省级政府会根据本地实际情况，在具体化中央政策框架的同时进行剪裁。如陕西即根据本省孕产妇和婴儿死亡率高于全国水平的实际，将分娩补助和住院补助一起纳入了中央大病补偿为主的政策框架。

（二）对上负责和追求政绩，是地方政府制定和执行社会政策的主要动力

从地方政府新农合政策制定和执行过程来看，对上级政府负责，是地方政府制定和执行社会政策的主要出发点和动力。与那些能给地方政府带来国内生产总值和地方财政收入增长的经济领域的政策创新不同[①]，社会政策的制定和执行，在短期内往往需要地方政府投入一定的财政资源。在中央集权体制下，当中央政府尚未建立政策议程并着力推动时，地方政府普遍缺乏在社会政策领域创新的积极性。而一旦中央政府基于稳定和执政合法性等等战略层面考虑建立了政策议程，并通过行政和财政资源力推某一政策时，会大大提升这一政策领域在下一级政府工作中的优先级安排。这就意味着，在目前中国的制度安排下，中央政府要在关乎国民福祉的社会政策议程设置中要扮演更为积极和重要的角色。

对上负责折射到政策执行中，集中体现为对参合率等显性指标的追求，以及为达到这一指标而对自愿参合原则的变通性执行。尽管农民自愿参与是中央政府制定的新农合试点工作框架的基本原则[②]，中央领导也多次强调"要坚决反对为追求参合率，强迫农民参加新型农村合作医疗的行为"[③]，并批评处分了一些试点工作中搞包干摊派的错误做法，但地方政府仍普遍认为，对于这项中央高度重视的工作，必须尽快做出政绩；而这种政绩，首先就体现在农民参合率这些显性指标上。因此，

---

① 韩博天通过对经济领域和社会领域政策试验的多案例比较研究也认为，经济领域的地方试验往往让地方行政主体和经济主体都获得巨大收益，构成了地方官员推动政策创新的激励；而社会政策领域的试验，往往与地方精英集团对于短期利益的追求背道而驰，从而使得经济政策领域的试验模式难以适用于社会政策领域。参见 Heilmann, S., "Policy Experimentation in China's Economic Rise", *Studies in Comparative International Development*, Vol. 43, No. 1, 2008, pp. 1 - 26。

② 国务院办公厅：《国务院办公厅转发卫生部等部门关于建立新型农村合作医疗制度意见的通知（国办发〔2003〕3号）》，《中华人民共和国国务院公报》2003年第6期。

③ 吴仪：《扎扎实实做好新型农村合作医疗试点工作——吴仪同志2003年12月4日在全国新型农村合作医疗试点工作会议上的讲话》，新华网：http://news.xinhuanet.com/news-center/2004 - 02/29/content_1337061.htm，2014年2月1日访问。

在试点中设定参合率目标并纳入主要领导干部考核，甚至在下级政府之间搞参合率评比，成为新农合政策执行中地方政府普遍的做法。为了实现参合率这些显性的指标，尽管地方各级政府都将中央政府强调的"自愿参合"原则写入本级政府的文件，但在实际执行过程中这一原则在一定程度上已被降至"不出问题"或者说"别被曝光"的层面。

可见，对中央政策进行选择性执行和在政策执行过程中采取变通行为，是中国政策执行过程中具有普遍性的现象。因此，必须考虑这种选择性和变通性带来的非预期后果。

（三）牵头部门主导新农合政策制定和执行，相关部门和农民参与有限

在省级政府层面，由主管卫生工作的领导牵头成立协调小组，并由牵头部门负责协调小组日常工作的制度安排，使作为牵头部门的卫生主管部门成为新农合政策制定和执行的主导者。他们既是省级政策框架最重要的酝酿者，也是执行中很多具体政策制定的决策者。新农合政策带给地方卫生主管部门及医疗卫生系统的利益，为其主导新农合政策制定和执行提供了强有力的激励。而中央政府对于新农合政策的高度重视，提升了新农合在地方政府工作中的优先级安排，为卫生部门争取更多资源创造了条件。在分管主要领导的协调下，其他相关部门在政策制定和执行中居于辅助和配合的地位。在县级层面，党政主要负责人是主要的议程设置者，但具体政策的制定和执行，也基本上由卫生主管部门来主导。卫生服务体系中供需双方在新农合政策制定中的参与是不对称的。医疗卫生机构因其与卫生主管部门密切的关系，参与到新农合政策制定过程中，而农民则缺乏制度化的参与渠道。

（四）从核心到边缘的行政化动员，是县级政府最主要的政策工具

在新农合政策执行过程中，动员（mobilization）是新农合政策执行过程中最重要的工具。地方政府这一政策工具选择，是体制惯性、新农合政策特点和制度性资源约束等因素共同作用的结果。

　　对于直接运行新农合体系的县级政府而言，新农合政策涉及数十万农民，同时从批准试点到正式启动，往往只有几十天的时间。为满足上级政府的参合率要求，县级政府可采取的政策工具是极为有限的。在农民对基层政府信任有限，宣传动员无法突破参合率瓶颈时，县级政府普遍采取行政化的动员手段，发动公务员、医务工作者和教师等可掌控的体制内群体参与到推动新农合试点工作中来。利用这些体制内群体为中介，推动其符合参合条件的亲戚、朋友参合，从而达到了迅速突破参合率瓶颈的短期政策目标。

第七章

结论和讨论

一 研究结论

（一）不同政府主体核心关注点的差异带来政策目标偏移风险

纵观新农合政策过程，中央政府和地方政府具有不同的核心关注点和行为逻辑。中央决策层的核心关注点，在于维护社会稳定和提高执政合法性，其设定的新农合政策的核心目标是缓解因病致贫和因病返贫问题。卫生部作为主管全国卫生工作的部门，其核心关注点是医疗卫生服务机构与卫生人力资源的发展，其政策目标是通过补需方式促进农村医疗卫生服务体系的发展，其行为逻辑在某种意义上是专业主义和部门利益导向的。

地方政府的核心关注点则是社会稳定、经济发展和上级政府认可的"政绩"。具体到县级政府，其作为新农合制度的统筹和运营主体，其政策目标，首先是确保基金安全、不透支，其次是完成上级政府对参合率等显性指标的考核要求，最后是通过新农合促进农村卫生机构发展，其行为逻辑主要是对上负责的政绩观和不出乱子的底线思维。同时，与中央政府相比，越低层级的政府，越贴近具体政策的执行，因此更关注政策的可执行性（如表7－1）。

从中央决策层到卫生部，再到地方政府的各个行为主体在关注点和行为逻辑上存在明显差异，其对新农合政策目标设定亦各不相同。如缺乏有效的管理工具，新农合制度在实践中势必出现政策目标偏移，缓解因病致贫和因病返贫的终极政策目标，将逐渐让位于卫生系统的部门利益以及基金安全（不透支、不过度结余）和参合率等显性的操作指标。

表 7 - 1 　　　　　　　　不同政府主体的关注点和行为逻辑

行为主体	核心关注点	行为逻辑	新农合政策目标	政策工具
中央决策层	社会稳定 执政合法性	政治抱负	缓解因病致贫和因病返贫问题	政治动员 财政转移支付 检查督察 信息系统 专业指导
卫生部	医疗卫生服务机构与卫生人力资源发展	专业主义 部门利益	以补需方促进医疗卫生体系发展	
省级政府	稳定（不出乱子） 经济发展 政绩	对上负责的政绩观	政策创新与可持续性，参合率和覆盖率	
县级政府		对上负责的政绩观 底线思维	基金安全和参合率等显性指标，农村卫生体系发展	政治动员

（二）社会政策议程设置的动力机制：中央政府扮演关键角色

以往对于经济政策的研究表明，地方政府在经济政策议程设置中扮演着重要角色，很多经济政策都是地方政府率先创新并进而纳入中央政府的议程。[①] 而从新农合政策演进来看，社会政策在议程设置上不同于经济政策。

在政治集权、财政分权的体制下，官员升迁的锦标赛式竞争，使地方政府缺少将需本级财政支出、短期内又不能推动经济增长和增加财政收入的社会政策主动纳入政府议事日程的动力；同时，而在中央政府尚未关注某一社会问题时，地方政府的自发创新很难凸显为"政绩"，这更削弱了地方政府优先于中央进行社会政策议程设置的动力。即使少数地区率先开展了社会政策创新，因其他地方政府普遍缺乏复制其经验的动力，这种政策创新亦很难自发地扩散至全国层面。因此，与经济政策相比，社会政策议程设置将更加依赖于中央政府。

从新农合议程设置过程来看，中央政府社会政策议程设置的动力，很大程度上源自最高领导层的政治抱负和提高执政合法性的政治诉求。

---

① Heilmann, S., "Policy Experimentation in China's Economic Rise", *Studies in Comparative International Development*, Vol. 43, No. 1, 2008, pp. 1 – 26.

核心决策层之所以将新农合政策提上议程，其逻辑在于通过对农民这一群体社会权利的认可和适度保障，有助于维护社会稳定和提升执政合法性。

一旦中央政府已经率先实现社会政策的议程设置，借助政治集权下的政治动员机制和财政转移支付等政策工具，中央政府能强有力地改变地方政府的优先级安排，实现社会政策的地方议程设置。

（三）国家议程设置的三条路径：科层、协商和上书

本书对于新农合国家议程设置路径的观察，扩展了议程设置的多源流框架，回答了中国场域下社会政策窗口开启的路径和机制。要应对农村健康保障这样需中央财政支持而又跨部门的复杂社会问题，往往需要出台中央层面的政策。其前提则是这一政策议题要进入国家议程。从本书的观察来看，政策议题打开政策机会窗口、实现议程设置存在三条可能的路径，即科层路径、协商路径和上书路径。

科层路径是经政府内部正式的制度流程和公文体系，使政策问题进入国家议程。科层路径又包括经由地方政府和经由中央政府组成部门两条路径，即将地方议程上升到国家议程和将部门议程上升为国家议程。

一项政策议题经由地方议程进入国家议程，需满足以下条件：第一，某些地方政府有动力将政策问题纳入地方政策议程，出台并实施相关政策。第二，地方政府的政策实践引起中央政府密切关注。这一方面可能是政策创新可给地方政府带来"好处"，使政策自发扩散，中央政府确认地方实践并将其纳入国家议程；另一方面，如地方政府的政策创新契合中央政府或最高领导层的执政理念和要优先解决的问题，也有利于将其纳入国家议程。

对于涉及多个部门的政策问题，要经由部门议程成功进入国家议程，必须满足两个条件：首先，涉及这一政策问题的政府部门在内部达成共识，将其列入部门议程；其次，该部门与其他部门就这一政策问题达成共识，进而以联合报告的方式将这一政策问题向国务院/中共中央报告，从而使这一政策议题从部门议程上升到国家议程。在实际运行过程中，由于中央政府不同部门有各自的政策偏好和部门利益，同时正式的制度安排中又缺乏有效的消除部门间分歧的机制（比如，投票），这大大增加了跨部门社会问题经由部门议程进入国家议程的挑战。为了避免陷入僵局，在实际操作中不得不将一些争论激烈的实质性问题模糊化以化解相关部门反对的声音。

协商路径和上书路径，都是不经由政府部门正式的公文体系而是通过直接影响最高领导层，进而借助最高领导层推动，使政策问题列入国家议程。这充分利用了最高领导层在决策系统中的核心地位，"他们常常扮演政策议程主要决定者的角色，其政策建议几乎可以自动地提上政府议程"[①]。当跨部门的政策问题会因不同政府部门难以达成共识而无法通过科层路径进入国家议程，通过协商和上书路径直接影响最高领导层，成为政策问题进入国家议程的重要通道。这两条路径的存在，缓解了日趋复杂多元的社会问题与碎片化的官僚体系之间的张力。

从更宽广的视角来看，在重大事项决策前进行民主协商、充分酝酿，是民主集中制组织原则下一种日趋制度化的安排。针对重要事项和重大问题召开的座谈会，为最高领导层开辟一条官僚体系以外的了解重大政策问题及政策建议的路径；同时，座谈会参与者可以既包含了相关部门的主要官员，又包括了部分相关领域的专家，使得座谈会为某一领域政策问题的跨部门讨论和信息整合提供了一个平台。这一路径也暗合了近年来全球公共管理界对于整体性政府的追求。

上书路径是以信件方式将问题和建议直接送抵最高领导层。显而易见，在科层制的政府体系中，处于金字塔顶端的最高领导人的时间和精力都是极为稀缺的资源，同时能够抵达最高领导层的通道也是极为有限的；为保证最高领导层专注于处理国是，在实际运行过程中建立了各种信息过滤机制。最终能将抵达最高领导层的信件是极为有限的。这就决定了以上书开启政策议程设置的路径，仅限于少数具有强大社会网络的社会精英。见诸报端的上书，多是院士等知名专家。而本案例中，则是

---

① 朴贞子、金炯烈：《政策形成论》，山东人民出版社 2005 年版。

当时在任官员以私人身份上书最高决策层。

　　无论是座谈会，还是上书，这两种路径中提出的政策问题和建议，对于最高领导层而言，都不是必须关注并做出正面回应的。因此，要通过这两种路径将政策问题传递给最高领导层的过程，一方面要有和最高领导层书面或面对面沟通的渠道，另一方面要能第一时间抓住最高领导层的注意力。这其中的关键，是政策问题的建构。更具体地讲，就是将政策问题建构为与最高领导层关注的重大战略问题相关联的问题，从而提升政策问题的战略性。成功的问题建构，不仅需要深切的社会关怀，更需要对最高领导层某一时期内关注和要优先解决的问题有准确的把握。新农合政策最终以上书和协商路径开启了议程设置的机会窗口，其成功的关键因素之一就在于上书和建言者将新农合问题建构为最高领导人关注的贫困、稳定和执政合法性问题。

　　特别需要指出的是，在中国当前的环境中，政策议程设置的科层路径和上书、协商路径往往并不是截然分开的。通过影响最高领导层而开启新农合政策议程的知识精英，或具有双重身份，或与最后实际发挥作用的主导政府部门具有长期的合作关系，在政策方案流上已形成了充分的积淀。因此，当最高领导层受上书和"直谏"震撼而决定启动新农合议程时，主导部门能迅速拿出政策方案设计，避免了错过最高领导人密切关注期这一机会窗口。

（四）社会政策制定主体：牵头部门主导的"父爱型"福利

　　对于新农合等涉及多部门的复杂社会政策，尽管所涉及的相关政府部门都纳入了正式的政策制定体系中来，但在实际运行过程中牵头部门发挥着主导作用。首先，由主管领导牵头、多部门参与、牵头部门负责日常事务的"小组"机制，使牵头部门获得了相关领域新政策议程设置和制定的主动权，而由主管领导协调部门分歧的共识机制，强化了牵头部门的政策倡导能力。而内设于牵头部门内部的事务性工作机构（如设于卫生部的研究中心和隶属于县卫生局的经办中心）以及卫生专家占据主导地位的新农合技术指导组的成立，更使牵头部门在信息获取、日常运行以及社会舆论等方面占据了优势。而其他部门在政策制定中的作用，主要集中于各自职权范围和感兴趣的个别领域，在整体政策制定中居于辅助地位（如图 7 - 1）。①

在新农合启动阶段，中央层面多部门出台的政策，仅是一个原则性框架，而更多具体政策都需在试点过程中不断建立和完善。在牵头部门主导后续政策制定的背景下，多部门政策逐渐演化为部门化的政策。纵观 2003—2009 年中央层面新农合政策的演化，很多方面都体现了卫生部门的利益：这些政策侧重于筹资框架和基金管理，而约束供方行为和医疗卫生费用增长的支付方式改革则长期被忽视了。直到 2009 年新医改启动后，支付方式改革才被重新提上日程。

医疗卫生机构和农民是新农合政策影响最大的两个群体。医疗机构因其与主管部门历史形成的密切关系，充分参与到地方新农合政策制定和执行过程中。特别是在乡镇层面，基层卫生机构是执行新农合政策中的重要力量。而农民对新农合政策过程的参与，则是极为有限的。纵观整个政策执行过程中，农民更多是作为一个被动员的对象，而不是积极地参与主体融入新农合政策过程中的。就这个意义而言，新农合政策是一个知识精英倡导最高领导层建立的普惠的农民福利项目，但这种福利是国家自上而下地赋予农民的，甚至在某种意义上最初是强加给农民的，带有"父爱"的性质。本书所选的案例省在支付方式改革上的率先突破，在很大程度上是源自省卫生部门主管领导对于农村卫生问题的感知，而不是政策设计和执行过程中农民组织化参与表达利益诉求的结果。

如缺乏有效的监督和参与机制，由部门主导社会政策制定的模式，存在社会政策为部门利益服务，最终偏离政策目标群体利益和最高决策层政策设定目标的风险。而最初构建的政策框架的概要性，则加剧了目标偏移的风险。要有效消除这种风险，社会化的监督和参与机制是极为重要的。

---

① 周望在研究"小组"政治时职责权力重心分配的角度提出了小组的"中轴依附结构"，参见周望《中国"小组机制"研究》，天津人民出版社 2010 年版。

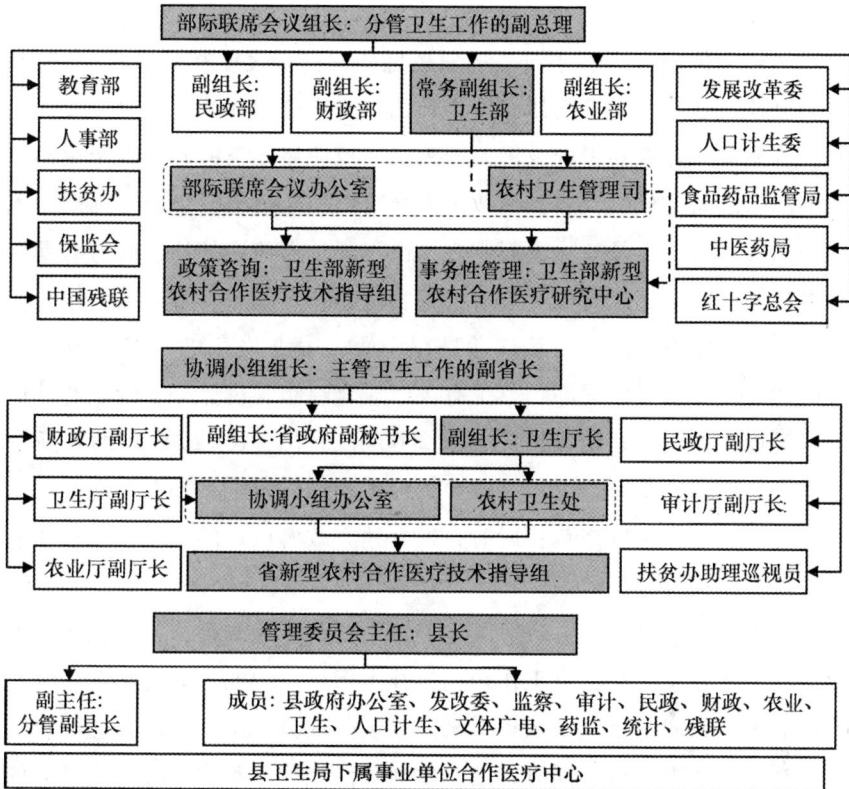

图 7-1 全国新型农村合作医疗政策的组织架构

（五）政策制定和执行过程是中央—地方互动的政策学习过程

从新农合政策过程来看，中央政府是新农合政策议程的设置者，并制定了基本的政策框架；这一框架的知识在很大程度上来源于卫生部等部门世纪之交在一些省份展开的调研。而对于补偿方案等更具体的政策设计，则授权给了省级政府及以下地方政府。这给地方政府留下了巨大的创新空间，以使全国性政策适应不同地区的实际情况，降低了政策设计所需的知识和政策失败的风险。同时，在中央集权体制下，中央政府密切关注地方政府的政策制定和执行，并保留着随时对地方政策试点进行纠偏的权力。简言之，中央政府在鼓励地方政府就具体政策方案进行探索和创新的同时，力图将整个试点工作置于中央政府的有效控制之下。

尽管有传统农合和小范围的农民健康保障制度受控试验作为基础，但中央政策制定者对于具体政策设计仍缺乏充分的知识；同时，多部门间讨价还价、寻求共识的政策制定模式，也使粗线条的政策框架更易于在多部门之间达成共识，抓住政策机会窗口使政策得以出台。因此，无论是以技术层面还是政治层面观之，由不同试点地区的地方政府对具体方案进行试验，就成为中央政府的现实选择。

通过对地方政府的政策试验进行调研，中央政府在 2003—2005 年小范围的地方试点中逐渐积累了有关新农合组织管理、基金管理和补偿方案设计等方面的知识。因此，从 2006 年开始，中央政府相继在新农合基金管理和补偿方案设计等方面出台了相应的政策文件，对地方政府新农合试点工作予以规范；同时，根据地方政府试点的反馈，中央政府对政策不断进行修正。

技术指导组是在中央政府和地方政府之间传递知识，进而优化政策设计的主要桥梁。在试点工作初期，技术指导组中四个固定联系组的专家们每季度在四个重点联系省的试点县至少调研一次，每次长达两周以上，在指导地方试点的同时，及时发现鲜活经验。新农合部际联席会议办公室成员、四个试点省卫生厅局的基妇处处长、重点联系县卫生局长和技术指导组专家共同参加的技术指导组工作会议，为知识传递提供了有效的平台。这些试点中创造的新知识，又通过如下两种机制进一步扩散，一种是技术指导组在全国广泛开展的培训，另一种是融入中央政府的文件中来指导地方政府试点。每年一度的新农合试点工作会议，也是知识传递和扩散的重要机制。会议前要召开部际联席会议，在总结各地试点经验基础上提出新一轮试点的思路和政策；而被中央政府肯定的试点地区，则会在工作会议上以大会发言或书面发言方式介绍其成功经验。例如，本书所选的案例县开创的单病种定额付费制度，就是通过大会发言方式和业务培训方式向全国推广了其试点经验。这种动态调适的政策制定和执行过程（如图 7-2 所示）赋予了新农合政策的弹性适应机制，更好、更快地惠及了更多的人。

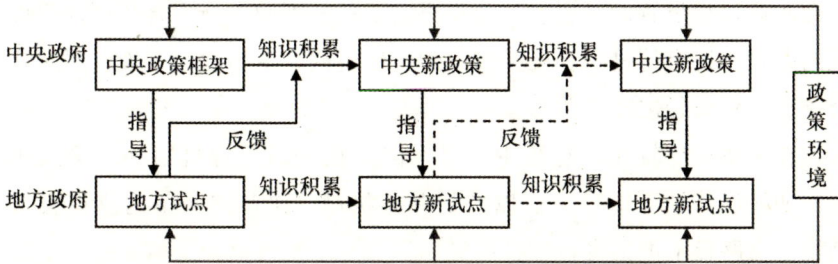

反馈机制：技术指导组调研、试点方案备案、试点工作会议汇报交流
指导机制：下发文件、检查督导、培训等

图 7 - 2　动态调适的政策制定和执行过程

二　进一步的研究问题

本书试图将新农合政策过程分为政策议程设置、政策框架构建和执行中的政策制定三个阶段进行了深入观察，并得到了一些有启发的发现。鉴于关于社会政策过程的研究和知识，都较之经济政策过程要少之又少。因此，还有必要基于阶段路径的思想，聚焦某个阶段进行深入的研究。进一步的研究将首先于政策议程设置这一阶段，通过多案例比较研究进一步解析中国社会政策议程设置路径和模式，更深刻地理解不同路径下的关键机制。

（一）传统政治制度的遗产及其现代转化

从历史渊源来看，协商路径中的座谈会机制带有中国传统的廷议和谏议的痕迹，而上书模式明显带有康雍乾三朝兴起的奏折议政的痕迹。如何进一步挖掘中国传统政治制度的遗产并推动其现代转化，对于建构基于中国实践和中国智慧的政策过程理论无疑具有十分重要的意义。

（二）从单案例拓展至多案例，展开比较政策过程研究

要全面把握中国社会政策议程设置的路径，必须将研究拓展至多案例，并进行比较案例研究。笔者在研究过程中同时关注了中国控制烟草流行政策、精神卫生法、社会救助法和教育中长期发展规划纲要等典型

社会政策议程设置的过程，并初步识别了一些不同于新农合政策议程设置的路径。这有待进一步展开多案例比较研究，从而建立政策议题属性与议程设置路径之间的关系。

在多案例比较研究过程中，对不同路径下的关键机制进行深入研究，如科层路径下简单共识以外的共识机制、协商路径下的座谈会机制、上书路径下的信息过滤机制等。

参 考 文 献

中文专著

1. ［美］阿尔蒙德、鲍威尔：《比较政治学：体系、过程和政策》，曹沛霖等译，东方出版社 2007 年版。

2. ［美］艾莉森、泽利克：《决策的本质：还原古巴导弹危机的真相》，王伟光、王云萍译，商务印书馆 2015 年版。

3. ［美］安德森：《公共政策制定》，谢明等译，中国人民大学出版社 2009 年版。

4. ［美］奥斯本、盖布勒：《改革政府：企业家精神如何改革着公共部门》，周敦仁等译，上海译文出版社 2006 年版。

5. ［美］奥斯特罗姆、加德纳、沃克：《规则、博弈与公共池塘资源》，王巧玲、任睿译，陕西人民出版社 2010 年版。

6. ［美］鲍姆加特纳、琼斯：《美国政治中的议程与不稳定性》，曹堂哲、文雅译，北京大学出版社 2011 年版。

7. ［英］贝弗里奇：《贝弗里奇报告——社会保险和相关服务》，劳动社会保障出版社 2008 年版。

8. ［瑞典］伯恩斯等：《经济与社会变迁的结构化：行动者、制度与环境》，周长城等译，社会科学文献出版社 2010 年版。

9. 陈君、洪南：《江泽民与社会主义市场经济体制的提出》，中央文献出版社 2012 年版。

10. 陈玲：《制度、精英与共识》，清华大学出版社 2011 年版。

11. 《陈云文选》（第二卷），人民出版社 1995 年版。

12. 《陈云文选》（第三卷），人民出版社 1995 年版。

13. 陈振明：《政策科学》，中国人民大学出版社 1998 年版。

14. ［日］大岳秀夫：《政策过程》，傅禄永译，经济日报出版社 1992 年版。

15. ［美］戴维·杜鲁门：《政治过程：政治利益与公共舆论》，陈尧译，胡伟校，天津人民出版社 2005 年版。

16. 《邓小平文选》（第二卷），人民出版社 1993 年版。

17. ［美］格斯顿：《公共政策的制定：程序和原理》，朱子文译，重庆出版社 2001 年版。

18. ［美］斯蒂尔曼二世：《公共行政学：概念与案例》，竺乾威等译，中国人民大学出版社 2004 年版。

19. ［英］黑尧：《现代国家的政策过程》，赵成根译，中国青年出版社 2004 年版。

20. 胡锦涛：《高举中国特色社会主义伟大旗帜　为夺取全面建设小康社会新胜利而奋斗——在中国共产党第十七次全国代表大会上的报告》，人民出版社 2007 年版。

21. 胡锦涛：《坚定不移沿着中国特色社会主义道路前进　为全面建成小康社会而奋斗——在中国共产党第十八次全国代表大会上的报告》，人民出版社 2012 年版。

22. 胡伟：《政府过程》，浙江人民出版社 1998 年版。

23. ［英］吉登斯：《社会的构成：结构化理论大纲》，李康、李猛译，三联书店 1998 年版。

24. ［英］吉登斯：《现代性的后果》，田禾译，译林出版社 2000 年版。

25. ［美］金登：《议程、备选方案与公共政策》，丁煌、方兴译，中国人民大学出版社 2004 年版。

26. 鞠德源：《清代题奏文书制度》，《清史论丛》（第三辑），中华书局 1982 年版。

27. ［英］科尔巴奇：《政策》，张毅、韩志明译，吉林人民出版社 2005

年版。

28. 李长明：《农村卫生文件汇编（1951—2000）》，卫生部基层卫生与妇幼保健司 2001 年版。

29. ［美］李普斯基：《基层官僚：公职人员的困境》，苏文贤、江吟梓译，学富文化事业有限公司 2010 年版。

30. 《李剑阁改革论集》，中国发展出版社 2008 年版。

31. ［美］李侃如：《治理中国：从革命到改革》，胡国成、赵梅译，中国社会科学出版社 2010 年版。

32. 李迎生：《当代中国社会政策》，复旦大学出版社 2012 年版。

33. 林闽钢：《中国社会政策》，武汉大学出版社 2011 年版。

34. 刘运国、刘谷琮：《加强中国农村贫困地区基本卫生服务项目完工总结报告》，中国财政经济出版社 2007 年版。

35. 《毛泽东选集》（第二卷），人民出版社 1991 年版。

36. 《建国以来毛泽东文稿》（第十一册），中央文献出版社 1996 年版。

37. 《建国以来毛泽东文稿》（第十二册），中央文献出版社 1998 年版。

38. 朴贞子、金炯烈：《政策形成论》，山东人民出版社 2005 年版。

39. 卫生部统计信息中心：《卫生改革专题调查研究：第三次国家卫生服务调查社会学评估报告》，中国协和医科大学出版社 2004 年版。

40. ［美］萨巴蒂尔：《十年乃至数十年间的政策变迁》，萨巴蒂尔、詹金斯－斯密斯《政策变迁与学习：一种倡议联盟途径》，北京大学出版社 2011 年版。

41. ［美］沙夫里茨、赖恩、博里克：《公共政策经典》，彭云望译，北京大学出版社 2007 年版。

42. 石崇孝：《单病种定额付费模式规范管理手册》，陕西人民出版社 2007 年版。

43. 世界银行：《1993 年世界发展报告：投资于健康》，中国财政经济出版社 1993 年版。

44. 汤应武、缪晓敏：《党和国家重大决策历程》，红旗出版社 1997 年版。

45. 王思斌：《社会工作概论》，高等教育出版社 2001 年版。

46. 吴定：《公共政策》，五南图书出版股份有限公司 2008 年版。

47. ［英］希尔：《理解社会政策》，刘升华译，商务印书馆 2003 年版。

48. ［英］希尔、休普：《执行公共政策》，黄健荣等译，商务印书馆 2011 年版。

49. 新华社十八大报道编写组：《十八大报告诞生记》，新华出版社 2012 年版。

50. 新型农村合作医疗试点工作评估组：《发展中的中国新型农村合作医疗：农村合作医疗试点工作评估报告》，人民卫生出版社 2006 年版。

51. 姚洋：《作为制度创新过程的经济改革》，格致出版社、上海人民出版社 2008 年版。

52. ［美］伊斯顿：《政治生活的系统分析》，王浦劬等译，华夏出版社 1998 年版。

53. ［美］殷：《案例研究：设计与方法》，周海涛等译，重庆大学出版社 2010 年版。

54. 袁正清：《国际政治理论的社会学转向》，上海人民出版社 2005 年版。

55. 岳经纶、郭巍青：《中国公共政策评论》（第 1 卷），上海人民出版社 2007 年版。

56. 岳经纶、郭巍青：《中国公共政策评论》（第 2 卷），格致出版社、上海人民出版社 2008 年版。

57. 张静：《基层政权——乡村制度诸问题》，浙江人民出版社 2000 年版。

58. 张世贤：《公共政策析论》，五南图书出版公司 1986 年版。

59. 张永谦：《拉开中国第二次革命的序幕》，汤应武、缪晓敏《党和国家重大决策历程》，红旗出版社 1997 年版。

60. 周黎安：《转型中的地方政府：官员激励与治理》，格致出版社、上海人民出版社 2008 年版。

61. 周望：《中国"小组机制"研究》，天津人民出版社 2010 年版。

62. 中华人民共和国国家统计局：《中国统计年鉴 2003》，中国统计出版社 2003 年版。

63. 中华人民共和国卫生部：《中国卫生统计年鉴 2004》，中国协和医科大学出版社 2004 年版。

64. 朱光磊：《当代中国政府过程》，天津人民出版社 2002 年版。

65. 《朱镕基讲话实录》编辑组：《朱镕基讲话实录》（第二卷），人民出版社 2011 年版。

66. 朱旭峰：《中国思想库：政策过程中的影响力研究》，清华大学出版社 2009 年版。

67. 朱旭峰：《政策变迁中的专家参与》，中国人民大学出版社 2012 年版。

中文论文

1. 艾云：《上下级政府间"考核检查"与"应对"过程的组织学分析：以 A 县"计划生育"年终考核为例》，《社会》2011 年第 3 期。

2. 白剑峰：《全国农村卫生工作会议在京召开——江泽民致信对农村卫生工作作出重要指示》，《人民日报》2002 年 10 月 30 日。

3. 柏必成：《改革开放以来我国住房政策变迁的动力分析——以多源流理论为视角》，《公共管理学报》2010 年第 4 期。

4. 毕亮亮：《"多源流框架"对中国政策过程的解释力——以江浙跨行政区水污染防治合作的政策过程为例》，《公共管理学报》2007 年第 2 期。

5. ［英］G. 布罗姆、汤胜蓝：《中国政府在农村合作医疗保健制度中的角色与作用》，《中国卫生经济》2002 年第 3 期。

6. 蔡琳：《新型农村合作医疗筹资需求测算的方法学研究》，复旦大学 2007 年博士学位论文。

7. 蔡艳：《倡导联盟框架下"国家精品课程建设"的政策分析》，《清华大学教育研究》2010 年第 6 期。

8. 曹叠峰：《师范生免费教育政策过程探析》，《高校教育管理》2009
   年第 5 期。

9. 曹普：《改革开放前中国农村合作医疗制度》，《中共党史资料》
   2006 年第 3 期。

10. 曹普：《1949—1989：中国农村合作医疗制度的演变与评析》，《中
    共云南省委党校学报》2006 年第 5 期。

11. 曹普：《20 世纪 90 年代两次"重建"农村合作医疗的尝试与效
    果》，《党史研究与教学》2009 年第 4 期。

12. 曹普：《人民公社时期中国农村合作医疗制度的历史演变（1958—
    1984)》，《中共石家庄市委党校学报》2009 年第 5 期。

13. 曹普：《人民公社时期的农村合作医疗制度》，《中共中央党校学
    报》2009 年第 6 期。

14. 曹普：《1978—2002：关于农村合作医疗存废的争论与实证性研究
    的兴起》，《中共云南省委党校学报》2010 年第 1 期。

15. 晁中辰：《中国古代谏议思想与谏议制度刍议》，《东岳论丛》2010
    年第 9 期。

16. 车刚、赵涛：《新型农村合作医疗对农村居民卫生服务利用公平性
    的影响研究》，《卫生软科学》2007 年第 1 期。

17. 陈汉聪：《分配型教育政策执行的理论构建——以国家助学贷款政
    策为例》，《教育发展研究》2008 年第 Z1 期。

18. 陈玲：《官僚体系与协商网络：中国政策过程的理论建构和案例研
    究》，《公共管理评论》2006 年第 2 期。

19. 陈玲、赵静、薛澜：《择优还是折衷？——转型期中国政策过程的
    一个解释框架和共识决策模型》，《管理世界》2010 年第 8 期。

20. 陈敏章：《陈敏章部长在卫生部政策与管理研究专家委员会座谈会
    上的讲话要点》，《中国卫生事业管理》1992 年第 3 期。

21. 陈敏章：《卫生部部长陈敏章同志在全国卫生工作会议上的报告
    （摘要)》，《中国卫生经济》1994 年第 3 期。

22. 陈水生:《当代中国公共政策过程中利益集团的行动逻辑》,复旦大学 2011 年博士学位论文。

23. 陈学军、邬志辉:《教育政策执行:问题、成因及对策》,《教育发展研究》2004 年第 9 期。

24. 陈锡文:《中国农村经济体制变革和农村卫生事业的发展》,《中国卫生经济》2001 年第 1 期。

25. 陈振明:《西方政策执行研究运动的兴起》,《江苏社会科学》2001 年第 6 期。

26. 陈振明、薛澜:《中国公共管理理论研究的重点领域和主题》,《中国社会科学》2007 年第 3 期。

27. 程化琴:《〈中华人民共和国民办教育促进法〉制定过程研究》,北京大学 2006 年博士学位论文。

28. 崔婷婷、周琛、王超:《用多源流理论分析我国房贷险现状》,《华中农业大学学报》(社会科学版)2006 年第 5 期。

29. 崔之元:《"混合宪法"与对中国政治的三层分析》,《战略与管理》1998 年第 3 期。

30. 董立淳:《中国农村合作医疗制度演化机制研究》,南开大学 2009 年博士学位论文。

31. 傅礼白:《康雍乾时期的奏折制度》,《文史哲》2002 年第 2 期。

32. 顾昕、方黎明:《自愿性与强制性之间——中国农村合作医疗的制度嵌入性与可持续性发展分析》,《社会学研究》2004 年第 5 期。

33. 郭巍青、涂锋:《重新建构政策过程:基于政策网络的视角》,《中山大学学报》(社会科学版)2009 年第 3 期。

34. [德] 韩博天:《中国经济腾飞中的分级制政策试验》,石磊译,《开放时代》2008 年第 5 期。

35. 胡焕庭:《卫生部召开政策与管理研究专家委员会第 4 届委员会成立大会——张文康部长作重要讲话》,《中国卫生资源》2002 年第 1 期。

36. 胡善联:《中国农村贫困地区合作医疗实施中政府失灵和市场失灵

的表现》，《中国卫生经济》2002 年第 1 期。

37. 胡善联：《中国农村合作医疗模式概览》，《中国初级卫生保健》2003 年第 9 期。

38. 胡象明：《论地方政策的决策模式》，《武汉大学学报》（哲学社会科学版）1997 年第 2 期。

39. 胡宜：《疾病、政治与国家建设》，华中师范大学 2007 年博士学位论文。

40. 黄成礼、马进、白虓：《供方支付方式研究及政策建议》，《中国卫生经济》2000 年第 1 期。

41. 黄文伟：《政策学习与变迁：一种倡议联盟框架范式——对我国高职院校招生政策变迁的解读》，《清华大学教育研究》2012 年第 5 期。

42. 黄维、陈静：《我国学生贷款补贴的政策学习：政策文本分析的视角》，《中国高教研究》2012 年第 9 期。

43. 贾康、张立承：《改进新型农村合作医疗制度筹资模式的政策建议》，《财政研究》2005 年第 3 期。

44. 江国平：《社会学意义上的结构与建构：辩证统一》，《东岳论丛》2011 年第 3 期。

45. 江泽民：《在全国卫生工作会议上的讲话》，《中国农村卫生事业管理》1997 年第 1 期。

46. 蒋硕亮：《政策网络路径：西方公共政策分析的新范式》，《政治学研究》2010 年第 6 期。

47. 蒋馨岚：《建国以来中国师范教育免费政策的变迁——基于支持联盟框架的分析》，《西北师范大学学报》（社会科学版）2011 年第 1 期。

48. 李长明：《发展与启迪：新农合十年回顾》，新农合制度实施十周年"政策与实践"管理研讨会，2012 年。

49. 李长明、汪早立、王敬媛：《建国 60 年我国农村卫生的回顾与展望》，《中国卫生政策研究》2009 年第 10 期。

50. 李德成：《合作医疗与赤脚医生研究（1955—1983 年）》，浙江大学 2007 年博士学位论文。

51. 李德成：《中国农村传统合作医疗制度研究综述》，《华东理工大学学报》（社会科学版）2007 年第 1 期。

52. 李德国：《公共服务体制改革的"海淀模式"——从制度分析与发展的视角看》，《东南学术》2011 年第 2 期。

53. 李鸿光：《在 2005 年全省新型农村合作医疗试点工作会议上的发言（2005 年 12 月 6 日）》，《陕西卫生政务通报》2005 年第 31 期。

54. 李兰娟、叶真、郭清等：《浙江省新型农村合作医疗试点情况的初步研究》，《中国农村卫生事业管理》2004 年第 12 期。

55. 李岚清：《大力加强农村卫生工作全面提高农民健康水平》，《中国农村卫生事业管理》2002 年第 11 期。

56. 李礼：《城市公共安全服务供给的合作网络》，《中国行政管理》2011 年第 7 期。

57. 李鹏：《关于国民经济和社会发展十年规划和第八个五年计划纲要的报告》，《中华人民共和国全国人民代表大会常务委员会公报》1991 年第 2 期。

58. 李瑞昌：《中国公共政策实施中的"政策空传"现象研究》，《公共行政评论》2012 年第 3 期。

59. 林闽钢：《我国农村合作医疗制度治理结构的转型》，《农业经济问题》2006 年第 5 期。

60. 林乾：《论中国古代廷议制度对君权的制约》，《社会科学战线》1992 年第 4 期。

61. 林小英：《中国教育政策过程中的策略空间：一个对政策变迁的解释框架》，《北京大学教育评论》2006 年第 4 期。

62. 林小英：《教育政策过程中的规则和自由裁量权：以民办高等教育政策为例》，《清华大学教育研究》2007 年第 4 期。

63. 刘克军、范文胜：《对两县 90 年代合作医疗兴衰的分析》，《中国卫生经济》2002 年第 6 期。

64. 刘利：《重庆新型农村合作医疗制度影响因素及作用机制研究》，西南大学 2011 年博士学位论文。

65. 刘丽霞：《中国利益集团在公共政策过程中作用与影响研究》，东北财经大学 2011 年博士学位论文。

66. 刘雅静、张荣林：《我国农村合作医疗制度 60 年的变革及启示》，《山东大学学报》（哲学社会科学版）2010 年第 3 期。

67. 刘新明：《勤奋敬业勇于进取为卫生改革和发展多做贡献——中国卫生经济培训与研究网络第一个五年计划（1991—1995）总结报告》，《中国卫生经济》1996 年第 7 期。

68. 刘远立、饶克勤、胡善联：《政府支持与农村健康保障制度》，《中国卫生经济》2002 年第 5 期。

69. 卢迈：《中国农村改革的决策过程》，《二十一世纪》1998 年 12 月号（第 50 期）。

70. 罗家洪、杜克琳、毛勇等：《新型农村合作医疗制度住院补偿方案的调查研究》，《卫生软科学》2006 年第 2 期。

71. 罗家洪、胡守敬、黄兴黎等：《云南省新型农村合作医疗补偿机制初步研究》，《中国卫生质量管理》2004 年第 1 期。

72. 罗益勤：《我国农村实行健康保险问题的研究》，《中国初级卫生保健》1989 年第 4 期。

73. 马丽、李惠民、齐晔：《中央—地方互动与"十一五"节能目标责任考核政策的制定过程分析》，《公共管理学报》2012 年第 1 期。

74. 孟翠莲：《关于山东省新型农村合作医疗试点情况的调查报告》，《财政研究》2006 年第 8 期。

75. 宁骚：《中国公共政策为什么成功？——基于中国经验的政策过程模型构建与阐释》，《新视野》2012 年第 1 期。

76. 农村合作医疗保健制度系列研究课题组：《农村合作医疗保健制度的系列研究》，《中国卫生经济》1988 年第 4 期。

77. 欧阳竞：《回忆陕甘宁边区的卫生工作（下）》，《医院管理》1984 年第 2 期。

78. 潘连生：《齐心协力扎实工作努力开创全省农村卫生工作新局面——2003年2月27日在全省农村卫生工作会议上的讲话》，陕西卫生网：http：//www. sxhealth. gov. cn/ztbd/pszjh. htm，2013年2月1日访问。

79. 潘连生：《在2004年全省新型农村合作医疗试点工作会议上的讲话（2004年11月17日）》，《陕政通报》2004年第164期。

80. 彭珮云：《在全国农村合作医疗经验交流会上的谈话》，《中国农村卫生事业管理》1996年第8期。

81. 彭宗超、薛澜：《政策制定中的公众参与——以中国价格决策听证制度为例》，《国家行政学院学报》2000年第5期。

82. 平丁：《为促进决策科学化和民主化卫生部成立政策与管理研究专家委员会》，《中国农村卫生事业管理》1987年第6期。

83. 濮岚澜：《中国教育政策议程设置研究》，北京大学2004年博士学位论文。

84. 濮岚澜、陈学飞：《中国教育政策的议程设置过程研究——一个信息互动网络的视角》，《高等教育研究》2005年第6期。

85. 钱东福：《甘肃省农村居民就医选择行为研究》，山东大学2008年博士学位论文。

86. 钱军程、高军、饶克勤、A. Wagstaff、M. Lindelow：《新型农村合作医疗制度试点对农民卫生服务利用的影响研究》，《中国卫生统计》2008年第5期。

87. 任鹏：《我国地方政府公共政策变迁研究》，上海交通大学2012年硕士学位论文。

88. 任苒、侯文、宁岩、陈俊峰：《中国贫困农村合作医疗试点地区县乡卫生机构服务效率分析》，《中国卫生经济》2001年第2期。

89. 任苒、张琳：《中国农村地区合作医疗干预后不同收入组人群的医疗服务需要与利用》，《中国卫生经济》2004年第2期。

90. 盛宇华：《"摸着石头过河"：一种有效的非程序化决策模式》，《领导科学》1998年第6期。

91. 石凯、胡伟：《政策网络理论：政策过程的新范式》，《国外社会科学》2006 年第 3 期。

92. 宋斌文：《我国农村合作医疗的过去、现在和未来》，《医学与哲学》2004 年第 3 期。

93. 孙立平、王汉生：《作为制度运作和制度变迁方式的变通》，《中国社会科学季刊》（香港）1997 年冬季号。

94. 孙立平、郭于华：《"软硬兼施"：正式权力非正式运作的过程分析——华北 B 镇收粮的个案研究》，《清华社会学评论》（特辑），鹭江出版社 2000 年版。

95. 谭羚雁、娄成武：《保障性住房政策过程的中央与地方政府关系——政策网络理论的分析与应用》，《公共管理学报》2012 年第 1 期。

96. 唐贤兴：《政策工具的选择与政府的社会动员能力——对"运动式治理"的一个解释》，《学习与探索》2009 年第 3 期。

97. 屠莉娅：《课程政策过程的权力生态——从课程政策概念化的一般形态与中国特征谈起》，《全球教育展望》2009 年第 11 期。

98. 汪时东、叶宜德：《农村合作医疗制度的回顾与发展研究》，《中国初级卫生保健》2004 年第 4 期。

99. 汪早立、陈迎春、张全红、王蓉：《新型农村合作医疗中医疗服务供方管理与费用控制》，《中国卫生经济》2005 年第 12 期。

100. 王程韡：《从多源流到多层流演化：以我国科研不端行为处理政策议程为例》，《科学学研究》2009 年第 10 期。

101. 王程韡：《政策学习的障碍及其超越以中国国家饮用水标准为例》，《社会》2010 年第 4 期。

102. 王春城：《倡导联盟框架：解析和应用》，吉林大学 2010 年博士学位论文。

103. 王波：《多源流视角下的流浪乞讨人员管理政策转型研究》，《前沿》2008 年第 1 期。

104. 王柯、张晓、闵捷、沈其君：《新型农村合作医疗补偿方案调整研究》，《中国卫生经济》2005 年第 11 期。

105. 王靖元、徐德斌：《合作医疗历史回顾与赣榆县实施新型农村合作医疗制度的做法》，《江苏卫生保健》2005 年第 1 期。

106. 王陇德：《中国卫生经济培训与研究网络第十四次协调会在京召开》，《卫生经济研究》2004 年第 2 期。

107. 王绍光：《中国公共政策议程设置的模式》，《中国社会科学》2006 年第 5 期。

108. 王绍光：《学习机制、适应能力与中国模式》，《开放时代》2009 年第 7 期。

109. 王绍光：《学习机制与适应能力：中国农村合作医疗体制变迁的启示》，《中国社会科学》2008 年第 6 期。

110. 王硕：《深圳经济特区的建立（1979—1986）》，《中国经济史研究》2006 年第 3 期。

111. 王思斌：《社会政策时代与政府社会政策能力建设》，《中国社会科学》2004 年第 6 期。

112. 王思斌：《社会政策时代：中国社会发展的选择》，《中国社会科学报》2010 年 3 月 23 日第 1 版。

113. 王思斌：《改革中弱势群体的政策支持》，《北京大学学报（哲学社会科学版）》2003 年第 6 期。

114. 王小万、刘丽杭：《新型农村合作医疗住院补偿比例与起付线的实证研究》，《中国卫生经济》2005 年第 3 期。

115. 王学杰：《我国公共政策制定要健全和完善协商民主机制》，《中国行政管理》2006 年第 10 期。

116. 王燕：《山东省新型农村合作医疗补偿机制研究》，山东大学 2007 年博士学位论文。

117. 王翌秋：《中国农村居民医疗服务需求研究》，南京农业大学 2008 年博士学位论文。

118. 王悦：《康雍乾时期奏折制度》，哈尔滨师范大学 2012 年硕士学位论文。

119. 王兆斌：《体制转型进程中的利益集团研究》，中国社会科学院研究生院 2012 年博士学位论文。

120. 王甲：《多源流视角下的土地流转政策过程分析》，复旦大学 2011 年硕士学位论文。

121. 卫生部统计信息中心：《2008 年我国卫生事业发展统计公报》。

122. 卫生部农村卫生管理司：《农村卫生管理司成立》，《农村卫生工作简讯》2004 年第 1 期。

123. 魏颖、罗五金、胡善联、傅卫：《中国农村贫困地区卫生保健筹资与组织研究总报告》，《卫生软科学》1999 年第 1 期。

124. 魏志荣：《多维视角下的公共政策议程建构过程分析——基于〈校车安全管理条例〉的案例研究》，《行政与法》2012 年第 10 期。

125. 吴越：《多源流理论视野中的教育政策议题形成分析——以〈民办教育促进法〉为例》，《现代教育管理》2010 年第 1 期。

126. 夏杏珍：《农村合作医疗制度的历史考察》，《当代中国史研究》2003 年第 5 期。

127. 肖莎：《多源流分析框架对后危机政策制定的解释力》，《理论导报》2009 年第 9 期。

128. 谢慧玲：《新型农村合作医疗住院补偿比影响因素的实证研究》，复旦大学 2010 年博士学位论文。

129. 谢庆奎：《中国政府的府际关系研究》，《北京大学学报》（哲学社会科学版）2000 年第 1 期。

130. 新华社：《研究加快建立新型农村合作医疗制度问题》，《人民日报》2005 年 8 月 11 日第 1 版。

131. 徐创洲：《新型农村合作医疗医药费用控制研究》，西北农林科技大学 2011 年博士学位论文。

132. 徐湘林：《"摸着石头过河"与中国渐进政治改革的政策选择》，《天津社会科学》2002 年第 3 期。

133. 徐湘林：《从政治发展理论到政策过程理论——中国政治改革研究的中层理论建构探讨》，《中国社会科学》2004 年第 3 期。

134. 徐自强：《效率还是公平：高校毕业生就业政策的信念博弈——基于倡议联盟框架的分析》，《现代教育管理》2012 年第 6 期。

135. 许士荣：《我国博士后政策制定的模型分析》，《清华大学教育研究》2009 年第 6 期。

136. 薛澜、陈玲：《中国公共政策过程的研究：西方学者的视角及其启示》，《中国行政管理》2005 年第 7 期。

137. 薛澜、朱旭峰：《中国思想库的社会职能——以政策过程为中心的改革之路》，《管理世界》2009 年第 4 期。

138. 杨国平：《中国新型农村合作医疗制度可持续发展研究》，复旦大学 2008 年博士学位论文。

139. 杨金侠：《新型农村合作医疗农村定点医疗机构费用控制模型与实现机制研究》，山东大学 2007 年博士学位论文。

140. 杨团：《社会政策研究范式的演化及其启示》，《中国社会科学》2002 年第 4 期。

141. 杨团：《社会政策设计、实施与公共部门的能力——新型合作医疗政策为例》，《政府转型与统筹协调发展——2004 中国改革论坛论文集》。

142. 杨团：《中国社会政策基本问题——以新型合作医疗政策为例》，《科学决策》2004 年第 12 期。

143. 杨团：《中国社会政策演进、焦点与建构》，《学习与实践》2006 年第 11 期。

144. 姚澄宇：《唐朝的谏官制度》，《南京师范大学学报》（社会科学版）1984 年第 3 期。

145. 应星：《从"讨个说法"到"摆平理顺"》，中国社会科学院研究生院 2000 年博士学位论文。

146. 岳谦厚、贺蒲燕：《山西省稷山县农村公共卫生事业述评（1949—1984 年）——以太阳村（公社）为重点考察对象》，《当代中国史研究》2007 年第 5 期。

147. 昝馨：《李剑阁：身在魏阙心忧江湖》，《新世纪周刊》2013 年第 4

期。

148. 曾祥炎、曾祥福、周良荣：《政府信誉缺失对推行新型农村合作医疗的影响及对策》，《中国卫生经济》2005 年第 1 期。

149. 张朝阳、于军：《农村合作医疗出现良好发展态势》，《中国农村卫生事业管理》1997 年第 2 期。

150. 张德元：《中国农村医疗卫生事业的回顾与思考》，《卫生经济研究》2005 年第 1 期。

151. 张国兵：《支持联盟与政策过程——中国高等教育重点建设政策研究》，北京大学 2006 年博士学位论文。

152. 张海柱：《信念与政策变迁：倡导联盟框架的应用——以中国婚检政策变迁为例》，《长春大学学报》2010 年第 5 期。

153. 张海柱：《国家建设、合作医疗与共同体认知：农村合作医疗政策过程研究》，《当代中国政治研究报告》2013 年刊。

154. 张怀玉：《论执行政策中的"灵活变通"》，《领导科学》1988 年第 7 期。

155. 张丽娜、袁何俊：《后新公共管理改革——作为一种新趋势的整体政府》，《中国行政管理》2006 年第 9 期。

156. 张敏杰：《全国贫困农村地区医疗保健制度研讨会综述》，《中国初级卫生保健》1995 年第 4 期。

157. 张明新：《社区卫生服务机构与医院双向转诊运行的管理模式研究》，华中科技大学 2009 年博士学位论文。

158. 张容瑜：《卫生政策要素对农村高血压患者就医行为和费用的影响研究》，山东大学 2012 年博士学位论文。

159. 张文鸣：《中国卫生经济培训及研究网络宣告成立》，《中国卫生经济》1991 年第 9 期。

160. 张西凡、陈迎春：《新型农村合作医疗单病种定额补偿模式及效果分析》，《中国卫生经济》2008 年第 7 期。

161. 张歆、王禄生：《按病种付费在我国新型农村合作医疗试点地区的应用》，农村卫生改革与发展研讨会 2006 年版。

162. 张英洁：《新型农村合作医疗统筹补偿方案研究》，山东大学 2009 年博士学位论文。

163. 张增国：《重建中国农民的基本医疗保障体系——对中国农村合作医疗制度的回顾与展望》，《中国集体经济》2010 年第 15 期。

164. 张自宽：《农村合作医疗应该肯定应该提倡应该发展——东北三省农村医疗卫生建设调查之四》，《农村卫生事业管理研究》1982 年第 2 期。

165. 张自宽：《在合作医疗问题上应该澄清思想统一认识》，《中国农村卫生事业管理》1992 年第 6 期。

166. 张自宽：《对合作医疗早期历史情况的回顾》，《中国卫生经济》1992 年第 6 期。

167. 张自宽、赵亮、李枫：《中国农村合作医疗 50 年之变迁》，《中国农村卫生事业管理》2006 年第 2 期。

168. 张自宽、朱子会、王书城、张朝阳：《关于我国农村合作医疗保健制度的回顾性研究》，《中国农村卫生事业管理》1994 年第 6 期。

169. 张自宽：《"六·二六指示"相关历史情况的回顾与评价》，《中国农村卫生事业管理》2006 年第 9 期。

170. 赵萍丽：《政策议程设置模式的嬗变》，复旦大学 2008 年博士学位论文。

171. 赵卫华：《新型农村合作医疗不同补偿模式的补偿效果分析》，《中国卫生经济》2009 年第 2 期。

172. 甄智君：《从制定〈国家突发公共事件总体应急预案〉看中国政策议程设置途径——基于多源流理论的分析》，《中山大学研究生学刊》（社会科学版）2010 年第 1 期。

173. 郑小华：《关于在农村开展健康保险的建议方案》，《中国卫生事业管理》1993 年第 5 期。

174. 支峻波：《按照市场经济的规律深化卫生改革——卫生部政策法规司司长支峻波在全国卫生改革研讨会上的讲话摘要》，《中国卫生事业管理》1993 年第 10 期。

175. 中国农村合作医疗保健制度改革研究中央课题组、杨辉、张朝阳：《14 个县农村合作医疗保健制度改革研究（Ⅰ）（阶段性研究报告）》，《中国初级卫生保健》1996 年第 11 期。

176. 中国农村合作医疗保健制度改革研究中央课题组、杨辉、张朝阳：《14 个县农村合作医疗保健制度改革研究（Ⅱ）——（阶段性研究报告）》，《中国初级卫生保健》1996 年第 12 期。

177. 中国农村合作医疗最佳实践模式课题组：《中国农村合作医疗最佳实践模式的研究》，《中国初级卫生保健》2003 年第 6 期。

178. 中国农村健康保险试点工作组：《农村健康保险研究第一批试点方案》，《中国农村卫生事业管理》1987 年第 10 期。

179. 中国卫生经济培训与研究网络：《"中国贫困地区卫生保健筹资与组织"课题研究总结》，《中国卫生经济》2001 年第 4 期。

180. 周超、颜学勇：《从强制收容到无偿救助——基于多源流理论的政策分析》，《中山大学学报》（社会科学版）2005 年第 6 期。

181. 周彬县：《在 2005 年全省新型农村合作医疗试点工作会议上的发言》，《陕西卫生政务通报》2005 年第 31 期。

182. 周飞舟：《锦标赛体制》，《社会学研究》2009 年第 3 期。

183. 周进：《我国高校教师聘任制政策行为过程透视——基于支持联盟框架的分析》，《高教探索》2010 年第 5 期。

184. 周黎安：《中国地方官员的晋升锦标赛模式研究》，《经济研究》2007 年第 7 期。

185. 周寿棋、顾杏元：《加快发展农村集资医疗保健制度》，《中国初级卫生保健》1991 年第 4 期。

186. 周寿棋、顾杏元、朱敖荣：《中国农村健康保障制度的研究进展》，《中国农村卫生事业管理》1994 年第 9 期。

187. 周寿棋：《探寻农民健康保障制度的发展轨迹》，《国际医药卫生导报》2002 年第 6 期。

188. 周雪光：《基层政府间的"共谋现象"——一个政府行为的制度逻辑》，《社会学研究》2008 年第 6 期。

189. 周雪光：《权威体制与有效治理：当代中国国家治理的制度逻辑》，《开放时代》2011 年第 10 期。

190. 朱家德、李自茂：《我国高等教育收费制度 60 年的变迁逻辑——基于支持联盟框架的分析》，《中国高教研究》2009 年第 12 期。

191. 朱坤：《我国西部地区新型农村合作医疗及支付制度干预案例的研究》，复旦大学 2007 年博士学位论文。

192. 朱玲：《政府与农村基本医疗保健保障制度选择》，《中国社会科学》2000 年第 4 期。

193. 朱旭峰、田君：《知识与中国公共政策的议程设置：一个实证研究》，《中国行政管理》2008 年第 6 期。

194. 朱旭峰：《中国社会政策变迁中的专家参与模式研究》，《社会学研究》2011 年第 2 期。

195. 朱玉、李美娟：《吴仪在全国新型农村合作医疗试点工作会议上强调加快建立新型农村合作医疗制度》，《人民日报》2005 年 9 月 15 日第 2 版。

196. 庄垂生：《政策变通的理论：概念、问题与分析框架》，《理论探讨》2000 年第 6 期。

中央政策法规

1. 财政部、卫生部：《关于中央财政资助中西部地区农民参加新型农村合作医疗制度补助资金拨付有关问题的通知（2003 年 8 月 25 日财社〔2003〕112 号）》。

2. 财政部、卫生部：《关于做好新型农村合作医疗试点有关工作的通知（2005 年 8 月 10 日卫农卫发〔2005〕319 号）》，《新型农村合作医疗文件汇编（2002—2011 年）》，卫生部农村卫生管理司、卫生部新型农村合作医疗研究中心 2011 年版。

3. 财政部、卫生部：《关于调整中央财政新型农村合作医疗制度补助资金拨付办法有关问题的通知（2007 年 1 月 31 日财社〔2007〕5

号）》，《新型农村合作医疗文件汇编（2002—2011 年）》卫生部农村卫生管理司、卫生部新型农村合作医疗研究中心 2011 年版。

4. 财政部、卫生部：《关于调整中央财政新型农村合作医疗补助资金拨付办法有关问题的通知（2010 年 5 月 4 日财社〔2010〕46 号）》，《新型农村合作医疗文件汇编（2002—2011 年）》，卫生部农村卫生管理司、卫生部新型农村合作医疗研究中心 2011 年版。

5. 国务院：《国务院批转卫生部等部门关于改革和加强农村医疗卫生工作请示的通知（国发〔1991〕4 号）》，《中华人民共和国国务院公报》1991 年第 3 期。

6. 国务院：《国务院批转卫生部等部门关于发展和完善农村合作医疗的若干意见的通知（国发〔1997〕18 号）》，《中华人民共和国国务院公报》1997 年第 18 期。

7. 国务院：《国务院关于发布国家行政机关公文处理办法的通知（国发〔2000〕23 号）》，《中华人民共和国国务院公报》2000 年第 31 期。

8. 国务院：《国务院关于同意建立新型农村合作医疗部际联席会议制度的批复（国函〔2003〕95 号）》，《中华人民共和国国务院公报》2003 年第 29 期。

9. 国务院：《国务院关于印发医药卫生体制改革近期重点实施方案（2009—2011 年）的通知（国发〔2009〕12 号）》，《中华人民共和国卫生部公报》2009 年第 5 期。

10. 《国务院工作规则》（国发〔2013〕16 号）

11. 国务院办公厅：《国务院办公厅转发国务院体改办等部门关于农村卫生改革与发展指导意见的通知（国办发〔2001〕39 号）》，《中华人民共和国国务院公报》2001 年第 21 期。

12. 国务院办公厅：《国务院办公厅转发卫生部等部门关于建立新型农村合作医疗制度意见的通知（国办发〔2003〕3 号）》，《中华人民共和国国务院公报》2003 年第 6 期。

13. 国务院办公厅：《国务院办公厅转发卫生部等部门关于进一步做好新型农村合作医疗试点工作指导意见的通知（2004 年 1 月 13 日国

办发〔2004〕3 号）》，《中华人民共和国国务院公报》2004 年第
8 期。

14. 国务院办公厅：《国务院办公厅关于做好 2004 年下半年新型农村合作医疗试点工作的通知》，《中华人民共和国国务院公报》2004 年第 27 期。

15. 国务院办公厅：《国务院办公厅关于增补和调整国务院新型农村合作医疗部际联席会议成员的复函（国办函〔2005〕81 号）》，《中华人民共和国国务院公报》2005 年第 31 期。

16. 人力资源和社会保障部、卫生部、财政部：《关于规范各项基本医疗保障制度信息报送工作的通知（2009 年 10 月 20 日人社部函〔2009〕263 号）》，《新型农村合作医疗文件汇编（2002—2011 年）》，卫生部农村卫生管理司、卫生部新型农村合作医疗研究中心 2009 年版。

17. 卫生部：《关于全国农村卫生工作山西稷山现场会议情况的报告（1959 年 12 月 16 日）》。

18. 卫生部：《农村合作医疗章程（试行草案）（1979 年 12 月 15 日卫生部发布）》。

19. 卫生部：《中国卫生经济培训及研究网络（1991—1995）五年计划要点（摘录）》，《中国卫生经济》1991 年第 9 期。

20. 卫生部：《卫生部关于深化卫生改革的几点意见（1992 年 9 月 23 日卫办发〔1992〕第 32 号）》，李长明《农村卫生文件汇编（1951—2000）》，卫生部基层卫生与妇幼保健司 2001 年版。

21. 卫生部：《关于进一步推动合作医疗工作的通知（卫医发〔1997〕第 37 号）》，李长明《农村卫生文件汇编（1951—2000）》，卫生部基层卫生与妇幼保健司 2001 年版。

22. 卫生部：《关于新型农村合作医疗信息系统建设的指导意见（2006 年 11 月 22 日卫农卫发〔2006〕453 号）》，《新型农村合作医疗文件汇编（2002—2011）》，卫生部农村卫生管理司、卫生部新型农村合作医疗研究中心 2011 年版。

23. 卫生部：《关于新型农村合作医疗信息系统建设的指导意见（2006年11月22日卫农卫发〔2006〕453号）》，《新型农村合作医疗文件汇编（2002—2011）》，卫生部农村卫生管理司、卫生部新型农村合作医疗研究中心2011年版。

24. 卫生部：《关于印发〈全国新型农村合作医疗统计调查制度〉等的通知（2007年12月28日卫农卫发〔2007〕304号）》，《新型农村合作医疗文件汇编（2002—2011）》，卫生部农村卫生管理司、卫生部新型农村合作医疗研究中心2011年版。

25. 卫生部：《转发湖南省人民政府关于桂阳县新型农村合作医疗试点工作有关问题通报的通知（2003年11月14日卫基妇发〔2003〕317号）》，《新型农村工作医疗文件汇编（2002—2011）》，卫生部农村卫生管理司、卫生部新型农村合作医疗研究中心2011年版。

26. 卫生部、财政部：《关于开展新型农村合作医疗试点有关工作检查的紧急通知（2004年5月24日卫发电〔2004〕37号）》，卫生部农村卫生管理司、卫生部新型农村合作医疗研究中心2011年版。

27. 卫生部办公厅：《关于做好新型农村合作医疗试点工作的通知（2003年3月24日卫办基妇发〔2003〕47号）》，《新型农村合作医疗文件汇编（2002—2011）》，卫生部农村卫生管理司、卫生部新型农村合作医疗研究中心2011年版。

28. 卫生部办公厅：《关于成立卫生部新型农村合作医疗技术指导组的通知（2004年4月1日卫办农卫发〔2004〕46号）》，《新型农村合作医疗文件汇编（2002—2011）》，卫生部农村卫生管理司、卫生部新型农村合作医疗研究中心2011年版。

29. 卫生部办公厅：《关于填报〈新型农村合作医疗基本信息报表（试行）〉的通知（2004年12月31日卫办农卫发〔2004〕222号）》，《新型农村合作医疗文件汇编（2002—2011）》，卫生部农村卫生管理司、卫生部新型农村合作医疗研究中心2011年版。

30. 卫生部办公厅：《关于调整充实新型农村合作医疗技术指导组专家的通知（2005年4月13日卫办农卫发〔2005〕79号）》，《新型农村合作医疗文件汇编（2002—2011）》，卫生部农村卫生管理司、卫生部新型农村合作医疗研究中心2011年版。

31. 卫生部办公厅：《关于加强新型农村合作医疗定点医疗机构医药费用管理的若干意见（2005年11月7日卫办人发〔2005〕243号）》，《新型农村合作医疗文件汇编（2002—2011）》，卫生部农村卫生管理司、卫生部新型农村合作医疗研究中心2011年版。

32. 卫生部办公厅：《关于印发〈新型农村合作医疗基本信息报表（2006年修订试行）〉的通知（2006年4月12日卫办农卫发〔2006〕68号）》，《新型农村合作医疗文件汇编（2002—2011）》，卫生部农村卫生管理司、卫生部新型农村合作医疗研究中心2011年版。

33. 卫生部办公厅：《关于印发〈新型农村合作医疗管理信息系统基本规范（2008年修订版）〉的通知（2008年6月24日卫办农卫发〔2008〕127号）》，《新型农村合作医疗文件汇编（2002—2011）》，卫生部农村卫生管理司、卫生部新型农村合作医疗研究中心2011年版。

34. 卫生部办公厅：《关于卫生部新型农村合作医疗技术指导组2009—2010年度有关工作的通知（卫办农卫发〔2009〕47号）》，《新型农村合作医疗文件汇编（2002—2011）》，卫生部农村卫生管理司、卫生部新型农村合作医疗研究中心2011年版。

35. 卫生部办公厅：《关于印发〈2009年中西部地区新型农村合作医疗管理能力建设项目管理方案〉的通知（2009年12月22日卫办农卫发〔2009〕228号）》，《新型农村合作医疗文件汇编（2002—2011）》，卫生部农村卫生管理司、卫生部新型农村合作医疗研究中心2011年版。

36. 卫生部办公厅：《关于成立卫生部新型农村合作医疗技术指导组的通知（2004年4月1日卫办农卫发〔2004〕46号）》，《新型农村合作医疗文件汇编（2002—2011）》，卫生部农村卫生管理司、卫生部新型农村合作医疗研究中心2011年版。

37. 卫生部办公厅：《关于调整充实新型农村合作医疗技术指导组专家的通知（2005 年 4 月 13 日卫办农卫发〔2005〕79 号）》，《新型农村合作医疗文件汇编（2002—2011）》，卫生部农村卫生管理司、卫生部新型农村合作医疗研究中心 2011 年版。

38. 卫生部办公厅：《关于卫生部新型农村合作医疗技术指导组 2007—2008 年度有关工作的通知（2007 年 4 月 11 日卫办农卫发〔2007〕69 号）》，《新型农村合作医疗文件汇编（2002—2011）》，卫生部农村卫生管理司、卫生部新型农村合作医疗研究中心 2011 年版。

39. 卫生部办公厅：《关于印发〈新型农村合作医疗管理信息系统基本规范（2008 年修订版）〉的通知（2008 年 6 月 24 日卫办农卫发〔2008〕127 号）》，《新型农村合作医疗文件汇编（2002—2011）》，卫生部农村卫生管理司、卫生部新型农村合作医疗研究中心 2011 年版。

40. 卫生部办公厅：《关于卫生部新型农村合作医疗技术指导组 2009—2010 年度有关工作的通知（卫办农卫发〔2009〕47 号）》。

41. 卫生部办公厅：《卫生部办公厅关于规范新型农村合作医疗基金使用管理的通知（2010 年 4 月 6 日卫办农卫发〔2010〕53 号）》，《新型农村合作医疗文件汇编（2002—2011）》，卫生部农村卫生管理司、卫生部新型农村合作医疗研究中心 2011 年版。

42. 卫生部、财政部：《卫生部、财政部关于进一步加强新型农村合作医疗基金管理的意见（2011 年 5 月 25 日卫农卫发〔2011〕52 号）》，《新型农村合作医疗文件汇编（2002—2011）》，卫生部农村卫生管理司、卫生部新型农村合作医疗研究中心 2011 年版。

43. 卫生部、民政部、财政部、农业部、中医药局：《关于巩固和发展新型农村合作医疗制度的意见（2009 年 7 月 2 日卫农卫发〔2009〕68 号）》，《新型农村合作医疗文件汇编（2002—2011）》，卫生部农村卫生管理司、卫生部新型农村合作医疗研究中心 2011 年版。

44. 中共中央：《中共中央关于农业和农村工作若干重大问题的决定（1998 年 10 月 14 日中国共产党第十五届中央委员会第三次全体会

议通过)》,《中华人民共和国国务院公报》1998 年第 26 期。

45. 中共中央:《中共中央关于完善社会主义市场经济体制若干问题的决定(2003 年 10 月 14 日中国共产党第十六届中央委员会第三次全体会议通过)》,新华社北京 10 月 21 日电。

46. 中共中央:《中共中央关于制定国民经济和社会发展第十一个五年规划的建议(2005 年 10 月 11 日中国共产党第十六届中央委员会第五次全体会议通过)》,《求是》2005 年第 20 期。

47. 中共中央:《中共中央关于构建社会主义和谐社会若干重大问题的决定(2006 年 10 月 11 日中国共产党第十六届中央委员会第六次全体会议通过)》,《求是》2006 年第 20 期。

48. 中共中央办公厅、国务院办公厅:《关于涉及农民负担项目审核处理意见的通知(1993 年 7 月 22 日中发〔1993〕10 号)》,《中华人民共和国国务院公报》1993 年第 18 期。

49. 中共中央、国务院:《中共中央、国务院关于卫生改革与发展的决定》,《中国农村卫生事业管理》1997 年第 2 期。

50. 中共中央、国务院:《中共中央国务院关于进一步加强农村卫生工作的决定(中发〔2002〕13 号)》,《中华人民共和国国务院公报》2002 年第 33 期。

51. 《中华人民共和国国务院组织法》,1982 年 12 月 10 日第五届全国人民代表大会第五次会议通过,1982 年 12 月 10 日全国人民代表大会常务委员会委员长令第十四号公布施行。

52. 《中国共产党章程(中国共产党第十八次全国代表大会部分修改,2012 年 11 月 14 日通过)》,人民出版社 2012 年版。

地方政策

1. 陕西省民政厅、卫生厅、财政厅:《关于印发〈陕西省农村医疗救助暂行办法〉的通知(2004 年 8 月 24 日陕民发〔2004〕56 号)》。

2. 陕西省人民政府:《关于 2005 年新型农村合作医疗扩大试点县(市、

区）的批复（2004 年 11 月 15 日陕政函〔2004〕148 号）》。

3. 陕西省人民政府：《关于巩固和发展新型农村合作医疗制度的通知（2009 年 11 月 19 日陕政发〔2009〕62 号）》。

4. 陕西省人民政府办公厅：《关于成立陕西省新型农村合作医疗协调小组的通知（2003 年 5 月 22 日陕政办函〔2003〕104 号）》。

5. 陕西省人民政府办公厅：《关于进一步加强全省新型农村合作医疗制度建设的原则指导意见（2008 年 4 月 16 日陕政办发〔2008〕36 号）》。

6. 陕西省审计厅：《全省 2006 年度新型农村合作医疗基金审计结果（审计结果公告 2008 年第 6 号 2008 年 5 月 7 日公告）》。

7. 陕西省审计厅：《关于加强新型农村合作医疗基金管理的意见（陕审发〔2010〕160 号）》。

8. 陕西省卫生厅：《陕西省新型农村合作医疗制度试点工作原则指导意见（2003 年 5 月 15 日陕卫基发〔2003〕202 号）》。

9. 陕西省卫生厅：《关于印发潘连生副省长在 2005 年全省新型农村合作医疗试点工作会议上讲话的通知（2005 年 12 月 7 日陕卫农发〔2005〕449 号）》。

10. 陕西省卫生厅：《关于印发〈2012 年全省卫生工作要点〉的通知（2012 年 2 月 14 日陕卫办发〔2012〕50 号）》。

11. 陕西省卫生厅办公室：《关于进一步规范新农合住院单病种定额付费工作的通知（2010 年 9 月 7 日陕卫办合发〔2010〕238 号）》。

12. 陕西省卫生厅办公室：《关于规范使用全省新农合报销药物目录的通知（2010 年 10 月 29 日陕卫办合发〔2010〕284 号）》。

13. 陕西省卫生厅办公室：《关于规范新农合运行管理有关问题的通知（2010 年 4 月 20 日陕卫办合发〔2010〕83 号）》。

14. 陕西省卫生厅、陕西省财政厅：《关于印发〈关于加强新型农村合作医疗制度管理工作的意见〉的通知（2005 年 6 月 10 日陕卫基发〔2005〕222 号）》。

15. 陕西省新型农村合作医疗协调小组：《关于印发〈进一步加强新型

农村合作医疗管理工作的原则指导意见〉的通知（2004 年 12 月 28
日陕合疗组发〔2004〕17 号）》。

16. 陕西省新型农村合作医疗协调小组办公室：《关于转发〈新型农村
合作医疗基本信息报表（试行）〉的通知（2005 年 1 月 18 日陕合
疗组办发〔2005〕2 号）》。

17. 陕西省新型农村合作医疗协调小组办公室：《关于进一步落实新型
农村合作医疗试点工作情况报告制度的通知（2005 年 4 月 11 日陕
合疗组办发〔2005〕8 号）》。

18. 陕西省新型农村合作医疗协调小组办公室：《关于成立陕西省新型
农村合作医疗技术指导组的通知（2006 年 4 月 25 日陕合疗组办发
〔2006〕3 号）》。

19. 陕西省新型农村合作医疗协调小组办公室：《关于印发陕西省新型
农村合作医疗省级定点医疗机构管理办法的通知（2006 年 5 月 23
日陕合疗组办发〔2006〕6 号）》。

20. 陕西省新型农村合作医疗协调小组办公室：《关于全省新型农村合
作医疗各试点县新农合运行（实施）方案审批要求的通知（2006
年 11 月 13 日陕合疗组办发〔2006〕15 号）》。

21. 陕西省新型农村合作医疗协调小组办公室：《关于各试点县新农合
实施方案（管理办法）审批中几个原则问题的紧急通知（2006 年
12 月 14 日陕合疗组办发〔2006〕18 号）》。

22. 陕西省新型农村合作医疗协调小组：《关于加强全省新型农村合作
医疗制度管理的原则意见（2007 年 9 月 10 日陕合疗组发〔2007〕
2 号）》。

23. 陕西省新型农村合作医疗协调小组办公室：《关于确定陕西省新型
农村合作医疗第二批省级定点医院的通知（陕合疗组办发〔2007〕
9 号）》。

24. 陕西省新型农村合作医疗协调小组办公室：《关于全省各新农合县
新农合各类方案审批管理要求的通知（2007 年 7 月 30 日陕合疗组
办发〔2007〕11 号）》。

25. 陕西省新型农村合作医疗协调小组办公室：《关于进一步加强单病种定额付费模式规范管理的通知（2007 年 10 月 17 日陕合疗组办发〔2007〕12 号）》。

26. 陕西省新型农村合作医疗协调小组办公室：《关于全省新农合运行方案调整的几点意见（2008 年 4 月 29 日陕合疗组办发〔2008〕3 号）》。

27. 陕西省新型农村合作医疗协调小组办公室：《关于下发〈陕西省新型农村合作医疗省级定点医疗机构管理暂行办法〉的通知（2008 年 4 月 28 日陕合疗组办发〔2008〕4 号）》。

28. 陕西省新型农村合作医疗协调小组办公室：《关于印发〈陕西省新型农村合作医疗省级定点医疗机构大型医疗仪器设备检查管理办法（试行）〉的通知（2008 年 6 月 23 日陕合疗组办发〔2008〕10 号）》。

29. 陕西省新型农村合作医疗协调小组办公室：《关于印发〈陕西省新型农村合作医疗省级定点医疗机构一次性医用材料使用管理办法（试行）〉的通知（2008 年 6 月 23 日陕合疗组办发〔2008〕11 号）》。

30. 陕西省新型农村合作医疗协调小组办公室：《关于对全省新农合定点医疗机构进行"三合理"检查活动的通知（2009 年 4 月 22 日陕合疗组办发〔2009〕3 号）》。

31. 陕西省新型农村合作医疗协调小组办公室：《关于对全省新农合审计中发现问题进行整改的通知（2011 年 1 月 19 日陕合疗组办发〔2011〕1 号）》。

32. 陕西省新型农村合作医疗协调小组办公室：《关于对 2011 年度全省新农合定点医疗机构进行"三合理"检查活动的通知（2011 年 3 月 25 日陕合疗组办发〔2011〕2 号）》。

33. 中共陕西省委、陕西省人民政府：《贯彻〈中共中央国务院关于进一步加强农村卫生工作的决定〉的实施意见（2003 年 4 月 4 日陕发〔2003〕7 号）》。

34. 镇安县新型农村合作医疗管理委员会：《陕西省镇安县规范实施单病种定额付费确保参合农民真正受益》，国家发展和改革委员会经济体制综合改革司网站：http：//www. ndrc. gov. cn/fzgggz/tzgg/ggkx/201403/t20140312_732688. html，2016 年 12 月 16 日访问。

英文专著

1. Allison, Graham T. and Philip Zelikow, *Essence of Decision：Explaining the Cuban Missile Crisis*, New York：Longman, 1999.

2. Barnett, A. D. and E. F. Vogel, *Cadres, Bureaucracy, and Political Power in Communist China*, New York：Columbia University Press, 1967.

3. Baumgartner, F. R. and B. D. Jones, *Agendas and Instability in American Politics*, Chicago：University of Chicago Press, 1993.

4. Colebatch, H. K. , *Policy*, Maidenhead Berkshire：The McGraw-Hill Companies, 2009.

5. Dunn, William N. , *Public Policy Analysis：An Introduction*, 中国人民大学出版社, 2004.

6. Florini, Ann, Hairong Lai and Yeling Tan, *China Experiments：From Local Innovations to National Reform*, Washington, D. C. ：Brookings Institution Press, 2012.

7. Giddens, Anthony, *The Constitution of Society：Outline of the Theory of Structuration*, Oxford：Polity Press, 1984.

8. Goggin, Malcolm L. , Ann O'M Bowman, James P. Lester, et al. , *Implementation Theory and Practice：Toward a Third Generation*, Glenview, IL：Scott, Foresman/Little, Brown Higher Education, 1990.

9. Heclo, Hugh, "Issue Networks and the Executive Establishment", in Anthony King, ed. , *The New American Political System*, Washington D. C. ：American Enterprise Institute for Public Policy Research, 1978.

10. Howlett, Michael and M. Ramesh, *Studying Public Policy：Policy Cycles*

and Policy Subsystems, Oxford University Press, 2003.

11. Kingdon, John W. , *Agendas*, *Alternatives and Public Policies*, New York: Harper Collins, 1995.

12. Lampton, D. M. , *Policy Implementation in the Post-Mao China*, Berkeley and Los Angeles: University of California Press, 1987.

13. Lasswell, H. , *The Decision Process: Seven Categories of Functional Analysis*, College Park, Maryland: University of Maryland Press, 1956.

14. Lerner, D. and H. D. Lasswell, *The Policy Sciences: Recent Developments in Scope and Method*, Stanford: Stanford University Press, 1951.

15. Lieberthal, K. and David M. Lampton, ed. , *Bureaucracy*, *Politics and Decision Making in Post-Mao China*, Berkeley and Los Angeles: University of California Press, 1992.

16. Lieberthal, K. and M. Oksenberg, *Policy Making in China: Leaders*, *Structures*, *and Processes*, Princeton University Press, 1990.

17. Marsh, David and Roderick Arthur William Rhodes, *Policy Networks in British Government*, Oxford: Clarendon Press, 1992.

18. Marshall, T. H. , *Social Policy*, London: Hutchinson, 1965.

19. Pressman, Jeffrey L. and Aaron Bernard Wildavsky, *Implementation: How Great Expectation in Washington Are Dashed in Oakland*, Berkeley and Los Angeles, California: University of California Press, 1984.

20. Pressman, J. , & Wildavsky, A. , *Implementation: How Great Expectations in Washington Are Dashed in Oakland*, Berkeley, CA: University of California Press, 1973.

21. Pye, L. W. , *The Dynamics of Chinese Politics*, Cambridge, Mass. : Oelgeschlager, Gunn & Hain, 1981.

22. Sabatier, P. A. , *Theories of the Policy Process*, Boulder, Colorado: Westview Press, 1999.

23. Sabatier, P. A. and Hank C. Jenkins-Smith, *Policy Change and Learning: An Advocacy Coalition Approach*, Boulder, Colorado: Westview

Press, 1993.

24. Shirk, S. L. , *The Political Logic of Economic Reform in China*, Berkeley, CA: University of California Press, 1993.

25. Zheng, Yongnian, *Institutionalizing De Facto Federalism in Post-Deng China*? Singapore: East Asian Institute, National University of Singapore, 1998.

英文论文

1. Bachrach, Peter and Morton S. Baratz, "Two Faces of Power", *The American Political Science Review*, Vol. 56, No. 4, 1962, pp. 947 –952.

2. Blumenthal, David and William Hsiao, "Privatization and Its Discontents—the Evolving Chinese Health Care System", *New England Journal of Medicine*, Vol. 353, No. 11, 2005, pp. 1165 –1170.

3. Brewer, Garry D. , "The Policy Sciences Emerge: To Nurture and Structure a Discipline", *Policy Sciences*, Vol. 5, No. 3, 1974, pp. 239 –244.

4. Clark, T. , "New Labour's Big Idea: Joined-up Government", *Social Policy and Society*, Vol. 1, No. 2, 2002, pp. 107 –117.

5. Cobb, Roger, Jennie-Keith Ross and Marc Howard Ross, "Agenda Building as a Comparative Political Process", *The American Political Science Review*, Vol. 70, No. 1, 1976, pp. 126 –138.

6. Cohen, Michael D. , James G. March and Johan P. Olsen, "A Garbage Can Model of Organizational Choice", *Administrative Science Quarterly*, Vol. 17, No. 1, 1972, pp. 1 –25.

7. Dowding, Keith, "Model or Metaphor? A Critical Review of the Policy Network Approach", *Political Studies*, Vol. 43, No. 1, 1995, pp. 136 –158.

8. Durant, Robert F. and Paul F. Diehl, "Agendas, Alternatives, and Pub-

lic Policy: Lessons from the U. S. Foreign Policy Arena", *Journal of Public Policy*, Vol. 9, No. 2, 1989, pp. 179 - 205.

9. Elmore, Richard F. , "Backward Mapping: Implementation Research and Policy Decisions", *Political Science Quarterly*, Vol. 94, No. 4, 1979, pp. 601 - 616.

10. Feng, Xueshan, Tang Shenglan, Gerald Bloom, et al. , "Cooperative Medical Schemes in Contemporary Rural China", *Social Science & Medicine*, Vol. 41, No. 8, 1995, pp. 1111 - 1118.

11. Hall, Peter A. , "Policy Paradigms, Social Learning, and the State: The Case of Economic Policymaking in Britain", *Comparative Politics*, Vol. 25, No. 3, 1993, pp. 275 - 296.

12. Heilmann, S. , "From Local Experiments to National Policy: The Origins of China's Distinctive Policy Process", *The China Journal*, No. 59, 2008, pp. 1 - 30.

13. Heilmann, S. , "Policy Experimentation in China's Economic Rise", *Studies in Comparative International Development*, Vol. 43, No. 1, 2008, pp. 1 - 26.

14. Hsiao, William C. , "The Political Economy of Chinese Health Reform", *Health Economics, Policy and Law*, Vol. 2, No. 3, 2007, pp. 241 - 249.

15. Howlett, Michael, "Do Networks Matter? Linking Policy Network Structure to Policy Outcomes: Evidence from Four Canadian Policy Sectors 1990 - 2000", *Canadian Journal of Political Science / Revue canadienne de science politique*, Vol. 35, No. 2, 2002, pp. 235 - 267.

16. Jin, Hehui, Yingyi Qian and Barry R. Weingast, "Regional Decentralization and Fiscal Incentives: Federalism, Chinese Style", *Journal of Public Economics*, Vol. 89, No. 9, 2005, pp. 1719 - 1742.

17. Lei, Xiaoyan and Wanchuan Lin, "The New Cooperative Medical Scheme in Rural China: Does More Coverage Mean More Service and Better

Health?", *Health Economics*, Vol. 18, No. S2, 2009, pp. S25 – S46.

18. Liang, Xiaoyun, Hong Guo, Chenggang Jin, et al. , "The Effect of New Cooperative Medical Scheme on Health Outcomes and Alleviating Catastrophic Health Expenditure in China: A Systematic Review", *PLoS ONE*, Vol. 7, No. 8, 2012, pp. e40850.

19. Lindblom, Charles E. , "Still Muddling, Not yet Through", *Public Administration Review*, Vol. 39, No. 6, 1979, pp. 517 – 526.

20. Ling, Tom, "Delivering Joined-up Government in the U. K. : Dimensions, Issues and Problems", *Public Administration*, Vol. 80, No. 4, 2002, pp. 615 – 642.

21. Liu, Yuanli, "Development of the Rural Health Insurance System in China", *Health Policy and Planning*, Vol. 19, No. 3, 2004, pp. 159 – 165.

22. Liu, Yuanli and Keqin Rao, "Providing Health Insurance in Rural China: From Research to Policy", *Journal of Health Politics, Policy and Law*, Vol. 31, No. 1, 2006, pp. 71 – 92.

23. Liu, Yuanli, Keqin Rao and William C. Hsiao, "Medical Expenditure and Rural Impoverishment in China", *Journal of Health, Population and Nutrition*, Vol. 21, No. 3, 2003, pp. 216 – 222.

24. Lowi, Theodore J. , "Four Systems of Policy, Politics, and Choice", *Public Administration Review*, Vol. 32, No. 4, 1972, pp. 298 – 310.

25. March, J. G. and J. P. Olsen, "Institutional Perspectives on Political Institutions", *Governance*, Vol. 9, No. 3, 1996, pp. 247 – 264.

26. Matland, Richard E. , "Synthesizing the Implementation Literature: The Ambiguity-Conflict Model of Policy Implementation", *Journal of Public Administration Research and Theory*, Vol. 5, No. 2, 1995, pp. 145 – 174.

27. Mertha, A. , " 'Fragmented Authoritarianism 2. 0' : Political Pluralization in the Chinese Policy Process", *The China Quarterly*, Vol. 200, No. 1,

2009, pp. 995 – 1012.

28. Montinola, Gabriella, Yingyi Qian and Barry R. Weingast, "Federalism, Chinese Style: The Political Basis for Economic Success in China", *World Politics*, Vol. 48, No. 1, 1995, pp. 50 – 81.

29. Nathan, A. J., "A Factionalism Model for CP Politics", *The China Quarterly*, No. 53, 1973, pp. 34 – 66.

30. O'Toole, Laurence J., "Research on Policy Implementation: Assessment and Prospects", *Journal of Public Administration Research and Theory*, Vol. 10, No. 2, 2000, pp. 263 – 288.

31. Ostrom, Olinor, "Institutional Rational Choice: An Assessment of the Institutional Analysis and Development Framework", in Paul A. Sabatier, ed., *Theories of the Policy Process*, Boulder, Colorado: Westview Press, 1999, pp. 35 – 71.

32. Peters, B. Guy, John C. Doughtie and M. Kathleen McCulloch, "Types of Democratic Systems and Types of Public Policy: An Empirical Examination", *Comparative Politics*, Vol. 9, No. 3, 1977, pp. 327 – 355.

33. Rhodes, Rod A. W., "Policy Networks: A British Perspective", *Journal of Theoretical Politics*, Vol. 2, No. 3, 1990, pp. 293 – 317.

34. Sabatier, P. and D. Mazmanian, "The Conditions of Effective Implementation: A Guide to Accomplishing Policy Objectives", *Policy Analysis*, Vol. 5, No. 4, 1979, p. 481.

35. Sabatier, P. A., "Knowledge, Policy-Oriented Learning, and Policy Change an Advocacy Coalition Framework", *Science Communication*, Vol. 8, No. 4, 1987, pp. 649 – 692.

36. Sabatier, Paul A., "Top-Down and Bottom-up Approaches to Implementation Research: A Critical Analysis and Suggested Synthesis", *Journal of Public Policy*, Vol. 6, No. 1, 1986, pp. 21 – 48.

37. Sabatier, Paul A., "Toward Better Theories of the Policy Process", *Political Science and Politics*, Vol. 24, No. 2, 1991, pp. 147 – 156.

38. Sun, Xiaoyun, Sukhan Jackson, Gordon A. Carmichael, et al., "Prescribing Behaviour of Village Doctors under China's New Cooperative Medical Scheme", *Social Science & Medicine*, Vol. 68, No. 10, 2009, pp. 1775 – 1779.

39. Tsou, T. and A. J. Nathan, "Prolegomenon to the Study of Informal Groups in CCP Politics", *The China Quarterly*, No. 65, 1976, pp. 98 – 117.

40. Wagstaff, Adam, Magnus Lindelow, Gao Jun, et al., "Extending Health Insurance to the Rural Population: An Impact Evaluation of China's New Cooperative Medical Scheme", *Journal of Health Economics*, Vol. 28, No. 1, 2009, pp. 1 – 19.

41. Walker, Jack L., "The Diffusion of Innovations among the American States", *The American Political Science Review*, Vol. 63, No. 3, 1969, pp. 880 – 899.

42. Wang, Hongman, Danan Gu and Matthew Egan Dupre, "Factors Associated with Enrollment, Satisfaction, and Sustainability of the New Cooperative Medical Scheme Program in Six Study Areas in Rural Beijing", *Health Policy*, Vol. 85, No. 1, 2008, pp. 32 – 44.

43. Weatherley, R. and M. Lipsky, "Street-Level Bureaucrats and Institutional Innovation: Implementing Special-Education Reform", *Harvard Educational Review*, Vol. 47, No. 2, 1977, pp. 171 – 197.

44. Yi, Hongmei, Linxiu Zhang, Kim Singer, et al., "Health Insurance and Catastrophic Illness: A Report on the New Cooperative Medical System in Rural China", *Health Economics*, Vol. 18, No. S2, 2009, pp. S119 – S127.

45. Yip, Winnie and William C. Hsiao, "Non-Evidence-Based Policy: How Effective Is China's New Cooperative Medical Scheme in Reducing Medical Impoverishment?", *Social Science & Medicine*, Vol. 68, No. 2, 2009, pp. 201 – 209.

46. You, Xuedan and Yasuki Kobayashi, "The New Cooperative Medical Scheme in China", *Health Policy*, Vol. 91, No. 1, 2009, pp. 1 – 9.

47. Zahariadis, Nikolaos and Christopher S. Allen, "Ideas, Networks, and Policy Streams: Privatization in Britain and Germany", *Review of Policy Research*, Vol. 14, No. 1 – 2, 1995, pp. 71 – 98.

48. Zhang, Luying, Xiaoming Cheng, Rachel Tolhurst, et al., "How Effectively Can the New Cooperative Medical Scheme Reduce Catastrophic Health Expenditure for the Poor and Non-Poor in Rural China?", *Tropical Medicine & International Health*, Vol. 15, No. 4, 2010, pp. 468 – 475.

49. Zhu, Xufeng, "The Influence of Think Tanks in the Chinese Policy Process: Different Ways and Mechanisms", *Asian Survey*, Vol. 49, No. 2, 2009, pp. 333 – 357.

50. Zhu, Xufeng, "Strategy of Chinese Policy Entrepreneurs in the Third Sector: Challenges of 'Technical Infeasibility'", *Policy Sciences*, Vol. 41, No. 4, 2008, pp. 315 – 334.

51. Zhu, Xufeng and Lan Xue, "Think Tanks in Transitional China", *Public Administration and Development*, Vol. 27, No. 5, 2007, pp. 452 – 464.

其   他

《国务院决定成立防治非典指挥部　吴仪任总指挥》，中华人民共和国中央人民政府网站：http://www. gov. cn/misc/2005 – 08/22/content_25383. htm，2013 年 10 月 30 日访问。

后　记

此书系在我的博士论文基础上修改而成。

岁月如梭。从全职工作 6 年以后重回校园攻读博士学位到博士论文最终印成铅字，人生最重要的 8 年时间已在不经意间逝去。此时此刻，我的心情是喜忧参半。喜的是，经过近 3000 个日夜，这篇曾一再"难产"的博士论文终于顺利完成并出版；忧的是，拙著与最初自己的野心和师友的期待，都相去甚远。掩卷而思，心中既怀感恩又颇为不安。

首先，要感谢恩师张秀兰教授和高世楫研究员。忝列张老师和高老师门下，是我的幸运。记得 2009 年春天第一次见面，两位恩师即告诫我，做学问要从容自信，须沉下心来，踏踏实实地研究中国发展中的真问题，而中国经济社会已开启的巨大转型，是从事社会领域研究的学者们一座可遇不可求的金矿——未来 20 年，将是中国学者在社会研究领域大有可为的伟大时代。无论最初选择从社会保障角度切入研究现代国家建构，还是后来选择研究中国社会政策过程，两位恩师"研究中国发展中的真问题"这一教诲始终响在耳畔，相信她还将指引我未来的学术道路。

五年的博士生涯，两位恩师在指导我研究和写作上倾注了无数心血。还没正式拿到北师大的录取通知书，高教授就围绕现代国家建构和比较历史分析为我开出了长长的书单。这中间，既有穿越时空的经典著作，更有国际一流学者最新的工作论文。此后数年间与高教授一起阅读、讨论和写作的过程，使我初步学会了如何运用比较制度分析方法、从国家建构视角来思考中国发展问题，并在具体课题研究中培养了"干中学"的能力。

张教授集本院创建院长和数十个社会兼职于一身，"非常忙"是常态；但这丝毫没有影响她对我学术上指导和生活上的关心。多少个日子，待张教授处理完各项事务已是晚上八九点钟，她不时会在我当时的办公室门口招呼一声"晓新，你来我办公室一下"；于是，我们就开始了天马行空式的讨论。又有多少个日子，当我晚上 10 点准备下楼回家时，2021 办公室的门缝还依稀露出几缕灯光；这时无须预约，只要轻轻地敲门进去，就可与张教授自由地讨论。还有那上千封与张教授往来的电子邮件，见证了张教授跨越空间阻隔的指导。通过 5 年来这种传统作坊式的训练，张教授传递给我的，不仅是知识，也不仅是研究方法，更是学者深切的社会关怀和为学为人之道。

特别值得一提的是，两位恩师给了我巨大的自由思考和写作的空间。2009 年至 2012 年初，围绕现代国家建构，高教授倾注大量精力指导我先后写下了 10 余万字的"论文毛坯"，但而后又欣然支持我博士论文方向从现代国家建构转向社会政策过程。张教授原本希望我发挥清华理工科教育背景的优势，在计量模型上发力；在深入沟通后，她尊重并支持我以案例研究方法切入中国政策过程研究，并且她自己也逐步从最擅长的计量模型转入案例研究。也许，正是沉浸于这种自由阅读和思想交锋的快乐时光，我把读博士这 5 年当成了 3 年。

特别感谢中国社会科学杂志社编审、北京师范大学 1964 届学长孟宪范编审。孟老师素来将提携后学视为知识人的天职，不遗余力地帮助每一个热心向学的年轻人。从论文选题，到理论工具和分析框架，再到布局谋篇和遣词造句，这篇论文的每一个关键环节，都倾注了孟老师的心血。尽管孟老师的名字一直都是出现在致谢而不是指导教师一栏中，但这些年来，在我的内心深处，她始终是我辈为学为人的人生导师。

特别感谢学院党总支书记田东华教授。在论文研究设计和关键人物访谈上，田教授给予了不遗余力的支持。他亲自安排了每一个关键访谈对象，还曾亲自开车去把重要的访谈对象接到学院，为我博士论文的关键素材收集创造了更好的条件。特别感谢百忙中接受访谈的中央和地方政府的领导，他们提供的宝贵信息，构成了本书的重要基础。

诚挚感谢我的硕士研究生的导师、清华大学公共管理学院院长薛澜教授和中国科学院科技政策与管理科学研究所张利华研究员。18 年前，两位老师将我领入了管理学研究的大门；8 年前，他们又鼓励我报考北师大社会发展与公共政策学院的博士研究生，重新回归到校园和学术的轨道。也许，没有两位师长的支持和鼓励，我就没有勇气在已而立之年做出这个大胆的决定，自然也就没有这本在博士论文基础上修订而成的书。

诚挚感谢在博士论文开题、试讲、预答辩和答辩等过程中给予诸多指导的徐月宾教授、屈智勇教授、胡晓江教授、高颖副教授、乔东平副教授、张欢教授、张强副教授、巴战龙副教授、肖索未副教授、梁小云副教授、龚焱宏博士、张维军博士，以及北京大学宋新明教授。诚挚感谢学院副院长李海燕老师 8 年来给予的无私帮助。

诚挚感谢我的本科和硕士研究生的同学、北京大学政府管理学院封凯栋副教授。凯栋是我最好的朋友，也是博士论文的第一个读者，在家事和公事缠身之时在航班上通读论文，并给出了诸多极具建设性的修改意见。诚挚感谢我的硕士同学、清华大学公共管理学院朱旭峰教授，在凝练研究问题过程中，旭峰都给出了很多专业意见。

诚挚地感谢我的父母和岳父母。感谢你们一直理解并支持我的决定。教师的家庭背景，使我对探寻知识有一种近乎纯真和质朴的热爱，这种热爱超越了任何"学而优则仕"或"学而优则商"的功利主义和"敲门砖论"。探寻和传递知识，本身就是读书的终极目的和最高准则。

最特别的谢意和歉意，献给我的太太、北京师范大学 1997 级校友康琳女士和儿子宽宽。8 年前，当我跨入北师大校门时，宽宽还只是孕育在母体内的小不点儿，而今他已快 7 岁了——不得不慨叹光阴似箭，做一个简单的除法，这本书每一页背后，都有十几个原本应该更好地陪伴你们的日子。你们是我最大的财富和幸福之源。

本书承蒙北京师范大学社会发展与公共政策学院学科建设经费资助出版，谨致谢意。

徐晓新

2017 年 2 月